BKC 강해 주석 23
사도행전

The Bible Knowledge Commentary

BKC 강해 주석 23

사도행전

지은이 | 스탠리 토우센트   옮긴이 | 허미순
개정2판 1쇄 발행 | 2016. 8. 22

등록번호 | 제1988-000080호
등록된 곳 | 서울특별시 용산구 서빙고로 65길 38
발행처 | 사단법인 두란노서원
영업부 | 2078-3333   FAX 080-749-3705
출판부 | 2078-3332

▌책값은 뒤표지에 있습니다.

ISBN 978-89-531-2624-4 04230

(set) 978-89-531-2540-7 04230

▌독자의 의견을 기다립니다.

tpress@duranno.com   http://www.Duranno.com

▌이 책의 성경 본문은 개역개정판을 사용했습니다.

두란노서원은 바울 사도가 3차 전도여행 때 에베소에서 성령 받은 제자들을 따로 세워 하나님의 말씀으로 양육하던 장소입니다. 사도행전 19장 8~20절의 정신에 따라 첫째 목회자를 돕는 사역과 평신도를 훈련시키는 사역, 둘째 세계선교(TIM)와 문서선교(단행본·잡지) 사역, 셋째 예수문화 및 경배와 찬양 사역, 그리고 가정·상담 사역 등을 감당하고 있습니다. 1980년 12월 22일에 창립된 두란노서원은 주님 오실 때까지 이 사역들을 계속할 것입니다.

BKC 강해 주석 23

사도행전

스탠리 토우센트 지음 | 허미순 옮김

두란노

CONTENTS

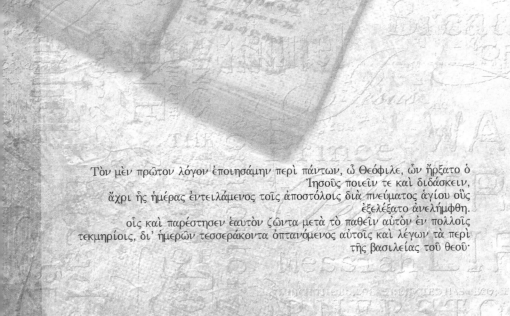

Τὸν μὲν πρῶτον λόγον ἐποιησάμην περὶ πάντων, ὦ Θεόφιλε, ὧν ἤρξατο ὁ
Ἰησοῦς ποιεῖν τε καὶ διδάσκειν,
ἄχρι ἧς ἡμέρας ἐντειλάμενος τοῖς ἀποστόλοις διὰ πνεύματος ἁγίου οὓς
ἐξελέξατο ἀνελήμφθη.
οἷς καὶ παρέστησεν ἑαυτὸν ζῶντα μετὰ τὸ παθεῖν αὐτὸν ἐν πολλοῖς
τεκμηρίοις, δι᾽ ἡμερῶν τεσσεράκοντα ὀπτανόμενος αὐτοῖς καὶ λέγων τὰ περὶ
τῆς βασιλείας τοῦ θεοῦ·

The Bible Knowledge Commentary 23

Acts
서론

The Bible Knowledge
Commentary

서론

신약성경 중에서도 사도행전은 특이하고 독특한 책이다. 이러한 주장은 여러 가지 상황에서 볼 때 그러하다. 한 예로, 이 책은 정경으로서 사복음서의 유일한 역사적 속편이다. 신약성경 중에 다른 어떤 서사도 사복음서 기자들이 언급한 기사들을 계속 이어가지 않았다.

이 책은 대부분의 바울 저작들에 관한 배경을 제공한다. 브루스(Bruce)는 이렇게 쓰고 있다. "바울 사도의 활동을 명확하게 기록한 누가에게 감사해야 한다. 사도행전이 없었다면, 우리는 그를 이해하는 데 대단히 어려웠을 것이다. 그 외에도, 많은 바울서신을 이해하는 데 어려움을 겪었을 것이다. 만약 우리에게 사도행전이 없었다면 얼마나 많은 어려움을 겪었을까!"(F.F. Bruce, *Commentary on the Book of the Acts*, p. 27).

사도행전은 오늘날 그리스도인에게 초대교회에 관한 기본 정보와 지식을 제공한다. 누가는 새로 개종한 그리스도의 신부들이 직면한 갈등, 박해, 좌절, 신학적인 문제들과 소망을 생생하게 묘사하고 있다. 사도행전이 없었다면 교회의 정보 부족이 얼마나 대단했겠는가!

그 외에도, 사도행전은 지역적으로 유대인 가운데서 행하시던 하나님의 사역이 보편적 교회 설립으로 옮겨 가는 과도기를 그리고 있다. 28장

에 나타난 대로 이 책의 독자들은 예루살렘에서 땅끝으로 나아간다.

이 모든 것 외에도, 사도행전은 오늘날의 모든 그리스도인을 자극하는 도전을 제시한다. 초대교회 성도들의 열정, 신앙, 기쁨, 책임과 순종은 모든 믿는 자에게 본보기가 된다. 또 예수 그리스도의 제자들의 모습이 이 책에 잘 나타나 있는 것은 매우 중요하다. 레켐이 증언하는 바대로, "우리는 사도행전의 중요성을 잘 측정하지 못하는 것 같다"(Richard Belward Rackham, *The Acts of the Apostles*, p. xiii).

책 제목

'사도행전'이란 이름이 최초로 발견된 곳은 AD 150년에서 180년 사이에 쓰인, 누가복음의 반(反)마르키온 서문에서이다. 어떻게, 왜 이 제목을 채택했는지에 대하여는 많은 논란이 있다.

이 책이 모든 사도들의 행적을 전부 기록하지 않기 때문에 '사도행전'이 정확한 제목이 아니라는 점은 인정해야 한다. 이 책에서는 베드로와 바울만 강조되고 있다. 대사도인 요한이 언급되고 있지만, 그가 한 말은 한마디도 기록되지 않았다. 요한의 형제 야고보의 죽음이 짧은 문장으로 기록되었다(행 12:12).

이 책은 '일부 사도들의 일부 행적들'이라는 제목이 더 적합할 것이다. 그러나 '사도행전'이라는 제목은 이 책의 정체성을 매우 잘 나타내고 있다.

기록 목적

성령의 감동 아래에서 누가는 확실한 집필 목적이 있었다. 그가 성취하려고 했던 의도는 무엇일까? 바꿔 말하면, 왜 그는 이 책을 쓰면서 이 자료들을 취했을까? 이 질문에 대한 대답은 두 가지다.

첫째, 일부는 역사 기록이 기본적인 목적이었다고 말한다. 둘째, 일부는 변증론, 즉 기독교를 변증하기 위해 기록되었다고 한다. 둘 다 그에 따르는 한계가 있지만, 이 질문은 사도행전의 본래 의도를 묻고 있다.

베드로와 바울 사이에 병행을 이루는 일련의 사건들은 사도행전의 목적이 바울을 변증하는 것이라는 견해를 뒷받침한다(참조, 도표 '베드로와 바울의 기적들').

베드로와 바울의 기적들	
사도행전	베드로
3:1~10	나면서부터 못 걷게 된 이를 고침
5:15~16	베드로의 그림자를 통한 치유
5:17	유대인들의 시기를 일으킨 역사
8:9~24	마술사 시몬을 다룸
9:36~41	도르가를 살림
	바울
14:8~18	나면서부터 못 걷게 된 이를 고침
19:11~12	바울의 손수건과 앞치마를 얹어 치유함
13:45	유대인의 시기를 일으킨 역사
13:6~11	마술사 바예수를 소경으로 만듦
20:9~12	유두고를 살림

아마 누가는 이런 식으로 바울의 사도권을 변호하려고 했을 것이다. 바울은 확실히 능력과 권위 면에서 베드로보다 뒤지지 않았다. 그래서 바울의 회심 사건을 세 번이나 기록하고 있을 것이다(9, 22, 26장). 아무리 베드로와 바울의 사역 사이에 뚜렷한 유사점이 있다 해도, 바울의 사도권을 입증하는 것이 이 책의 우선적인 목적이라고 보기는 어렵다. 이 목적과 관계가 없는 다른 두 가지가 있다. 사도행전 6장의 일곱 집사 임명과 27장에 나오는 파선에 대한 상세한 묘사는 어떻게 된 것일까?

대부분은 사도행전이 기독교의 보편성을 보여 준다고 알고 있다. 그렇다면 이것이 우선적인 목적일까? 복음은 사마리아인들, 에디오피아의 내시, 고넬료, 안디옥의 이방인들, 가난한 자나 부유한 자, 교육 받은 자와 교육 받지 못한 자, 여자와 남자, 높은 지위에 있으면서도 겸손한 자들에게도 전파되었다. 이런 접근 또한 사도행전 15장에 기록된 예루살렘 회의에 대한 강조를 설명하는 데 도움이 된다. 그러나 이 접근방식은 사도행전 1장에 나오는 맛디아 선출이라든가 사도행전 6장에 나오는 일곱 집사의 임명과 같은 요소들은 설명하지 못한다.

의문점은 아직도 남아 있다. 사도행전의 원래 의도는 무엇일까? 이 책이 일종의 변증론이라고 믿는 사람들 중의 대표적인 인물인 F.F. 브루스는 이렇게 주장한다. "누가는 사실 첫 번째 기독교 변증론자였다. 비종교적인 권위자들을 향하여 기독교의 준법성을 수립하라고 연설한 이런 특별한 형태의 변증론으로는 누가가 단연코 선구자였다"(Bruce, *Acts*, p. 24; 참조, F.J. Foakes Jackson and Kirsopp Lake, eds., *The Beginnings of Christianity*, vol. 2, *Prolegomena II: Criticism* [Grand Rapids: Baker Book House, 1979], p. 177~187). 사도행전 안에는 이 책이 로마 집권자들 앞에서 기독교를 변호하려고 쓰였다는 추측을 입증하는 내용이 많다.

사도행전에 나오는 박해는 빌립보(16장)와 에베소(19장) 두 지역을 제외하면 언제나 종교적인 문제였다. 두 지역의 박해는 기득권 때문에 일어났다. 그 외에는 유대인들에 의해서 박해가 일어났다.

이 책에는 이런 견해를 입증하는 것이 많이 나온다. 하지만 변증론이 사도행전의 우선적인 목적이었을까? 예를 들어, 사도행전 27장의 파선 이야기는 왜 기록되었을까? 변증론이 사도행전의 직접적인 목적이 아니라는 사실은 누가복음과 사도행전의 밀접한 연결에서도 찾아볼 수 있다. 누가복음과 사도행전이 연속적인 작품이라는 사실은 분명하다. 사도행전 1:1은 이 점의 충분한 증거가 된다. 그렇다면 누가복음에서는 이런 의도를 별로 나타내지 않았기 때문에 변증론이 사도행전의 우선적인 목적이 되기는 힘들다.

지금까지 사도행전의 기록 목적에 대한 가장 유력한 견해는 역사적인 서술이라는 견해이다. 이 견해에 따르면 누가의 목적은 복음이 예루살렘에서 유대와 사마리아와 땅끝까지 전파되었다는 것을 기록하는 것이었다(1:8). 바클레이는 이렇게 주장한다. "누가의 중요한 기록 목적은 기독교의 팽창을, 팔레스타인의 조그만 지역에서 시작된 종교가 30여 년에 걸쳐 로마에 전달되었음을 보여 주는 것이었다"(William Barclay, *The Acts of the Apostles*, p. xvii).

이것은 유대인 사역에서 이방인 사역으로, 그리고 베드로에서 바울로의 전환을 설명해 준다. 게다가 이 견해는 누가복음 1:1~4과 함께 사도행전 1:1의 역사적인 견해와 일치한다. 누가복음 1:1~4의 서언은 헤로도토스, 투키디데스나 폴리비오스와 같은 역사가의 서언과 비슷하다. 그러므로 누가가 이 두 책을 역사로서 기록하고 있음이 명백하다.

그렇다면 누가는 단순히 역사가인가? 누가복음과 사도행전은 역사이지만 또한 분명히 신학적이고 특히 종말론적이다. 사도행전은 종말론적인 문제로 시작하며(1:6) 종말론적인 용어를 사용한다(28:31의 '하나님의 나라'). 그 외에도 하나님의 주권을 강조한다. 여러 가지 심한 반대에도 불구하고, 하나님의 말씀은 전파되며 사람들은 응답한다. 기독교의 지속적인 성장을 저지시킬 수 있는 것은 아무것도 없다.

사도행전의 기록 목적을 다음과 같이 서술할 수 있다. "하나님 나라의 메시지가 유대인에게서 이방인에게로, 그리고 예루살렘에서 로마로, 순차적으로 그리고 주권적으로 전달되는 과정을 누가복음과 함께 설명하기 위함이다." 누가복음은 이 문제에 대해 "만약에 기독교가 구약이나 유대교에 뿌리를 두고 있다면, 어떻게 세계적인 종교가 되었겠는가?"라고 묻는다. 사도행전은 바로 이 질문에 답하는 누가복음의 연장선상에 있다.

기독교의 세계적인 전파에 따른 종말론에 대한 강조가 누가복음과 사도행전 두 책에 나온다. 하나님 나라라는 예언적인 표현이 사도행전 1:6과 20:25(참조, 1:3; 8:12; 14:22; 19:8; 28:23, 31) 외에도 누가복음에 32번, 사도행전에 6번이나 나온다. 이 외에도 종말론에 대한 많은 언급이 다른 용어들(1:11; 2:19~21, 34~35; 3:19~25; 6:14; 10:42; 13:23~26, 32~33; 15:15~18; 17:3, 7, 31; 20:24~25, 32; 21:28; 23:6; 24:15~17, 21, 25; 26:6~8, 18; 28:20)의 형태로 나타난다. 분명히 현대 교회는 강조되며, 또한 하나님 나라의 상속자로 취급된다. 그렇다면 누가는 하나님 나라의 메시지가 주로 유대인에게서 이방인에게로, 그리고 예루살렘에서 로마로 어떻게 전해졌는지를 설명하고 있다고 볼 수 있다.

이런 진전은 순차적이며 주권적인 방법으로 이루어진다. 이 책의 구조상 중요한 역할을 하는 한 주제는 하나님의 주권이다. 강력한 반대에 부딪혔음에도 불구하고, 주님의 지도 아래 주의 말씀은 성장하고 퍼져 나갔다. 그래서 사도행전을 쓰는 누가의 목적은, 하나님이 천년왕국을 위해 이 시대에 유대인과 이방인에게서 믿음의 사람들을 취하셨으며, 그들을 천년왕국의 시민으로 포함시키려는 하나님의 의도가 어떤 것인지를 보여 주는 것이다.

이 진술을 받아들인다 해도, 이 목적이 이전의 의도를 배제하지 않는다. 이것은 할례 받은 자들의 사역자 베드로와 무할례자들의 사역자 바울을 가장 중요한 인물로서 포함한다. 복음의 보편성은 누가복음과 사도행전 양쪽에서 누가의 강조점 중 하나다. 확실히 사도행전의 전개는 1:8에서 선포한 바와 같이 이 진술과 일맥상통한다. 이 모든 것은 사도행전에서 나타내는 누가의 전반적인 목적에 기여하고 있다.

누가가 사용했던 자료들

성령의 영감 아래서 누가는 아마도 여러 가지 자료를 사용했을 것이다. 첫 번째이며 기본적인 자료는 누가 자신이 직접 경험한 것들이었을 것이다. 이 구절은 사도행전에 나타나는 "우리"라는 구절에서 가장 확실히 나타난다(16:10~40; 20:5~28:31). 두 번째 자료는 누가와 오랫동안 함께 지낸 바울에게서 얻은 것이다. 바울의 회심과 사역에서 얻은 경험은 의심할 여지없이 그들이 함께 지내는 동안 전달되었을 것이다. 세 번째 자료는 누가가 만난 다른 증인들에게서 얻었을 것이다(참조, 20:4~5; 21:15~19). 사도행전 21:18~19에서 야고보는 누가가 만난 인물로 묘사된다. 야고보는 틀림없이 사도행전의 맨 처음 장들에 관한 정보를 제공했을 것이다. 사실, 사도행전의 처음 장들은 아람어 자료였음을 추측케 한다. 더구나, 바울이 가이사랴에서 두 해 동안 감금된 동안(24:27), 누가는 팔레스타인에서 자유롭게 탐구할 수 있었을 것이다(눅 1:2~3). 목격자들의 진술을 조심스럽게 조사하면서, 누가는 성령의 인도하심에 따라 사도행전을 기록했다.

기록 연대

사도행전의 기록 연대는 예루살렘이 멸망한 AD 70년 이전으로 추정해야 한다. 그 엄청난 사건은 결코 누락될 수 없기 때문이다. 특별히 예수 그리스도에 대한 유대인들의 배척 때문에 유대인으로부터 이방인에게로 하나님의 돌이키심이 사도행전의 기본적인 주제 중 하나라고 볼 때 분명해진다.

만약에 전승대로 AD 66~68년에 일어난 바울의 죽음이 사도행전이 기록되기 전에 일어났다면 누가는 바울의 죽음을 누락하지 않았을 것이다.

또한 누가는 AD 64년 로마의 대화재 이후에 일어난 네로의 박해를 언급하지 않았다.

게다가 지방 관리들이 바울에 대한 판결에 항소하는 등 사도행전에 나타난 네로 이전의 기독교에 대한 변호는 네로의 박해 시대에 전혀 영향을 미치지 못했다. 당시 네로는 교회 핍박에 너무 열을 올렸기 때문에 사도행전에 나오는 변호도 그를 말리는 데는 별 효과를 내지 못했을 것이다.

보수적인 학자들이 받아들인 사도행전의 기록 연대는 보통 AD 60~62년경이다. 따라서 기록 장소는 로마 혹은 가이사랴와 로마 두 곳이었을 것이다. 기록 당시는 바울이 석방되기 직전이거나 석방된 바로 직후였을 것이다.

사도행전 개요

여기에 나오는 개요는 사도행전의 두 가지 핵심에 근거한다. 첫 번째이며 가장 분명한 핵심은 주제 절인 사도행전 1:8의 "오직 성령이 너희에게 임하시면 너희가 권능을 받고 예루살렘과 온 유대와 사마리아와 땅끝까지 이르러 내 증인이 되리라 하시니라"이다.

두 번째 핵심은 이 책 전체에 퍼져 있는 '경과보고'를 나타내려는 누가의 의도이다(참조, 2:47; 6:7; 9:31; 12:24; 16:5; 19:20; 28:30~31). 누가는 섬세한 문구를 사용하지 않았기 때문에 여러 경과보고들의 소재에 대해 약간의 논란이 있다(참조, 2:41; 4:31; 5:42; 8:25, 40 등).

사도행전 1:8의 주제 절과 일곱 개의 경과보고는 서로 훌륭한 관계를 이루며 다음 개요의 기초를 형성한다.

The Bible Knowledge
Commentary

개요

I. 예루살렘에서의 증거(1:1~6:7)

A. 선택받은 자들의 기대(1:1~2:47)

1. 서언(1:1~5)
2. 예루살렘에 머무름(1:6~26)
3. 교회의 시작(2:1~47)

경과보고 1: "주께서 구원받는 사람을 날마다 더하게 하시니라"(2:47).

B. 예루살렘에서의 교회 확장(3:1~6:7)

1. 교회에 대한 반대(3:1~4:31)
2. 교회를 바로잡음(4:32~5:11)
3. 교회 성장(5:12~42)
4. 교회 행정(6:1~7)

경과보고 2: "하나님의 말씀이 점점 왕성하여 예루살렘에 있는 제자의 수가 더 심히 많아지고"(6:7).

II. 온 유대와 사마리아에서의 증거(6:8~9:31)

A. 스데반의 순교(6:8~8:1상)

1. 스데반의 붙잡힘(6:8~7:1)
2. 스데반의 설교(7:2~53)

　　3. 스데반을 돌로 침(7:54~8:1상)

　B. 빌립의 사역(8:1하~40)

　　1. 사마리아에서(8:1하~25)

　　2. 에디오피아 내시에게(8:26~40)

　C. 사울의 메시지(9:1~31)

　　1. 사울의 회심(9:1~19상)

　　2. 사울의 충돌(9:19하~31)

경과보고 3: "그리하여 온 유대와 갈릴리와 사마리아 교회가 평안하여 든
든히 서 가고 주를 경외함과 성령의 위로로 진행하여 수가 더 많아지니라"
(9:31).

Ⅲ. 땅끝까지 증거(9:32~28:31)

　A. 안디옥까지 교회 확장(9:32~12:24)

　　1. 보편적인 복음을 위한 베드로의 준비(9:32~10:48)

　　2. 보편적인 복음을 위한 사도들의 준비(11:1~18)

　　3. 보편적인 복음을 위한 안디옥 교회의 준비(11:19~30)

　　4. 예루살렘 교회가 받은 박해(12:1~24)

경과보고 4: "하나님의 말씀은 흥왕하여 더하더라"(12:24).

B. 소아시아에서의 교회 확장(12:25~16:5)

   1. 바나바와 사울의 소명과 헌신(12:25~13:3)

   [1차 선교 여행, 13:1~14:28]

   2. 소아시아 순회(13:4~14:28)

   3. 예루살렘 회의(15:1~35)

   4. 소아시아 교회들의 확립(15:36~16:5)

   [2차 선교 여행, 15:36~18:22]

경과보고 5: "이에 여러 교회가 믿음이 더 굳건해지고 수가 날마다 늘어가니라"(16:5).

C. 에게 해 지방에서의 교회 확장(16:6~19:20)

   1. 마게도냐로 부르심(16:6~10)

   2. 마게도냐에서의 충돌(16:11~17:15)

   3. 아가야에서의 증거(17:16~18:18)

   4. 2차 선교 여행을 마침(18:19~22)

   5. 에베소를 얻음(18:23~19:20)

   [3차 선교 여행, 18:23~21:16]

경과보고 6: "이와 같이 주의 말씀이 힘이 있어 흥왕하여 세력을 얻으니라"(19:20).

D. 로마까지 교회 확장(19:21~28:31)

    1. 3차 선교 여행을 마침(19:21~21:16)

    2. 예루살렘에서 붙잡힘(21:17~23:32)

    3. 가이사랴에 감금됨(23:33~26:32)

    4. 로마에 감금됨(27:1~28:31)

경과보고 7: "바울이 …… 다 영접하고 하나님의 나라를 전파하며 주 예수 그리스도에 관한 모든 것을 담대하게 거침없이 가르치더라"(28:30~31).

참고 문헌

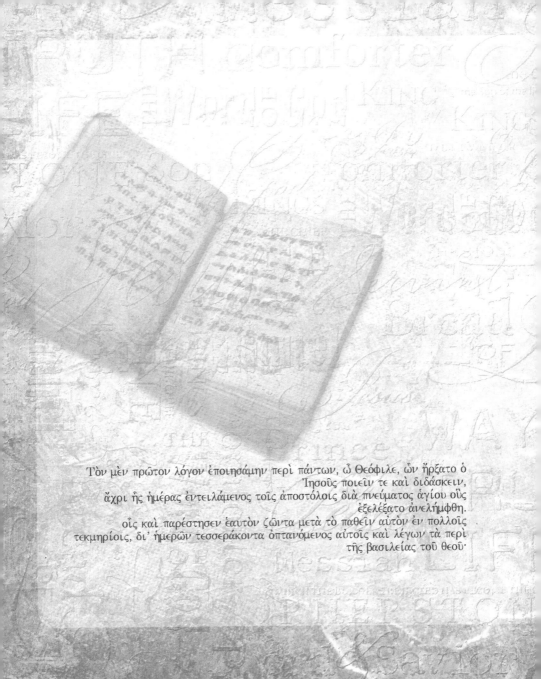

Τὸν μὲν πρῶτον λόγον ἐποιησάμην περὶ πάντων, ὦ Θεόφιλε, ὧν ἤρξατο ὁ
Ἰησοῦς ποιεῖν τε καὶ διδάσκειν,
ἄχρι ἧς ἡμέρας ἐντειλάμενος τοῖς ἀποστόλοις διὰ πνεύματος ἁγίου οὓς
ἐξελέξατο ἀνελήμφθη.
οἷς καὶ παρέστησεν ἑαυτὸν ζῶντα μετὰ τὸ παθεῖν αὐτὸν ἐν πολλοῖς
τεκμηρίοις, δι᾽ ἡμερῶν τεσσεράκοντα ὀπτανόμενος αὐτοῖς καὶ λέγων τὰ περὶ
τῆς βασιλείας τοῦ θεοῦ·

The Bible Knowledge
Commentary 23

Acts
주해

The Bible Knowledge
Commentary

주해

Ⅰ. 예루살렘에서의 증거(1:1~6:7)

A. 선택받은 자들의 기대(1:1~2:47)

1. 서언(1:1~5)

1:1~2 누가는 이 책의 첫 번째 두 구절에서 자기가 쓴 누가복음을 회고한다. '데오빌로'는 아마 누가복음과 사도행전의 집필을 위해 자금을 조달한 누가의 후원자였을 것이다. 아무튼 그는 기독교 신자였다. 두 책은 교회에게, 또 데오빌로에게 신앙을 심어 주기 위해서 쓰인 책이다(참조, 눅 1:1~4).

'시작했다'라는 동사는 그리스도께서 지상에서 시작하신 사역과 가르침을 지금도 계속하고 있다는 뜻이 포함되어 있다. 그리스도는 지금도 자기의 사람들을 통하여 일하시며 교육하신다.

사도행전 1:2에 나오는 주님의 승천에 관한 기록은 누가복음 24:51의 내용을 회고한 것이다.

주님은 하늘로 돌아가시기 전에 두 가지를 명령하셨다. (1) 사도들은 예루살렘에 머물러 있어야 한다(행 1:4; 참조, 눅 24:49). (2) 그들은 증인들로서 세계로 나가야 한다(행 1:8; 참조, 눅 10:4; 24:47). 이 명령들은 서로 상반되는 듯하지만 계속 순종해야 할 명령들이었다.

1:3 부활하신 이후 주님의 여러 모습은 부활의 실재를 증명하고 있다. 그리스도는 부활에 대한 '확실한 많은 증거'를 보이셨다. '증거'(테크메리오이스[τεκμηρίοις: 증거들])란 단어는 신약성경에서 유일하게 여기에서만 나오며 증인들이 제공하는 증거와 대조되는, 증명할 수 있는 증거를 말한다. 다시 말해서 부활은 만지고, 보고, 느낌으로 증명되었다(참조, 눅 24:39-40; 요일 1:1).

부활하신 후 40일 동안 주님은 사도들에게 나타나셔서 그들과 함께 하나님 나라에 대해 이야기하셨다. 이것은 무엇을 뜻하는가? 하나님은 항상 세상을 통치하시고 특별히 이스라엘을 통치하신다(단 2:47; 4:3,

25~26, 32, 34~37; 5:21; 6:25~27; 시 5:2; 84:3; 89:6~18; 103편 등).
그러나 보통 천년왕국이라고 불리는 시간은 다가오고 있으며, 그때 하나
님은 이 땅에 자신의 통치를 이루시기 위해서 극적인 방법으로 인간의 역
사를 무너뜨리실 것이다. 이것이 '하나님 나라'라는 용어가 의미하는 것이
다(참조, 마태복음 주석 3:2; 13:10~16에 대한 주해). 이것이 십자가에서
돌아가시기 전에 주님이 하신 가르침이나 설교 대부분을 차지하는 주제였
다 할지라도, 주님은 부활하신 후 40일 동안에도 이 주제를 계속 말씀하
시는 것이 좋다고 여기셨다.

1:4 아버지에게서 약속받은 선물은 분명히 누가복음 24:49에도 나왔던
성령이다(참조, 행 1:5; 요 14:16; 15:26; 16:7).

1:5 실제로 세례 요한은 주 예수께서 행하실 성령세례를 예언했다. 그리
스도의 위대하심은 세례 요한이 물세례로 백성과 자신을 동일시했다는
사실에서 드러났다. 그리스도 예수는 자신을 따르는 자들을 성령세례로
말미암아 자신과 연결되게 하셨다. '세례를 베풀다'라는 단어는 보통 '담그
다 혹은 잠기게 하다'라는 뜻으로 여기에는 '…와 하나가 되다'라는 의미가
있다(참조, 고전 10:1~2). 주님도 요한이 한 것처럼 성령세례에 대하여 똑
같은 예언을 하셨다(마 3:11; 막 1:8; 참조, 행 11:16).

2. 예루살렘에 머무름(1:6~26)

a. 승천(1:6~11)

1:6 제자들의 질문인 "주께서 이스라엘 나라를 회복하심이 이때이니까"
는 매우 계시적이다.

이 구절은 접속사 '그래서'(멘 운[μὲν οὖν])로 시작되며, 5절의 사상
과 연결된다. 제자들은 성령의 부으심과 약속된 하나님 나라의 도래는
밀접한 관계가 있다고 생각했다. 그리고 구약성경도 이 두 가지를 자주
연결시켰기 때문에 그들은 그렇게 생각하고 있다고 생각했다(참조, 사
32:15~20; 44:3~5; 겔 39:28~29; 욜 2:28~3:1; 슥 12:8~10). 그리스
도께서 제자들에게 곧 임할 성령세례에 대해 말씀하셨을 때, 그들은 즉
시 이스라엘 왕국의 회복이 가까이 왔다고 생각했다(참조, 사도행전 주석
3:21의 '회복'에 관한 주해).

1:7 주님의 대답이 제자들이 이스라엘 나라에 대해 잘못된 생각을 갖고
있었다는 사실을 증명한다고 어떤 학자들은 주장한다. 그러나 이것은 옳
지 않다. 그리스도께서는 이것에 대해서 제자들을 꾸짖지 않으셨다. 주
예수의 추종자들이 어떤 잘못된 견해를 갖고 있었더라도, 주님께서는 그
들의 생각을 고치실 충분한 시간을 가지셨을 것이다. 실제로 그리스도
께서는 이 지상의 나라, 문자 그대로 나라의 도래를 가르치셨다(참조, 마
19:28; 눅 19:11~27; 22:28~30). 사도행전 1:3은 주께서 제자들에게 하
나님 나라에 대해 가르치셨다고 말한다. 주님은 분명히 그들에게 하나님
나라의 특성과 미래에 도래할 것에 대해 올바른 생각을 가르치셨다. 여기

에서(7절) 예수께서 논의하신 것은 하나님 나라가 도래하는 '때'(time)이다. '때'에 해당하는 헬라어 크로노스(χρόνους)는 기본적으로 시간의 기간을 나타내며, '시기'란 단어는 카이로스(καιρούς)로 시간의 길이와 시간의 종류를 의미한다(예, '어려운 시간들'). 제자들은 '아버지께서 자기의 권한에 두신' 시간 혹은 결정적인 시기들을 '알지 못했다.' 후에 이들에 관한 더 많은 계시가 드러났다(참조, 살전 5:1).

1:8 이 구절은 '그러나'(알라[ἀλλὰ])로 시작되어 7절과 대조된다. 사도들은 때와 시기를 알지 못한 채 땅끝까지 그리스도의 증인이 되어야 했다. 그리고 그들은 '성령'의 초자연적인 권능을 받은 후에 이 일을 해야 했다.

"너희가 … 내 증인이 되리라"는 이 구절의 의미는 의문을 일으킨다. 이 구절은 명령인가 아니면 단순한 사실의 진술인가? 문법적으로 보면 이 단어들은 방법에 대한 것일 수 있으나, 10:42(참조, 4:20)로 미루어 볼 때 이것은 분명히 미래 명령형이다.

아마도 '땅끝'(헬라어 성경의 '끝'은 단수로 되어 있다)은 그 당시 세상 문화의 중심지이며, 예루살렘에서 아주 멀리 떨어진(일직선상으로 약 2,300km가 넘게 떨어진) 로마인 것처럼 보인다.

1:9~11 이 구절들은 주의 승천을 묘사하고 있지만 주의 재림 또한 예고하고 있다. 주님은 구름을 타시고, 육체를 가지고, 사람들이 보는 가운데 다시 오실 것이며(계 1:7), 감람산으로(슥 14:4) 사도들이 주님의 가심을 본 그대로 오실 것이다.

그리스도의 승천은 예수께서 육신을 가지고 지상에서 하시던 사역의 마침이었다. 승천은 또한 주님을 아버지의 우편으로 높이셨다(행

2:33~36; 5:30~31; 히 1:3; 8:1; 12:2). 동시에 승천은 그리스도의 지상 사역이 그의 제자들에게로 이어져 계속된다는 것을 의미했다(행 1:1~2, 8).

약속된 보혜사가 오기 위해서는 승천이 반드시 일어나야 했다(참조, 요 14:16, 26; 15:26; 16:7; 행 2:33~36). 성령은 제자들이 복음을 전파하고, 하나님 나라를 기다릴 때 제자들에게 권능을 부어 주실 것이다.

b. 다락방에서의 간구(1:12~14)

1:12~14 '안식일에 가기에 알맞은 길', 곧 안식일의 보행 거리는 약 900m나 약 800m를 약간 넘는 거리였다(참조, 출 16:29; 민 35:5). 예루살렘 동편에 있는 '감람산'은 이 짧은 거리 안에 있었다.

사도들은 '다락방'(위층)에 모였다. 제일 큰 방은 위층에 있었기 때문에 많은 사람이 다락방으로 모여들었다(참조, 행 20:8~9). 아래층은 벽들이 위층의 무게를 감당해야 했기에 작은 방들이었다.

그들의 '기도'(1:14)는 4절에 언급된 약속을 받기 위한 구체적인 기도였다. 헬라어의 '기도'라는 단어에는 이러한 내용이 포함되어 있다. 제자들은 예수께서 명령하신 지시를 따랐다(눅 11:13). 그러나 오순절 이후에 그리스도인은 성령을 구하는 기도를 할 필요가 없다(참조, 롬 8:9).

틀림없이 주의 부활은 예수님의 형제들을 회심시켰다(참조, 요 7:5; 고전 15:7). 그렇다면 이것은 그리스도께서 부활 이후에 구원받지 못한 사람들에게 유일하게 자신의 모습을 드러내신 기록이다.

사도행전에 나타나는 설교와 연설

연설자			사건들 그리고/또는 청중들	도시	성경 구절
베드로	바울	기타			
1. 베드로			유다 계승자 선출	예루살렘	1:16-22
2. 베드로			오순절의 표적들	예루살렘	2:14~36
3. 베드로			성전에서 못 걷는 이를 치유함	예루살렘	3:12~26
4. 베드로			산헤드린 앞에서 그리스도의 부활을 설교함	예루살렘	4:8~12
		가말리엘	산헤드린 앞에서 베드로와 다른 사람에 대해	예루살렘	5:35~39
		스데반	체포되고 나서 산헤드린 앞에서	예루살렘	7:2~53
5. 베드로			고넬료의 집에서 이방인들에게 복음을 전함	가이사랴	10:34~43
6. 베드로			가이사랴에서 일어난 일에 대해 교회에게 변론함	예루살렘	11:4~17
	1. 바울		안식일에 회당에서 유대인에게 설교함	비시디아 안디옥	13:16~41
	2. 바울과 바나바		군중이 그들을 예배하기 원함	루스드라	14:15~17
7. 베드로			예루살렘 회의	예루살렘	15:7~11
		야고보	예루살렘 회의	예루살렘	15:13~21
	3. 바울		아레오바고 언덕에 있는 아덴 사람들	아덴	17:22~31
		데메드리오	바울의 설교로 인해 혼란에 빠진 장인들	에베소	19:25~27
		서기장	에베소의 소요	에베소	19:35~40
	4. 바울		모인 에베소 장로들	밀레도	20:18~35
	5. 바울		바울을 죽이려 하는 군중	예루살렘	22:1~21
	6. 바울		산헤드린 앞에서 변론	예루살렘	23:1~6
	7. 바울		벨릭스 앞에서 변론	가이사랴	24:10~21

8. 바울		베스도 앞에서 변론	가이사랴	25:8, 10~11
9. 바울		헤롯 아그립바 2세 앞에서 변론	가이사랴	26:1~23
10. 바울		광풍을 만난 선원들	그레데와 말타 사이의 지중해	27:21~26
11. 바울		유대인 지도자들에게 증언함	로마	28:17~20, 25~28

c. 사도직의 완성(1:15~26)

1:15 예루살렘에 모인 120문도 가운데 선 '베드로'는 사도들의 지도자였다. 분명히 그곳에는 각처에서 온 훨씬 많은 추종자가 있었다(참조, 고전 15:6)

1:16~17 구약성경에 대한 베드로의 설교는 그가 성경에 대한 높은 식견을 가지고 있었음을 보여 준다. 시편들은 성령의 영감을 받아 다윗의 입을 통해 고백된 것이다. 베드로의 주장은 성경이 성취되어야만 했다는 것이었다. 여기에 "마땅하도다"로 번역된 에데이(ἔδει)는 '~해야 했다'(had to)라는 뜻으로 논리적 혹은 신적인 필요에 의해 사용되는 동사다.

베드로는 다윗이 '유다'에 대해 예언했다고 말했다. 그러나 다윗이 언제 가룟 유다에 대해서 말했는가? 분명히 다윗은 유다를 직접 언급하거나 그의 이름을 말하지 않았다. 시편에서 메시아는 이상적인 왕으로서 표현된다. 그러므로 이스라엘의 왕을 이야기하는 제왕 시들은 종종 그리스도에 대해 예언했다. 대개 제왕 시 기자들의 적들은 메시아의 적들이 된다. 그러므로 유다는 사도행전 1:20에서 언급하듯이 시편 69:25과 109:8에서 예견되었다. 이 두 시편은 왕의 저주 시들이다(참조, 시 41:9).

1:18~19 '유다' 자신은 아무 '밭'도 직접 구입하지 않았지만, 그는 간접적으로 밭을 구입한 꼴이 되었다. 제사장들은 유다가 성전에 던진, 배신한 대가의 돈을 유다의 이름으로 땅을 구입하는 데 사용했다(마 27:3~10).

사도행전 1:18에 나오는 유다의 비참한 종말에 대한 언급은 마태복음 27:5과는 모순되는 듯한데, 마태복음에서는 "스스로 목매어 죽었다"고 분명히 말한다. 어떤 설명에는 유다가 스스로 목매단 직후에 그의 창자들이 부풀어 올라 터졌다고 한다. 그러나 또 다른 설명은 유다가 벼랑 위에서 나뭇가지에 밧줄을 매었는데 그 가지가 부러져서 바위 위로 그 몸이 떨어져 '창자가 터졌다'고도 한다.

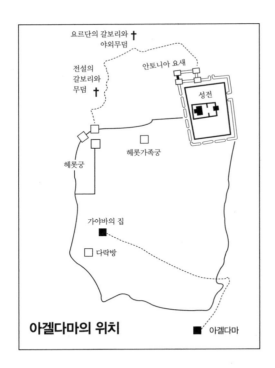

아겔다마의 위치

'아겔다마'는 아람어로서 '피 밭'이라는 뜻이다. 그 밭의 위치는 정확히 알려지지 않았지만, 전해 내려오는 말에 따르면 그리스 정교회와 성 오누프리우스 수도원 근처인데, 그곳은 힌놈의 골짜기가 기드론 시내와 만나는 곳으로 예루살렘 남동부에 있다(지도 참조).

1:20 베드로가 유다에 관해 시편 69:25과 109:8을 인용한 것에 대해서는 사도행전 1:16~17의 주해를 참조하라.

1:21 다시 한 번(참조, 16절) 누가는 동사 데이(δεî)를 사용하는데(역자 주, 개역개정에서는 22절에 '하여야 하리라'로 번역되었다), 이 동사는 '~할 필요가 있다'라는 뜻으로 논리적 혹은 신적인 필요를 보여 준다. 흥미롭게도 사도들은 유다로 인해 생긴 빈 사도직은 대체되어야 한다고 생각했다(역자 주, 개역개정에서는 22절에 나온다). 하지만 사도 야고보가 죽은 후(12:2)에는 계승자를 지명했다는 기록이 나타나지 않는다. 유다는 마태복음 19:28에 기록된 그의 약속의 자리를 비웠기 때문에 유다의 자리는 분명히 채워져야만 했다. 마태복음에서 예수님은 세상을 다스리러 다시 오실 때 사도들이 열두 보좌에 앉아 이스라엘의 그리스도 왕국을 다스릴 것이라고 그들에게 약속하셨다(참조, 계 21:14).

1:22 유다를 대신하는 사람이 '예수께서 부활하심을 증언할 사람'이 되어야 한다는 사실은 부활의 중요성을 드러낸다. 주 예수의 부활은 기독교 신앙의 초석이다(참조, 고전 15장).

1:23~26 (바사바라고도 하고 별명은 유스도라고도 하는) 요셉과 맛디

아, 이 두 사람을 놓고서 사도들은 두 가지 일을 했다. 사도들은 기도했으며(하나님의 전지[全知]를 인정함. 참조, 시 139:1~6; 요 2:25; 4:29), 제비를 뽑았다. 아마도 두 사람의 이름을 돌에 새겨 그릇에 넣었을 것이다. 그릇을 흔들어 먼저 튀어나온 돌이 주께서 택하신 사람이라고 여겼다.

이 방법은 하나님의 뜻을 확인하는 데 사용되었던 성경에 나오는 마지막 제비뽑기였다. 여기서 두 가지를 알 수 있다. 첫째, 도덕적인 문제가 전혀 개입되지 않았다는 것이다. 그것은 분명히 똑같은 자격을 갖춘 두 사람 중에서 하나를 선택하는 일이었다. 둘째, 이 절차는 제비뽑기의 결정이 여호와로부터 나온다고 말하는 잠언 16:33에서 비롯되었다는 것이다.

어떤 이들은 맛디아를 선택한 것이 잘못이라고 말한다. 이들은 이것이 부적합한 선택 방법이어서 바울이 유다의 배교로 생긴 빈자리를 대신했다고 주장한다. 그러나 맛디아가 적합한 선택이었다고 믿는 사람들은, 마태복음 19:28에서 말하는 사도는 유대인을 위한 사도였으며 바울은 이방인을 위한 사역자였다고 주장한다(갈 2:9). 더구나 바울의 친구이자 동료인 누가는 그 열둘을 공적인 그룹으로 생각했다(행 2:14; 6:2). 결국, 맛디아 선출에 대한 사도행전의 기사를 비난할 이유는 하나도 없다.

3. 교회의 시작(2:1~47)

a. 성령의 강림(2:1~13)

2:1 '오순절'은 초실절에서 7주간(혹은 49일간)이 지나서 지키는 연례 절기여서 칠칠절이라고 불렸다(참조, 레 23:15-22). 헬라어에서 비롯된 이름인 '오순절'은 50을 의미한다. 왜냐하면 그것은 초실절 이후 50번째 되는

날이기 때문이다(레 23:16).

이때 그리스도를 따르는 자들이 모인 곳은 확실히 알려지지 않았다. 누가는 단순히 이렇게 기록하고 있다. "그들이 다같이 한 곳에 모였더니." 아마 그들은 성전 경내에 있었을 것이다. 그러나 그 장소는 '집'이라 불린다(행 2:2). 성전이 '집'으로 불릴지라도(참조, 7:47) 여기서는 성전을 지칭하는 것 같지는 않다. 성전에 모이지 않았다면 그들은 분명히 성전 근처에 있었을 것이다(참조, 2:6).

2:2~3 '바람'과 '불'에 대한 언급은 매우 중요하다. '영'(프뉴마[πνεῦμα])이라는 단어는 여기서 '바람'으로 번역된 프노에(πνοή)와 관련이 있다. 프노에는 '숨', '호흡'을 의미한다. 두 명사, 곧 '영' 그리고 '바람' 또는 '숨'은 동사 프네오(πνέω: '불다, 호흡하다')에서 파생되었다. "하늘로부터 급하고 강한 바람 같은 소리"는 성령의 권능과 성령의 오심의 충만함을 가리킨다.

'불의 혀'는 하나님의 임재를 묘사한다. 하나님은 구약성경에서 여러 번 자신을 불꽃 형태로 드러내셨다(창 15:17; 출 3:2~6; 13:21~22; 19:18; 40:38. 참조, 마 3:11; 눅 3:16).

거기에 모인 믿는 자들은 누구나 이것을 체험했다. 왜냐하면 불꽃이 갈라져서 각 사람에게 임하였기 때문이다.

2:4 '성령의 충만함'은 성령세례와 다르다. 성령세례는 구원의 순간에 모든 믿는 자에게 한 번씩 일어나지만(참조, 11:15~16; 롬 6:3; 고전 12:13; 골 2:12), 성령 충만은 구원받을 때뿐 아니라 구원받은 후에도 계속 일어날 수 있다(행 4:8, 31; 6:3, 5; 7:55; 9:17; 13:9, 52).

성령세례의 증거는 '다른 언어들'(헤테라이스 글로싸이스[ἑτέραις

γλώσσαις]. 참조, 11:15~16)이었다. 이것들은 틀림없이 당시 사용되는 말들이었다. 2:6, 8에 사용된 단어는 디아렉토스(διαλέκτῳ 개역개정은 '방언'이라 옮기고 있다)인데, 이는 '언어', '말'이라는 의미이며 황홀경에 빠져하는 말이 아니었다. 이것은 2장, 10장, 19장과 고린도전서 12~14장에 나오는 '방언'이 무엇을 의미하는지를 알 수 있게 해준다.

이 사건은 교회의 시작을 나타냈다. 이 시점까지 교회는 예견되어 왔다(마 16:18). 교회는 성령세례로 말미암아 한 몸이 된다(고전 12:13). 그러므로 이 첫 번째 성령세례는 분명히 교회의 시작을 나타낸다. 물론 사도행전 2:1~4은 성령세례가 오순절에 일어났다고 말하지 않는다. 그러나 1:5은 성령세례를 예견했고 11:15~16은 성령세례가 오순절에 일어났다고 회고한다. 그러므로 교회는 이때부터 존재하게 되었다.

2:5~13 '디아스포라'(διασπορά; 분산. 참조, 약 1:1; 벧전 1:1)의 유대인들은 절기를 지키기 위해서 "예루살렘에 머물러 있었다." 아마 그들은 헬라어와 모국어를 말하는, 이중 언어를 구사하는 사람들이었을 것이다. 그들은 갈릴리 출신의 유대인들이 지중해 주변 지역 사람들의 말을 하는 것을 듣고서 너무 놀라 말을 하지 못했다.

열두 사도만 방언을 말했는지 혹은 120명 모두가 방언을 말했는지는 의문이다. 여러 가지 요인들을 고려해 보면, 오직 열두 사도만이 이 현상에 관련되었다는 견해가 지지를 얻는다. (1) 그들은 갈릴리 사람들로 언급된다(행 2:7; 참조, 1:11~13). (2) 베드로가 '열한 사도'와 함께 섰다(2:14). (3) 1절에 나오는 '그들'의 가장 가까운 선행사는 1:26의 '사도들'이다. 그러나 이 견해의 문제점은 2:9~11에 기록된 언어의 수가 12보다 많다는 점이다. 그러나 한 사도가 계속해서 하나 이상의 언어로 말했을 수 있다. 하지만 120명 모두가 방언으로 말했을 가능성도 있다. 왜냐하면 그들 대부분이 갈릴리 사람이라 불릴 수 있는 갈릴리 출신들이었기 때문이다. 열두 사도에 관한 언급은 그들이 120문도의 지도자임을 가리킬 것이다.

사람들이 이 모든 언어로 말한 주제는 '하나님의 큰 일'이었다. 그들은 하나님을 찬양했던 것 같다. 그들의 메시지는 회개나 복음이 아니었다.

유대인 불신자들은 이 기적을 설명할 수 없어 당황했으며, 어떤 이들은 조롱하며 "그들이 새 술에 취하였다"고 주장했다. '새 술'(글류쿠스 [γλεύκους])은 달콤한 새 포도주를 의미한다.

b. 베드로의 설교(2:14~40)

이 설교는 기본적으로 하나의 주제를 이야기한다. 그것은 '예수님이 메시아이며 주님이시다'라는 것이다(36절). 베드로의 설교 개요는 다음과 같다.

I. 이것은 예언의 성취이다(15~21절).
    A. 변호(15절)
    B. 설명(16~21절)
II. 예수는 메시아이다(22~32절).
    A. 그분의 사역들이 그분이 메시아임을 증명한다(22절).
    B. 그분의 부활이 그분이 메시아임을 증명한다(23~32절).
III. 예수님, 영화롭게 되신 메시아는 이제 성령을 부으셨다(33~36절)
IV. 적용(37~40절)

2:14~15 베드로는 취했다는 그들의 비난에 대해 반박했다. 그때가 아직 아침 9시밖에 되지 않아서(문자적으로 '하루의 제삼시'라는 의미다. 하루는 오전 6시에 시작했다), 이 계시자들이 술 취하기에는 너무 이르다는 것이다.

2:16~21 믿는 자들은 술에 취한 것이 아니라 요엘서 2장에 묘사된 것을 체험하고 있었다. 베드로는 이렇게 말했다. "이는 곧 선지자 요엘을 통하여 말씀하신 것이니"(16절). 이 구절은 "이것은 그것과 비슷하다"라는 뜻이 아니라, 오순절에 요엘의 예언이 이루어졌다는 의미이다. 그러나 사도행전 2:19~20에 인용된 요엘의 예언은 아직 이루어지지 않았다. 나머지는 이스라엘이 회개하면 이루어진다는 암시다. 요엘의 이 예언에 대해서는 3:19~23에서 좀 더 자세하게 설명할 것이다.

2:22 베드로는 예수님의 '기적들'이 '너희 유대인에게' 예수님이 말씀하셨던 주장을 입증하는 하나님의 방법이었다고 말했다(참조, 고전 1:22; 14:22).

2:23 이 구절의 요점은 분명하다. 즉 십자가에 죽으심은 우연한 일이 아니었다는 것이다. 그것은 '하나님의 정하신 뜻(불레[βουλῇ: 계획])'이었으며 단순한 의향이 아니라 하나님의 단호한 의지였다. 그것은 신적인 필요였다(참조, 4:28). 베드로가 '너희'라고 말할 때 그들은 유대인을 뜻한다. 베드로가 말한 '악한 자들'(역자 주, 개역개정에는 '법 없는 자들'로 번역되어 있다)은 이방인을 의미했다. 왜냐하면 '악한'이라는 단어가 '법 없는', '무법한'(아노몬[ἀνόμων])을 뜻하기 때문이다. 이방인과 유대인은 그리스

도의 '죽음'에 관련되었다. 사도들은 이방인들이 비난받아야 한다고 생각하면서도(2:23; 4:27; 참조, 눅 23:24~25), 유대인들이 예수님을 십자가에 못 박았다고 여러 번 비난했다(2:23, 36; 3:15; 4:10; 5:30; 7:52; 10:39; 13:28).

2:24 주의 부활은 사도행전의 기본적인 교리이다(32절; 3:15, 26; 4:10; 5:30; 10:40; 13:30, 33~34, 37; 17:31; 26:23). 여기에서 베드로는 "이는 그가 사망에 매여 있을 수 없었음이라"는 말을 함으로써 예수님이 메시아라는 사실을 다시 한 번 강조한다(요 20:9).

2:25~35 이 구절들에는 주의 부활과 승천에 대한 네 가지 증거가 나온다. (1) 시편 16:8~11의 예언과 다윗의 무덤의 현존(행 2:25~31), (2) 부활의 증거(32절), (3) 오순절의 초자연적인 사건들(33절), (4) 다윗이 예언한 장자의 승천(시 110:1; 행 2:34~35) 등이다.

27절과 31절에서 '음부'로 번역된 단어는 하데스(ἄδης)로서 무덤이나 죽은 영들의 지하세계를 의미한다.

족장이며 예언자인 다윗 자신은 죽어 장사되었기 때문에 시편 16:8~11은 다윗 자신에 대해 언급한 것이 아니므로 다윗은 그리스도(메시아)와 그의 부활에 관해 미리 예언한 것이라고 베드로는 지적한다. '맹세'(행 2:30)는 시편 132:11과 관련되어 있다(참조, 삼하 7:15~16). "이 예수를 하나님이 살리신지라 … 하나님이 오른손으로(참조, 행 5:30~31; 엡 1:20; 골 3:1; 히 1:3; 8:1; 10:12; 12:2; 벧전 3:22) 예수를 높이시매(참조, 행 3:13; 빌 2:9)." 그래서 예수님은 약속한 성령을 보내는 권세를 얻으셨고(행 1:5, 8; 요14:16, 26; 15:26; 16:7), 성령의 임재는 그들이 보고('불의 혀', 행 2:3), 듣고('강한 바람', 2절), 사도들이 각기 다른 말들을 함으로 써(4, 6, 8, 11절) 입증되었다.

다윗이 시편 16:8~11에서 자신에 대해 이야기하지 않았듯이 시편 110:1에서도 자신에 대해 말한 것이 아니었다. 다윗은 부활하지도(행 2:29, 31) 하늘로 올라가지도 않았다(34절). '주'는 그리스도, 하나님의 아들인 '내(다윗의) 주에게' 말씀하신 여호와 하나님이시다.

사도들은 사도행전에서 다섯 차례나 자기들이 부활하신 그리스도의 증인들이라고 말했다(32절; 3:15; 5:32; 10:39~41; 13:30~31). 그들은 자신들이 무엇을 말하고 있는지 알고 있었다.

2:36 이 구절은 베드로의 논증의 결론이다. 여기서 '그리스도'를 나타내는 '주'라는 명사는 아마도 여호와를 언급하는 것 같다. 동일한 단어인 퀴리오스(κύριος: 주)는 21, 34, 39절에서 하나님을 지칭하는 데 사용된다(참조, 빌 2:9). 이것은 그리스도의 신성에 대한 강력한 확증이다.

2:37 37~40절은 베드로 설교의 적용 부분이다. '찔려'(카테뉘게산[κατενύγησαν]: 자르다)라는 동사는 '때리다' 혹은 '격하게 찌르다', '실신시키다'라는 뜻이다. 그들의 심령 속에서 죄를 기소하는 성령의 사역은 대단한 것이었다(참조, 요 16:8~11).

"우리가 어찌할꼬"라고 외쳤던 그들의 물음은 필사적인 부르짖음이었다(참조, 행 16:30). 만약 유대인들이 자신들의 메시아를 십자가에 못 박았는데 메시아가 그 후에 높임을 받았다면, 그들이 할 일은 무엇인가? 그들은 무엇을 할 수 있었으며 무엇을 해야만 했겠는가?

2:38~39 베드로의 대답은 직선적이었다. 우선, 그들은 '회개'해야 했다 ("베드로가 가로되 너희가 회개하여 각각~"). '회개하여'로 번역된 동사 메타노에사테(μετανοήσατε)는 '너의 관점을 바꾸어라', 혹은 '마음을 변화시켜라', '너의 삶의 방향을 바꾸어라'는 의미다. 이 회개는 반드시 행동의 변화를 일으키지만, 강조점은 마음 혹은 관점에 있다. 유대인은 예수님을 배척했지만, 이제 그들은 예수님을 믿어야만 했다. 회개의 메시지는 사도행전에 나오는 사도들의 메시지 가운데 반복되는 부분이었다(38절; 3:19; 5:31; 8:22; 11:18; 13:24; 17:30; 19:4; 20:21; 26:20).

'세례를 받고'라는 명령과 2:38의 나머지 부분과의 관계에 관해서 많은 견해가 있다. (1) 첫째는 회개와 세례가 죄 사함을 가져온다는 견해다. 이 견해에 따르면, 세례는 구원을 받는 데 필수적이다. 이 해석의 문제점은 성경이 오직 믿음으로만 죄 사함을 받을 수 있다고 말하고 있다는 것이다(요 3:16, 36; 롬 4:1~17; 11:6; 갈 3:8~9; 엡 2:8~9 등). 게다가 베드로도 나중에 오직 믿음에 기초한 죄 사함을 약속했다(행 5:31; 10:43; 13:38; 26:18).

(2) 두 번째 견해는 2:38을 '너의 죄 사함에 근거하여 세례를 받으라'라고 해석한다. 여기서 사용된 전치사 에이스(εἰς)는 대격(목적격)과 만나서 '~ 때문에', '~에 근거하여'라는 의미다. 마태복음 3:11, 12:41, 마가복음 1:4에서도 이런 의미로 사용되었다. 그러나 이 구문에서는 '~에 근거하여'라는 의미도 가능하지만, 그것보다는 목적이나 방향을 묘사한다.

(3) 세 번째 견해는 "각각 예수 그리스도의 이름으로 세례를 받고"라는 구절을 삽입구로 본다. 이 해석을 뒷받침하는 많은 요소가 있다. (a) 이 동사(세례를 받고)는 단수동사로서 다른 복수동사들이나 명사들과는 다르게 쓰이고 있다. '회개하여'라는 동사는 복수이며, "(너희의) 죄 사함을 받

으라"('에이스 아페신 톤 하마르티온 휘몬'[εἰς ἄφεσιν τῶν ἁμαντιῶν ὑμῶ
ν]은 문자적으로 '너희 죄들의 사함 속으로'라는 뜻이다. 역자 주, 개역개
정에서는 '너희의'가 번역되지 않았다)에서 대명사 '너희의'는 복수이다. 그
러므로 동사 '회개하여'는 죄 사함의 목적을 나타낸다. 반면, '세례를 받고'
라는 명령은 단수이며, 이 문장의 나머지 부분과 구별된다. (b) 이 견해는
동일한 표현인 "죄 사함을 받는다"(아페신 하마르티온[ἄφεσιν ἁμαρτιῶν])
가 나오는(행 10:43) 베드로의 선포와 잘 들어맞는다. 죄 사함은 오직 믿
음에 근거해야 받는다. (c) 누가는 누가복음 24:47과 사도행전 5:31에서
회개가 죄 사함을 낳는다고 지적한다.

'성령의 선물'은 유대인과 그들의 자손과 멀리 있던 사람, 즉 이방인(참
조, 엡 2:13, 17, 19)을 포함해서 하나님에게 돌이킨 사람들에게 주어진
하나님의 '약속'이다(참조, 1:5, 8; 2:33). 사도행전 2:38~39은 구원의 인
간적인 측면('회개')과 신적인 측면('부르심'은 '선택하다'라는 의미이다. 참
조, 롬 8:28~30)을 함께 보여 준다.

2:40 이 구절에서 베드로의 '말'은 23절과 36절을 다시 생각하게 한다.
이스라엘은 끔찍한 죄를 지었다. 그러나 만약 회개한다면 유대인 개개
인들은 그 '세대'에 대한 하나님의 심판을 면할 수 있을 것이다(참조, 마
21:41~44; 22:7; 23:34~24:2). 이스라엘과 관계가 끊어진다면 그들은
그리스도와 교회에 속하게 될 것이다.

c. 초대교회에 대한 서술(2:41~47)

2:41 '삼천 명'이 믿고 '세례를 받아서' 자신들이 그리스도와 하나가 됨을

드러내었다. 이 사람들은 즉시 믿는 자들의 교제에 참여했다.

2:42 초대교회의 활동은 이중적이었다. 첫째, 믿는 자들은 '사도들의 가르침' 또는 교훈을 변함없이 받았다(프로스카르테룬테스[προσκαρτεροῦντες]: 지속 혹은 계속. 참조, 1:14; 2:46; 6:4; 8:13; 10:7; 롬 12:12; 13:16; 골 4:2). 둘째는 교제였다. 성경은 교제를 "떡을 떼며 … 기도하기"로 규정한다. '교제'와 '떡을 떼며 기도하기' 사이에 "그리고"의 생략은 후자의 두 가지 행위가 교제와 동격임을 나타낸다.

여기서 떡을 떼는 것은 주의 식탁과 공동 식사를 포함한다고 볼 수 있다(참조, 행 2:46; 20:7; 고전 10:16; 11:23~25; 유 1:12).

2:43 '기사'(테라타[τέρατα]: 경외심을 불러일으키는 기적들)와 '표적'(세메이아[σημεῖα]: 신적 진리를 가리키는 기적들)은 진실로 그들의 사도 됨을 증명했다(참조, 고후 12:12; 히 2:3~4). 사도들은 이런 표적과 기사들을 많이 행했다(행 4:30; 5:12; 6:8; 8:6, 13; 14:3; 15:12). 그리스도께서도 많은 기사와 표적 그리고 '기적'(뒤나메이스[δυνάμεις]: 능력의 사역)을 행하셨다.

2:44~45 재산을 팔고 소유를 공동으로 나눈 것은 초대교회가 주께서 곧 재림하셔서 그분의 나라를 세울 것을 기대했음을 암시한다. 이는 왜 이 행위가 계속되지 않았는지 그 이유를 설명해 준다. '모든 물건을 서로 통용'했다고 해서 사회주의나 공산주의로 오해하면 안 된다. 왜냐하면 이러한 일들은 자발적으로 이루어졌기 때문이다(참조, 4:32, 34~35; 5:4). 또한 모든 물건을 동일하게 분배한 것이 아니라 필요에 따라 나누

어 주었다.

2:46~47 비록 "(그들이) 날마다(참조, 46절) … 성전에 모이기를 힘썼다 (프로스카르테룬테스[προσκαρτεροῦντες]. 참조, 42절)" 할지라도 42~47절 에 묘사된 행위들은 교회가 전통적인 유대교와 분리되는 경향을 가지고 있었음을 보여 준다. 사도행전에 나타난 작은 주제들 중 하나는 기쁨이 다. 승리하는 교회는 기쁨을 누리는 교회이기 때문이다.

이런 특징은 46~47절과 다른 구절들에서 찾아볼 수 있다(5:41; 8:8, 39; 11:23; 12:14; 13:48, 52; 14:17; 15:3, 31; 16:34; 21:17). 교제 가운데 "(그들은) 집에서 떡을 떼며" 기쁨으로 "(함께) 음식을 먹었다"(참조, 42절). '찬미하며'(아이눈테스[αἰνοῦντες])라는 단어는 신약성경에서 단지 아홉 번 쓰이는데, 일곱 번은 누가가 사용했다(눅 2:13, 20; 19:37; 24:53; 행 2:47; 3:8-9; 롬 15:11; 계 19:5).

누가는 요약된 경과보고 일곱 개 중 첫 번째로서(참조, 행 6:7; 9:31; 12:24; 16:5; 19:20; 28:30~31) 사도행전의 이 단락을 마친다. "주께서 구원 받는 사람을 날마다 더하게 하시니라." 교회는 시작부터 매우 급속 히 성장했다!

B. 예루살렘에서의 교회 확장(3:1~6:7)

1. 교회에 대한 반대(3:1~4:31)

a. 원인(3:1~26)

3:1 분명히 예루살렘 성전에서는 기도하는 시간이 여러 번 있었다. 오전 9시, 정오, 오후 3시다. 여기서는 아마도 오후 3시를 가리킬 것이다. 그래야만 4:3을 설명할 수 있기 때문이다.

3:2 "나면서 못 걷게 된 이"에 대한 묘사는 그가 희망이 없는 상황에 처해 있음을 시사한다. 그는 40살이 넘었다(4:22). 사람들은 매일 그가 구걸하도록 미문이라고 불리는 성전 문 앞에 데려다주었다. 이 문은 이방인의 뜰에서 여인들의 뜰로 들어가는 성전의 동쪽 문이었을 것이다.

3:3~11 베드로와 요한을 통해서 못 걷게 된 이를 회복시키시는 하나님의 초자연적인 치유(7절)와 그의 기쁨에 넘친 열광적인 응답(8절)은 그곳에 있던 무리를 놀라게 했다("심히 놀랍게 여기며 놀라니라"). 그래서 그들은 모두 달려가 '솔로몬의 행각'에 모였는데, 그것은 성전 바깥 뜰 동쪽에 있는 기다란 행각이었다(참조, 5:12). 사도행전에 따르면 또 다른 두 명의 걷지 못하는 이들도 치료받았다(9:32~34; 14:8~10).

3:12 베드로는 이 상황을 설명하면서 그것을 메시지 선포의 기회로 이용했다. 그의 메시지는 (a) 설명(12~16절)과 (b) 권고(17~26절)로 되어있다.

3:13~15 베드로는 치료의 권능을, 여기에서는 하나님의 '종'(참조, 26절; 4:27, 30)으로 묘사된 예수께 돌렸다. 종이란 용어는 이사야 42:1; 49:6~7; 52:13; 53:11의 '여호와의 종'이란 칭호를 연상시킨다.

흥미롭게도 '넘겨주고'(파라디도미[παραδίδωμι])라는 동사의 형태는 칠십인역의 이사야 53:12에서 두 번 사용된다. 이 비천한 종(참조, 빌 2:6~8)은 유대인의 조상, 곧 '아브라함, 이삭, 야곱의 하나님'(참조, 창 32:9; 출 3:6, 16; 마 22:32; 막 12:26; 눅 20:37; 행 7:32)에 의해 높임을 받았다(영화롭게 되었다. 참조, 요 12:23; 17:1; 행 2:33; 빌 2:9; 히 1:3~4, 8). 베드로는 사람들의 행위에 나타난 세 가지 반대를 강조했다(3:13~15).

첫째, 베드로는 '빌라도가 놓아주기로 결의'했을 때 유대인들이 그리스도를 죽이라고 요구했다고 말했다. 둘째, 유대인들은 "거룩하고 의로운 이를 거부하고 도리어 살인한 사람을 놓아주기를" 구했다. 셋째, 이스라엘은 "생명의 주를 죽였도다 그러나 하나님이 죽은 자 가운데서 그를 살리셨다." 베드로가 사용한 그리스도의 칭호는 흥미롭다. '그의 종 예수', '거룩하고 의로운 이'(참조, 히 7:26), '생명의 주'(참조, 요 10:10) 등이다. 특히 세 번째 칭호는 매우 아이러니하다. 그들은 '생명'의 주를 '죽였다.' 그러나 그는 죽은 자 가운데서 '생명'으로 일으킴을 받았다(예수님의 부활에 관하여는 사도행전 2:24의 주해를 보라. 부활의 '증인들'에 대해서는 2:33의 주해를 보라)!

3:16 못 걷게 된 이의 치유는 예수님의 이름을 믿는 그의 믿음 때문에 일어났다. '믿음'은 예수님이 치료해 주신 많은 사람에게서도 찾아볼 수 있다(예를 들어, 막 5:34; 10:52; 눅 17:19). 성경 시대에 한 사람의 '이름'은 그 사람과 그의 인격을 나타낸다. 누가는 사도행전에서 (예수님의) '이름'을 적어도 서른두 번이나 사용했다(참조, 행 2:21, 38; 3:6, 16; 4:7, 10, 12, 17~18; 5:28, 40~41 등).

3:17~18 여기서부터 베드로의 권고가 시작된다. 지도자들과 사람들은 (참조, 눅 23:13) 예수님이 실제로 어떤 분인지를 알지 못하는 무지 가운데 행했다(참조, 행 17:30; 엡 4:18; 벧전 1:14). 그래서 하나님은 그들에게 회개할 기회를 주셨다. 그들이 무지 가운데 예수님을 십자가에 못 박았을지라도 '그리스도'의 고난은 구약성경의 예언을 성취했다(참조, 행 17:3; 26:23).

3:19~21 베드로의 권고는, 오순절 설교에서와 같이(2:38), '회개하라'는 것이었다. 여기에서 베드로는, 만약 이스라엘이 회개했다면 하나님 나라가 땅 위에 도래했을 것이라고 말하고 있는가? 이에 대한 대답은 긍정이다. 그 이유는 다음과 같다. (1) 회복(3:21)이라는 단어는 1:6의 '회복'과 연결된다. 3:21에서 그것은 명사형(아포카타스타세오스[ἀποκαταστάσεως])이며, 1:6에서는 동사형(아포카티스타네이스[ἀποκαθιστάνεις])이다. 둘 다 이스라엘에 하나님 나라가 회복됨을 예시한다(참조, 마 17:11; 막 9:12). (2) 회복의 개념은 하나님 나라에 관해서 사용될 때 중생(regeneration)이란 개념과 같은 의미로 사용된다(참조, 사 65:17; 6:22; 마 19:28; 롬 8:20~22). (3) 사도행전 3:19와 3:20에 나오는 목적절은 다르다. 19상절의

목적절(헬라어로 프로스 토[πρός τò]로 되어 있고 일부 사본에서는 에이스 토[εἰς τò]로 되어 있다. 개역개정에서는 앞에 나오는 두 개의 명령형 동사인 '회개하고 돌이켜'의 결과인 것처럼 '죄 없이 함을 받으라'고 번역하고 있다)은 to 부정사 형태를 가진 목적절로 번역된다(즉 '죄 없이 함을 받기 위하여'로 번역된다). 이것은 가까운 미래 안에 이루어질 목적을 가리킨다. 19하절과 20절에 나오는 두 개의 that 구문(개역성경에서 이 that 구문은 19절의 "이같이 하면 새롭게 되는 날이 주 앞으로부터 이를 것이요"와 20절의 "또 주께서 너희를 위하여 예정하신 그리스도 곧 예수를 보내시리니"이다. 이것은 헬라어 본문에서 가정법 동사를 동반하는 호포스[ὅπως: ~하기 위하여]와 연결된 구문이다)은 다른 문장 구조의 번역으로서 좀 더 먼 미래의 목적을 가리킨다. 그래서 회개는 결과적으로 가까운 미래의 목적(19상절)인 죄 사함을 낳는다. 그 후 이스라엘 전체가 회개한다면 두 번째 좀 더 먼 미래의 목적인 하나님 나라의 도래(그리스도의 재림 때 이루어지는 '새롭게 되는 날'[19하절])가 성취될 것이다. (4) '그리스도', 즉 메시아의 보냄(20절)은 하나님 나라의 도래를 뜻했다. (5) 구약성경은 '이때'를 예언했다(24절; 참조, 21절). 구약의 '예언자들'은 교회를 예언하지 않았다. 그들에게 교회는 감추어진 비밀이었다(롬 16:25; 엡 3:1~6). 그러나 그 예언자들은 가끔 메시아의 황금기, 즉 천년왕국에 대해 말했다.

구원과 천년왕국에 대한 베드로의 설교는 하나님의 은혜와 이스라엘의 불신앙 둘 다를 드러낸다. 한편으로 하나님은 그리스도의 부활 표적이후에 유대인에게 회개할 기회를 주셨다. 그들은 '십자가 이전의' 예수님을 거부했다. 하지만 이제 그들은 부활 이후의 메시아를 소개받고 있다. 다른 한편으로 베드로의 설교는 이스라엘의 거부를 강조한다. 그들은 요나의 표적을 받았지만 여전히 믿기를 거부했다(참조, 눅 16:31). 실제적인 의미에서 이 메시지는 이스라엘의 불신앙을 드러냈다.

어떤 성경학자들은 베드로가 하나님 나라를 선포했다는 견해에 반대한다. 그들이 반대하는 근거는 다음과 같다. (1) 하나님은 이스라엘이 이제안을 거절할 것을 아셨기 때문에 그것은 타당한 제안이 아니었다. 그러나 선택받지 못한 사람들을 향해 제시된 복음만큼이나 진실되다. (2) 이것은 하나님 나라의 진리를 교회 시대에 도입했다. 그러나 이 진리는 오순절에 교회가 시작되기 전부터 있어 왔다(참조, 마 16:18; 18:17; 요 10:16; 14:20). (3) 이 견해는 극단적 세대주의로 이어진다. 그러나 이 제안을 교회 시대의 전환기로서 이해한다면 이런 결론을 내릴 필요가 없다. 사도행전은 일종의 경첩과 같은 책이어서 그리스도의 지상 사역과 지상에 있는 교회를 통한 그리스도의 사역을 이어 주는 과도기적 사역을 보여 준다.

결론적으로, 사도행전 3:17~21은 이스라엘의 회개가 두 가지 목적을 가지고 있었음을 보여 준다. (1) 이스라엘 사람 개개인을 위해서는 죄 사함이 있었다. (2) 한 국가로서의 이스라엘에 대해서는 메시아가 통치하러 다시 오실 것이다.

3:22~23 여기서 예수님은 신명기 18:15~19의 성취로서 '신약의 모세'로 표현되어 있다(참조, 요 6:14). 그리스도는 모세가 행한 구원뿐 아니라 모세가 행한 심판도 행하실 것이다(참조, 레 23:29, 신 18:19, 참조, 민 14:26~35).

3:24~25 베드로가 모세 다음의 선지자로서 '사무엘'을 언급한 것(참조, 13:20)은 분명히 여호수아가 신명기 18:15을 성취하지 못했음을 암시한다.

'모든 선지자'(참조, 행 3:18, 21)는 '이때', 즉 메시아 시대에 대해 이런 저런 방법으로 기록했다. 유대인들은 '선지자들의 자손'이요 아브라함에게 주어진 언약을 계승한 자손이었으며(창 12:2~3; 15:18~21; 17:1~8; 22:18), 유대인들의 '조상'(즉 이삭[창 26:24])에게 입증되었다. 유대인들이 아브라함처럼 믿었다면 축복받을 수 있었을 것이다(참조, 롬 3:28~29; 4:3; 갈 3:6~7). 사실 '모든 족속'은 아브라함을 통해 '복을 받을 것이다'(참조, 창 12:3; 롬 4:12, 16; 갈 3:29; 엡 3:6).

3:26 하나님의 종, 예수님(참조, 13절; 4:27, 30)은 '먼저 너희에게', 즉 유대인에게 보내심을 받았다. 복음서들과 사도행전 전체는 이 연대적인 양식을 따른다(참조, 예를 들어, 마 10:5; 행 13:46; 롬 1:16). 하나님 나라의 설립이 이스라엘의 응답에 달려 있었고, 여전히 그러하기 때문이다(참조, 마 23:39; 롬 11:26).

b. 감금(4:1~22)

4:1~2 베드로와 요한과 고침 받은 자(14절)를 체포하는 데 관여한 사람들은 '제사장들과 성전 맡은 자와 사두개인들'이었다. 성전 맡은 자는 성전의 질서를 유지시킬 책임이 있었기 때문에, 그가 제사장들과 사두개인들을 따라서 군중을 해산시키려고 '베드로와 요한'을 방해한 것은 이상한 일이 아니다(참조, 3:11).

제사장들은 먼저 종교적인 소속으로 보면 사두개인들이었다(5:17). 그래서 주동적인 고소자들은 사두개인들이었다. 이들의 특징은 다음과 같다. (1) 몸의 부활을 믿지 않으며 천사나 영의 존재를 부인했다(23:8). (2)

로마 정부에 충성했다. (3) 현 상태를 유지하기 원했다. (4) 부유층과 결탁했다. (5) 모세오경만을 고수했다. 사두개인들이 베드로와 요한의 설교로 가장 크게 당황했다. 왜냐하면 베드로와 요한의 설교가 부활을 부정하는 사두개인들을 직접적으로 반대하고, 근간을 흔들었기 때문이다.

4:3 두 사도는 때가 저녁, 즉 재판을 하기에는 너무 늦은 오후여서(참조, 3:1의 오후 3시) 이튿날까지 감금되었다.

4:4 사도행전의 주제 중 하나는 반대에도 불구하고 하나님의 말씀이 전파된 것이다. 말씀은 마치 대형 장거리 수송차처럼 거침없이 앞으로 나아갔다. 두 수석 사도는 갇혔으나 하나님의 말씀은 제한되지 않았다(참조, 28:30~31; 빌 1:12~14)!

4:5~6 누가는 유대인 지도자들에 대해 상세하게 묘사했는데, 이는 이 의회의 성대함과 권위를 시사한다. 일개 어부들이 이 땅의 최고 지도자들 앞에 서 있었다! '관리들과 장로들과 서기관들은' 유대인의 최고 재판 기관인 산헤드린의 회원이었다(참조, 15절). 안나스는 가야바의 장인이었다. 안나스는 AD 6년부터 15년까지 대제사장을 지낸 뒤 해고되었다. 그의 사위 가야바는 AD 18년부터 36년까지 제사장이었다. 그러나 유대인은 분명히 안나스를, 대제사장으로서 제사장적 정치인과 같은 존재로 여겼다(참조, '안나스의 계보'. 참조, 눅 3:2; 요 18:13; 행 7:1에 대한 주해). 이 의회가 예수님을 심문했다. 이제 아이러니하게도, 그들은 예수님의 특출하고 용감한 추종자들을 대하고 있었다! 여기서 언급되는 '요한과 알렉산더'에 대해서는 알려진 바 없다.

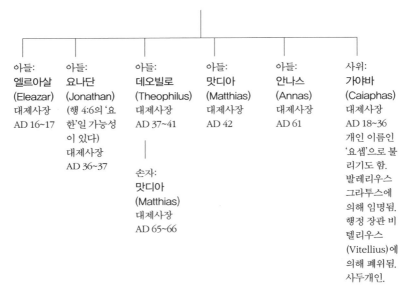

안나스의 계보

안나스
대제사장 AD 6~15
시리아의 총독 퀴리니우스(Quirinius)에 의해 임명됨.
유대의 행정 장관인 발레리우스 그라투스(Valerius Gratus)에 의해 폐위됨.

아들:
엘르아살
(Eleazar)
대제사장
AD 16~17

아들:
요나단
(Jonathan)
(행 4:6의 '요
한'일 가능성
이 있다)
대제사장
AD 36~37

아들:
데오빌로
(Theophilus)
대제사장
AD 37~41

손자:
맛디아
(Matthias)
대제사장
AD 65~66

아들:
맛디아
(Matthias)
대제사장
AD 42

아들:
안나스
(Annas)
대제사장
AD 61

사위:
가야바
(Caiaphas)
대제사장
AD 18~36
개인 이름인
'요셉'으로 불
리기도 함.
발레리우스
그라투스에
의해 임명됨.
행정 장관 비
텔리우스
(Vitellius)에
의해 폐위됨.
사두개인.

4:7~10 베드로와 요한이 산헤드린 앞에 불려와서, 무슨 권세로 그런 일을 했느냐는 질문을 받았을 때 연설자 베드로는 성령의 충만함을 입었다 (참조, 2:4). 이것은 사도행전에 나타난 베드로의 네 번째 설교이다! 그는 반대로 질문을 던지면서 말했다. "못 걷는 이에게 선행을 한 것 때문에 우리를 체포하려느냐?" 이 기적은 그들의 힘이 아니라, '예수 그리스도의 이름'으로 이루어졌다(참조, 3:16; 4:7, 12, 17~18). 유대인들이 예수님을 십자가에 못 박았지만 하나님은 그분을 죽은 자 가운데서 일으키셨다(참조, 2:23~24; 3:15).

4:11 못 걷는 이를 치유한 이는 '건축자들이 버린 돌'이었다. 여기서 베드로는 시편 118:22을 인용했다. 이 구절의 배경에 대해서는 논란이 많다. 버려진 돌(시 118편)은 아마 (1) 실제로 건축 돌이거나 (2) 이스라엘 나라이거나 (3) 다윗일 수 있다. 혹은 그것은 특정하게 적용될 것이 없는 일종의 속담일 수도 있다. 다윗에게 시편 118:22의 버려진 돌은, 다른 나라들이 멸시하는 나라, 이스라엘을 의미했을 것이다. 아무튼, 이 구절은 '이상적인' 이스라엘인 그리스도 예수 안에서 궁극적으로 성취된다(참조, 사 5:1~7; 마 2:15; 21:42; 막 12:10; 눅 20:17; 벧전 2:7). 버려진 돌(십자가에 못 박힘으로 거부당한 그리스도)은 '모퉁잇돌', 부활하신 주님이다.

4:12 '구원'이란 낱말은 베드로가 인용한 시편 118편에서 나온다. 왜냐하면 그것은 시편 118편에서 두드러진 주제이기 때문이다. 시편 118:22~29은 천년왕국의 구원을 기대한다. 사도행전 4:12에서 베드로는 개인의 칭의뿐 아니라 시편 118편에 예언된 민족의 구원을 말하였다.

그러나 관리들은 이를 방해했다! 그들은 이스라엘의 유일하신 구세주를 부인했고 하나님의 집의 완성을 가로막고 있었다. 그러므로 백성을 구원할 다른 길은 없다(참조, 요 14:6; 딤전 2:5).

4:13~14 당국자들은 베드로와 요한이 '학문 없는(아그람마토이[ἀγράμματοί]: 배운 것이 없는) 범인(이디오타이[ἰδιῶται])'인 줄 알았다가 그들이 담대하게 말함을 보고 놀랐다(참조, 3:10). 담대함(파르레시아[παρρησία]: 대담함 혹은 서슴없이 솔직하게 말하는 용기)은 사도행전에 자주 나타나는 또 다른 두드러진 주제이다(2:29; 4;13, 29, 31; 28:31. 참조, 9:27~28; 13:46; 14:3; 18:26; 19:8; 26:26에 나오는 '담대히 말하다'

라는 동사). 산헤드린은 베드로와 요한이 '예수님과 함께 있던' 자들임을 알고(참조, 요 7:15) 조용해졌다. 그러므로 사도들은 그리스도께서 약속하셨던 것을 경험하고 있었다(마 10:19~20; 눅 12:11~12; 21:12~25).

4:15~17 당국자들은 이 기적의 실제를 부인할 수도 없었고 부인하지도 않았다. 그들은 의도적으로 '예수'란 말을 언급하기를 피했다. 그들은 예수님을 '이 이름'으로 언급했다(참조, 5:28에 나타난 대제사장의 동일한 거절).

아마 누가는 이 닫힌 문 안에서 진행된 일에 대한 정보를 니고데모나 바울 같은 사람들에게서 얻었을 것이다. 비록 바울이 사두개인이 아니었을지라도, 이런 정보를 얻기에는 어렵지 않았을 것이다.

유대인의 최고 재판 기관이며 행정 기관인 '산헤드린'은 대제사장을 포함해서 71명으로 구성되었다. 그들 대부분은 사두개인들이었다. 사도행전에서 이것은 예수님의 추종자들이 산헤드린 앞에 끌려간 네 번의 사건 중 첫 번째 사건이었다(참조, 5:27의 베드로와 다른 사도들, 6:12의 스데반, 22:30의 바울).

4:18~22 베드로와 요한이 "예수의 이름으로 말하지도 말고 가르치지도 말라"는 명령을 받았을 때 그들은 인간의 권위보다는 하나님께 순종해야 한다고 대답한다(참조, 5:29). 그들은 그리스도께서 그들에게 명령하신 대로(1:8) 그저 증인이 되었다. 당국자들은 (계속해서 예수를 전파한다면 분명히 벌을 주겠다고) 그들을 위협하고 놓아주었다. 그들은 사도들을 처벌하기를 두려워했다. '왜냐하면 모든 사람이 하나님께 찬양을 돌렸기 때문이다(참조, 3:9; 5:26).

c. 간구(4:23~31)

초대교회의 이 기도에는 세 가지 자세가 나타난다. (1) 하나님은 주권자이시다(24절). (2) 하나님의 계획은 믿는 자들도 메시아를 대적하는 자들과 대면하게 될 것을 포함한다(25~28절). (3) 이 때문에 그들은 담대히 말씀을 전하게 해달라고 하나님께 간구했다(29~30절).

4:23~24 놀랍게도 박해를 당하는 믿는 자들(베드로와 요한의 동료)은 하나님의 '주권적인' 창조 능력을 깨닫게 될 것이다.

4:25~27 '다윗의 입을 통하여 성령으로' 하신 말씀은 많은 구절에서 그러했듯이 인간을 통한 성경의 신적 영감을 강조한다(참조, 28:25). 사도행전 4:25~26은 시편 2:1~2을 인용하고 있는데, 그것은 고난의 예언이다. 예비적인 의미로서 베드로는 시편 2편에서 다윗이 예언한 메시아, 하나님의 기름 부음 받은 자(투 크리스투[τοῦ χριστοῦ], 행 4:27)에 대한 배척을 초대교회에서 성취된 것으로 보았다.

'열방'(에트네[ἔθνη], 행 4:25)은 '이방인'(에트네신[ἔθνεσιν], 27절)과 비교된다. '족속들'(라오이[λαοὶ], 25절)은 '이스라엘 백성'(라오이스 이스라엘[λαοῖς Ἰσραήλ], 27절)과 비교된다. '군왕들'(26절)은 '헤롯'(27절)과 비교된다. 그리고 '관리들'(26절)은 본디오 빌라도(27절)와 비교된다.

4:28~30 하나님의 주권적인 권능과 뜻대로 그리스도께서 배척당하도록 미리 정하셨기 때문에, 지금 베드로와 요한은 사도 교회를 위하여 하나님의 권능이 드러나도록 '담대히' 기도했다. 그들은 또한 병을 고치고

'표적(세메이아[σημεῖα], 참조, 2:43)과 기사(테라타[τέρατα], 참조, 2:43)를 예수의 이름으로' 행할 수 있는 초자연적 능력을 달라고 주님께 간구했다.

4:31 담대함을 달라는 믿는 자들의 기도에 대한 하나님의 응답은 그들이 '모인 곳'이 진동함으로 나타났다. 응답에는 성령의 초자연적인 충만함도 포함되었다(참조, 8장). 여기서와 같이 누가가 믿는 자들에게 성령이 충만해짐을 가리키면서 동사 형태를 사용해서 하나님이 주권적으로 수여하신 충만함을 이야기했다. 이것은 그리스도인들이 성령 충만해야 한다는 에베소서 5:18의 명령형과는 차이가 있다.

2. 교회를 바로잡음(4:32~5:11)

a. 물건을 나눔(4:32~37)

누가가 이 구절을 여기에 포함시킨 데에는 두 가지 이유가 있었다. 첫째로 그는 바나바를 독자에게 소개하려고 했다. 누가가 잘 사용하는 기교는 사소한 역할을 맡고 있는 어떤 인물을 소개하고 나서 얼마 후에 주요 역할을 담당하는 무대로 끌어내는 것이다. 그는 이 방법으로 바나바를 소개했다.

이 구절에서 누가의 두 번째 목적은 바나바와 그 외의 나머지 교인들이 아나니아와 삽비라(5장)와 어떻게 다른지를 보여 주는 것이었다. 교회와 특히 바나바의 관대함은 아나니아와 삽비라 부부의 이기심과는 두드러진 차이를 드러낸다.

4:32~35 믿는 자들은 영적으로(마음과 정신적인 것)뿐 아니라 물질적으로도 연합되었다(참조, 2:44~45 주해). 그들은 모든 물건을 자발적으로 팔아 '필요'에 따라 나누어 주었다. 주님은 사도들이 그리스도의 부활을 증언하도록 담대함을 달라는(4:29) 그들의 기도에 응답하셨다. '은혜'(33절)라는 낱말은 사도행전에 매우 자주 등장한다(예, 6:8; 11:23; 13:43; 14:3, 26; 15:11, 40; 18:27; 20:24, 32 등).

4:36~37 요셉은 '위로의 아들'을 의미하는 바나바로 불렸는데, 이것은 분명히 낙심한 자들을 위로하는 그의 성품과 능력 때문이었다.

레위인이 바나바처럼 어떻게 재산을 소유할 수 있었는가? 레위인은 재산을 소유하는 것이 금지되지 않았는가(민 18:20, 24)? 레위인들은 이스라엘 내의 땅을 소유하지는 못했지만, 그 외에 다른 곳에서 자신의 땅을 가질 수 있었다. 구브로 섬 출신인 바나바는 분명히 그곳의 땅을 소유하였다. 또한 그의 아내가 이스라엘 내의 땅을 소유했다가 그들이 함께 팔았을 가능성도 있다. 민수기 18:20, 24의 제한은 예레미야의 경우에서 볼 수 있듯이(참조, 렘 1:1; 32:6~15) 더 이상 지켜지지 않았다!

b. 아나니아와 삽비라가 속임(5:1~11)

이 이야기는 여호수아 7장에 나오는 아간을 생각나게 한다(참조, 민 15:32~36; 16:1~35).

5:1~2 '아나니아와 그의 아내 삽비라의 죄'는 3~4, 9절에 나온다. 그들은 재산을 매각한 후 서로 공모해서 돈의 일부만 드리고서 전부를 드렸다

고 거짓말했다. 일부 수익금을 남겨 둔 것이다.

'사도들의 발 앞'라는 표현은 4:35, 37에서도 동일하게 나오지만, 아나니아의 행위는 바나바의 행위와 강한 대조를 이룬다.

5:3 베드로는 "사탄이 네 마음에 가득하여"라고 말하며 아나니아를 비난했다. '가득하여'로 번역된 동사는 플레로오(πληρόω)에서 파생된 에플레로센(ἐπλήρωσεν)인데, 이는 지배나 영향이라는 개념을 갖고 있다. 동일한 동사가 "성령으로 충만함을 받으라"(엡 5:18)는 명령에서도 사용된다. 믿는 자인 아나니아는 성령이 아니라 사탄의 영향을 받았다! "어찌하여"라고 베드로가 물었다는 사실은 아나니아가 삶 속에서 이전에 지은 죄를 처리하지 않았기 때문에 사탄이 그를 지배하게 되었다는 것을 암시한다.

5:4 베드로는 아나니아가 '성령에 대해' 거짓말하는 것이라고 말했다 (3절). 이제 베드로는 그가 '하나님께' 거짓말을 한 것이라고 말한다. 이것은 성령의 신성에 대한 확증이다.

믿는 자들이 자기의 돈을 소유할 권한을 갖는다는 사실은 이것이 기독교적 사회주의가 아니었음을 보여 준다. 그것은 교회를 유지하기 위한 자발적인 합의였으며, 그것도 일시적으로만 허용된 것이었다. 왜냐하면 초대교회는 자신들의 세대에 그리스도께서 다시 오실 것이라고 기대했기 때문이다.

5:5~6 "아나니아가 이 말을 듣고 엎드려져 혼이 떠나니." 베드로가 나중에 쓴 것처럼, 심판은 '하나님의 집에서' 시작된다(벧전 4:17). 이것은 '사망에 이르는 죄'의 경우다(요일 5:16). 이것은 매우 엄중한 교훈이다. 왜냐하

면 아간이 이스라엘에게 하나의 예가 된 것처럼 그것 역시 초대교회에 하나의 예가 되었기 때문이다(참조, 고전 10:6).

5:7~10 그런 다음 삽비라는, 남편의 급사를 알지 못한 채 그들이 땅값으로 받은 액수에 대해 거짓말을 했다.

베드로는 삽비라에게 아나니아와 같이 "주의 영을 시험하려 하느냐"고 책망했다. '성령을 시험하는 것'은 하나님의 심판이 임하시기 전에 사람이 어느 정도 피할 수 있음을 보여 준다(참조, 신 6:16; 마 4:7).

5:11 이 부부에 대한 징계의 결과로, 이것을 들은 '모든' 신자들과 불신자들은 크게 두려워했다. 그것은 이미 5절에서 언급된 결과이며, 여기서는 강조하기 위해 반복했다(참조, 19:17).

서사에서 이 기사의 목적은 여러 가지다. (1) 이것은 하나님이 그의 몸 된 교회 안에서의 죄, 특히 부정직을 싫어하심을 드러낸다. (2) 그런 징계가 이스라엘에서 나타나지 않았기 때문에 이것은 교회를 이스라엘과 다른 존재로 구별한다. (사도행전에서 여기서 처음으로 사용된) '교회'라는 낱말은 여기와 9:31과 20:28에서 보편적인 교회를 가리키며, 11:26과 13:1에서는 지역 교회 회중을 가리킨다. (3) 이것은 하나님이 이 새로운 집단 속에서 역사하심을 가리킨다.

3. 교회 성장(5:12~42)

a. 사도들의 인증(5:12~16)

이 단락은 독자들에게 앞으로 일어날 일들을 준비시키는 내용이다. 그런 행위는 그냥 지나칠 수 없는 중요한 내용이다.

5:12 다시 한 번 사도들은 하나님의 사용하심으로 많은 '표적과 기사'를 행하였다(참조, 2:43의 주해). 흥미롭게도 초대 예루살렘 교회의 정기적인 모임 장소는 성전 안에 있는 솔로몬 행각이었다. 사람들은 그곳에서 못 걷게 된 이를 고쳤다는 소문을 들은 이후 그곳에 모여들었다(3:11).

5:13 이 구절은 위선자나 불신자들은 감히 그들과 합하지 못했다는 뜻인 듯하다. 그들은 아나니아와 삽비라 사건으로 두려움에 사로잡혔다!

'그 외 아무도'(no one else)는 문자적으로, '나머지 중 아무도'(톤 로이폰 우데이스[τῶν λοιπῶν οὐδεὶς])라는 뜻이다(역자 주, 개역개정은 헬라어 의미대로 '그 나머지'로 번역하고 있다). '나머지 혹은 남은 자'는 잃은 자들에 대해서 사용된다(눅 8:10에서는 '다른 사람'으로 번역되었다. 참조, 롬 11:7; 엡 2:3; 살전 4:13; 5:6).

5:14 구원받지 못한 자들이 신자들의 모임에 합류하기를 꺼렸음에도 불구하고, "믿고 주께로 나오는 자가 더 많으니 남녀의 큰 무리더라." 급속한 수적 성장은 초대교회의 한 현상이었다(참조, 2:41, 47; 4:4; 6:1, 7; 9:31).

5:15~16 표적(참조, 12절)은 연약한 교회 내에서 하나님의 말씀을 확고히 서게 했다. 이것은 하나님이 교회를 징계하시고 나서 주권적으로 교회를 비준하시는 것을 보여 준다. 많은 사람이 치료하는 사도들에 대한 신뢰뿐 아니라 미신도 드러냈다. 사람들은 병자를 덮는 '베드로의 그림자' 자체가 그들을 치료한다고 생각했다.

사도들이 받은 병을 치유하고 귀신을 내쫓는 신적인 권능은 주님이 그들에게 하신 약속과 일치했다(마 10:8; 막 16:17~18).

b. 사도들의 두 번째 감금과 석방(5:17~20)

5:17~20 사도들(분명히 12명 전부였을 것이다)이 두 번째로 체포되고 감금된 이후에 하나님은 초자연적인 방법으로 그들을 풀어 주시고, 천사를 통해서 '이 생명의 말씀'(문자적으로, '이 생명의 모든 말씀들', 복음을 일컫는 다른 방법)을 계속해서 공적으로 선포하라(교회가 모이는 장소 근처인 '성전 뜰'에서. 참조, 12절)고 명령하셨다. 사도행전에서 이것은 세 번의 옥중 기적 가운데 첫 번째 기적이다(참조, 12:6~10의 베드로, 16:26~27의 바울과 실라).

c. 심문과 사도들의 변호(5:21~32)

5:21상 사도들은 천사의 지시(20절)에 순종한다. 그들은 전날 밤에 잠을 자지 못했지만 '새벽에 성전'에 들어갔다(참조, 20절).

5:21하~25 이 구절들에 기록된 사실은 모순으로 가득 차 있다. (1) 간

수들은 빈 감옥을 철저하게 지키고 있었다(21하~23절). (2) 이스라엘의 최고 권력자들은 잡아두지도 못한 죄수들을 재판하려고 소집되었다. (3) 당황한 지도자들이 구금되어 있던 자들에게 무슨 일이 일어났었는지 논의하고 있는 동안, 사도들이 성전에서 가르치고 있다는 말을 들었다. '성전 맡은 자와 제사장들'(참조, 4:1)은 잠긴 채로 비어 있는 감옥을 어떻게 설명해야 할지 몰라 당황했다(디에포룬[διητπόρουι]: 문자적으로, '당황했다, 어쩔 줄 몰랐다'). 아마 그들은 죄수들에게 무슨 일이 일어나 풀려나게 되었는지 궁금했을 것이다(참조, 16:27~28)!

5:26~27 성전 맡은 자와 부하들은 조심스럽게(무력을 사용하지 않았다. 왜냐하면 대중의 분노를 살까 두려웠기 때문이다) 사도들을 다시 체포하여, 심문하기 위해 산헤드린 앞으로 데려왔다(산헤드린에 관해서는 4:15의 주해를 참조하라. 참조, 6:12; 22:30).

5:28 '이'(this)라는 대명사를 두 번 사용한 것은 대제사장이 예수님의 이름을 부르기를 꺼렸음을 강조한다(참조, "이 이름", 4:17). 분명히 그리스도 예수에 대한 대제사장의 혐오감은 대단했다!

5:29 여기서 베드로는 4:19~20에서 이미 확실히 밝힌 기본적인 원리를 반복해 말했다. 그 반대 또한 사실이다. 즉 그리스도인들은 정부에 복종하는 것이 죄를 짓는 일이 아니라면 정부에 복종해야 한다(참조, 롬 13:1~7; 벧전 2:13~17).

5:30~31 예수님의 부활에 관한 베드로와 사도들의 답변은 틀림없이

사두개인들을 격분시켰다(참조, 4:1~2; 5:17; 23:8). 그러나 그것은 사도들의 대변자인 베드로가 전에 선포한 메시지와 동일했다. (1) 사람들이 예수님을 죽였지만 하나님은 그를 죽은 자 가운데서 일으키셨다(참조, 2:23~24, 36; 3:15; 4:10). (2) 그들은 회개하여 예수님께 돌이킴으로써(참조, 2:38; 3:16; 4:12; 8:22) 죄 사함을 얻을 수 있다(참조, 2:38; 10:43; 13:38; 26:18).

5:32 사도들은 그들이 주장한 "우리는 이 일(레마톤[ῥημάτων]: 말들, 말씀들, 일들)에 증인이요"는 말에 대한 자기들의 책임을 잘 알았다. 더욱이 성령은 초자연적으로 그들이 담대하게 복음을 전하고 기적을 행하게 함으로 그들의 증언을 확증하고 있었다. 동일한 성령이 그리스도를 믿는 모든 사람에게 주어진다(롬 8:9).

d. 사도들의 석방(5:33~42)

5:33 사도들을 향한 지도자들의 분노는 예상되었다. 지도자들은 그들을 죽이기 원했다. 그들의 반대는 몇 주 전에 주를 향하던 적개심과 같은 형태로 나타났다. 과연 반대는 점점 커지고, 여기서도 그렇게 나타났다.

5:34~35 바리새인이며 율법 교사인 존경받는 '가말리엘'은 사도들을 저지하지 말자고 산헤드린을 설득한다. 그는 교회에 대해 동조적으로 말하지는 않았지만, 이 땅에서 일하시는 하나님의 주권적인 사역에 대한 통찰력을 가지고 말했다(참조, 39절).

5:36 결국 실패로 돌아갔지만 400명의 폭도와 함께 반란을 일으킨 '드다'에 대해서는 알려진 것이 아무것도 없다. 1세기의 유대인 역사가 요세푸스(Josephus)는 드다가 이끈 반란에 대해 시간이 갈수록 점점 더 커졌다고 묘사했다. 게다가 이 반란 이후에도 37절에 묘사된 유다가 이끈 폭동이 있었다.

5:37 갈릴리 사람 유다가 일으킨 폭동이 가말리엘이 두 번째로 든 예였다. 요세푸스는 결국 유다가 처형되었지만 더 큰 반란을 낳았다고 이 폭동에 대해 좀 더 기술했다.

5:38~39 여기에 가말리엘 연설의 결론과 주요 요점이 나온다. 이 사상과 소행의 결과가 어떤지를 보면 그것이 사람에게서 났는지 하나님에게서 났는지를 알 수 있다는 것이다. 흥미롭게도 어떤 의미에서 이 연설은 교회를 대적하는 한 대표자가 말한 예수 그리스도의 교회에 대한 변증이었다. 즉 하나님의 사역을 중단시키려 하는 것은 하나님과 대항하여 싸우는 것과 같다!

5:40 사도들을 단순히 훈계하는 것만으로는 충분하다고 생각하지 않았기 때문에 의회는 사도들에게 '채찍질하고 예수의 이름으로 말하지 말라'고 명했다(예수의 '이름'에 관해서는 3:16의 주해를 보라). 채찍질은 분명히 이스라엘 지도자들이 사도들에게 이전에 내렸던 금지 명령에 복종하지 않은 것에 대한 처벌이었다(참조, 4:18, 21; 5:28).

5:41~42 피투성이가 될 정도로 맞았음에도 불구하고, 사도들은 '기뻐

하면서' 산헤드린을 떠났다. 여기에서 사도행전에 나타난 기쁨의 주제가 다시 등장한다(참조, 2:46~47의 주해). 승리하는 교회는 여기에서와같이 박해에도 불구하고, 심지어 박해 때문에 하나님의 일을 기뻐한다. 사도들은 '그 이름을 위하여 능욕 받는 일'을 영광스럽게 여겼다('그 이름'에 대해서는 3:16을 보라. 참조, 벧전 4:14, 16). 나중에 베드로는 그리스도인들에게 그리스도를 위하여 고난에 '참여'할 때 '기뻐하라'고 권면한다(벧전 4:13; 참조, 벧전 2:18~21; 3:8~17).

누가가 사도행전 5:17~42을 쓴 목적은 이스라엘이 나라로서 어떻게 예수님을 메시아로 받아들이기를 거부하는 비극의 길을 걸어갔는지를 보여 주기 위함이었다.

4. 교회 행정(6:1~7)

6:1 '헬라파 유대인'은 이스라엘에 살고 있는 유대인의 모국어인 아람어를 말할 줄 몰랐다. 그들은 이스라엘 밖에서 자랐고, 헬라어와 자기 모국어, 두 개의 언어를 말하는 자들이었다(참조, 2:5~11). 아마도 유대교로 개종했다가 나중에 그리스도인이 된 이방인들이 이 그룹에 속했을 것이다. 이스라엘에서 태어난 유대인은 아람어와 헬라어를 사용했다는 점에서 이중 언어를 말하는 사람들이었다(참조, 21:40). 유대인 세계에서 헬라파 유대인과 아람어를 말하는 유대인 사이에는 긴장이 존재했다. 불행하게도 이런 긴장이 교회 안으로 들어왔다.

6:2 '접대'(트라페자이스[τραπέζαις]: 상, 식탁)는 음식을 제공하는 탁자 또는 돈을 세는 탁자, 즉 은행을 가리키기도 한다. 아마 그것이 여기서 과

부들을 위한 기금이나 구제품을 다루었던 장소를 말하는 듯하다.

'열두 사도'는 하나님의 말씀 사역과 기도에 철저히 우선권을 두어야 함을 깨달았다(참조, 4절).

6:3~4 사도들은 봉사를 위해 선택될 자들이 갖추어야 할 세 가지 자격을 언급했다. 그들은 (1) 성령이 충만하고, (2) 지혜가 충만해야 했다(참조, 10절). 덧붙여 그들은 (3) 이것들이 잘 알려진, 즉 앞서 이야기한 두 가지 자격을 인정받는 자여야 한다. 이 세 가지는 모두 재정을 취급하는 일에 필수적이었다(5절에서의 믿음은 또 다른 자격 조건이 아니다. 왜냐하면 믿음은 단순히 성령 충만함을 받는 수단이기 때문이다).

일곱 사람을 택한 것은 일곱 명의 존경받는 사람이 공회에서 공적 사무를 관리하던 유대인 공동체들의 전통에서 나온 것이다.

이 일곱 사람을 택함으로써 열두 사도는 '기도와 말씀 사역에 힘쓸' 수 있었다(참조, 2절).

6:5 열두 사도의 이 제안은 모든 제자의 무리를 기쁘게 했다. 이것은 매우 중요한데, 일곱 사람은 모두 헬라 이름을 갖고 있어서 그들이 헬라주의자들임을 암시한다. 마지막 사람인 니골라조차 유대인이 아니고 '유대교에 입교했다'가 다시 기독교로 개종한 사람이었다. 초대교회는 헬라파 유대인 과부들이 소외되었던 문제를 헬라파 유대인들이 가장 잘 해결하리라는 것을 분명히 알았다. 또한 그들은 아람어를 말하는 과부들을 소홀히 하지 않을 것이다.

이들 일곱 사람에 대한 소개(참조, 21:8)로 독자들은 목록 중에서 맨 처음에 등장하는 두 사람, 곧 '스데반과 빌립'의 사역에 대해 알게 된다. 게다가 헬라파 유대인들에 대한 언급으로 복음이 예루살렘과 유다 바깥으로 더 널리 전파될 것을 내다보게 된다(나머지 네 사람인 '브로고로와 니가노르와 디몬과 바메나'에 대해서는 더는 알려진 것이 없다).

6:6 기독교 공동체가 이 일곱 명을 택했지만 사도들이 그들을 세웠다. 이 일은 기도와 안수로 행해졌다. 타인에게 손을 얹는 행위는 위탁을 의미하고 권위를 부여하는 동작이었다(참조, 8:17~19; 13:3; 19:6; 딤전 4:14; 5:22; 히 6:2).

이들이 최초의 집사들이었는가? 여기에 나타나는 교회의 직분은 무엇인가? 이 문제들에 대해서는 세 가지 의견이 있다.

(1) 일부는 이들이 최초의 집사들이었다고 한다. 몇 가지 요소들이 이 견해를 뒷받침한다. 첫째, 바울서신에서 집사 직분이 있었음을 추정할 수 있다(참조, 빌 1:1). 만약 사도행전 6:1~6이 집사의 기원에 대한 기사가 아니라면 집사가 언제 어디에서 시작되었는가? 둘째, 집사(디아코노스[διάκονος])와 관련된 몇 가지 낱말들이 여기에 나타난다. 1절의 '분배'(문자적으로는 '봉사'라는 뜻이며, 개역개정은 '구제'로 번역했다)는 디아코니아(διακονία)이고, 2절의 '시중들다'('섬기다'라는 뜻이며, 개역개정은 '일삼다'로 번역했다)는 디아코네인(διακονεῖν)이다. 그러나 이 사람들은 '집사'(디아코노이[διάκονοι])라고 불리지 않았다. 후에도 이들은 '일곱'으로 불렸다(21:8). 더욱이 '분배'와 '시중들다'는 말들은 여기서 전문적인 의미를 갖지 않는 듯하다. 헬라어 신약성경에서 이 낱말들은 전문적인 의미로 사용되지 않는다.

(2) 다른 사람들은 이들이 장로 직분의 선구자들이었다고 주장한다. 이것은 일반적인 해석은 아니지만 11:30의 지지를 얻고 있다. 11:30은 구

제금을 장로들에게 보냈다고 말한다. 만약 이전에 집사들이 구제금을 담당했다면(6장), 그들은 나중에 장로들이 되었음이 틀림없다(11장)고 주장한다. 그러나 장로 직분은 유대인 회당에서 기원되었다.

(3) 세 번째 견해는 이들 일곱 사람이 당시의 특별한 필요를 채우기 위해 일시적인 지위를 얻었다는 것이다. 이것은 두 가지 이유로 볼 때 가장 좋은 해결책으로 보인다. 첫째, 이들은 전체적인 과업이 아니라 특수한 과업을 위해 선택되었다. 둘째, 이들은 예루살렘에 있는 교회의 공동생활 성격 때문에 일시적으로 책임을 맡았다. 그렇다 할지라도 이들은 집사직의 역할과 기능을 나타내고 있다.

6:7 이 구절은 누가의 또 다른 경과보고를 담고 있다. 교회는 수적으로 급속히 성장하고 있었고(참조, 2:41, 47; 4:4; 5:14; 6:1; 9:31), 심지어 허다한 유대인 '제사장들'도 신자가 되었다("이 도에 복종하니라." 참조, 롬 1:5). 이들 일곱 사람의 임명으로, 스데반과 빌립의 사역과 예루살렘 밖으로 복음이 선포되기 시작한다.

II. 온 유대와 사마리아에서의 증언(6:8~9:31)

A. 스데반의 순교(6:8~8:1상)

1. 스데반의 붙잡힘(6:8~7:1)

스데반의 사역, 붙잡힘과 재판은 주님이 당하신 것과 너무나 흡사하다.

6:8 그리스도와 사도들과 마찬가지로 '스데반'은 하나님의 '은혜와 권능'이 충만했다(참조, 4:33; 눅 2:40, 52). 놀랍게도 스데반은 다섯 가지 요소로 '충만'하거나 지배를 받았다. 그것은 성령, 지혜, 믿음, 은혜, 권능이다(행 6:3, 5, 8). 얼마나 뛰어난 지도자인가! 더구나 그는 '큰 기사와 표적'을 행했다(참조, 2:22; 눅 24:19; 행 2:43). 이런 하나님의 은혜의 증거들은 과부를 위한 사역에 더해졌다.

6:9~11 '자유민의 회당'은 아마 그들 자신이나 그들의 선조들이 포로나 노예에서 해방된 자들로 구성되었을 것이다. 그들이 누구였는지는 명확히 알려지지 않았다.

이 회당의 구성원들은 세 외곽 지역들, 곧 북아프리카(구레네와 알렉산드리아는 주요 도시였다), 아시아(오늘날 터키의 서부 지방)와 길리기아 출신들이었다. 다소가 길리기아 지방에 위치해 있었기 때문에, 아마도 바울이 이 모임에 참여했을 것이다.

스데반은 일곱 사람 중 하나이며 기사를 행할 뿐만 아니라 유능한 논쟁가였다. 그의 대적자들은 "스데반이 지혜와 성령으로 말함을 능히 당하지" 못했다(참조, 3절의 '성령과 지혜가 충만하여', 5절과 7:55의 '성령이 충만한').

스데반을 제거하기 위해서 회당 사람들은 은밀히 사람들을 매수해서 그를 비난하게 했다. 주 예수님에 대해 불평했던 자들처럼, 그들은 스데반을 신성모독 죄로 고소했다(참조, 마 26:65).

6:12~14 거짓 증인들의 말은 백성과 지도자들을 자극해서 스데반을 체포해 산헤드린 공회에 고소하기에 충분했다. 이것이 사도행전에서 주를 따르는 자들이 이 유대인 법정에 서는 네 번의 기록 중 세 번째다. 나머지는 베드로와 요한(4:15), 베드로와 사도들(5:27), 바울(22:30)이었다.

'거짓 증인들'이라고 해서 반드시 완전한 거짓말쟁이들은 아니다. 스데반은 그들이 고소한 내용을 말했을 수도 있다. 그러나 그들은 스데반의 말의 의도와 의미를 잘못 전달했다(참조, 마 26:61; 막 14:58; 요 2:19). 주님도 자신이 성전을 파괴하실 것이라고 말씀하신 적은 없지만, 성전의 파멸을 예언하셨다(마 24:1~2; 막 13:1~2; 눅 21:5~6). 스데반에 대한 반대 진술의 절반은 모세의 규례의 일시적인 본질과 관계된다. 의심할 바 없이 그는 믿음으로 의롭다 함을 받는 것과 그리스도 안에서 율법 완성의 신학적인 의미를 깨달았다. 더욱이 복음이 온 세상을 위한 것이라면(행 1:8), 율법은 일시적인 준비여야 했다.

6:15 공회 중에 앉은 71명의 사람들이 대답을 듣기 위해 스데반을

주목해 보았다. 그들은 스데반의 얼굴이 천사의 얼굴과 같음을 보았다. 분명히 스데반의 얼굴은 영광으로 빛났다(참조, '모세의 얼굴', 출 34:29, 35).

7:1 여기서 나오는 '대제사장'은 주님을 심문할 때 주관했던 가야바일 것이다(마 26:57; 막 14:54; 눅 22:53; 요 18:13, 24; 참조, 행 4:5~6의 주해).

2. 스데반의 설교(7:2~53)

7:2~53 이것은 사도행전에서 가장 길게 기록된 메시지로서 누가가 이 설교를 얼마나 중요하게 여겼는지를 보여 준다. 헬라파 유대인인 스데반은 그의 생명과 설교로 유대교의 울타리를 넘어서는 복음의 길을 예비했다.

그러나 스데반은 자신을 죽음에 이르게 한 이 설교에서 무엇을 말했는가? 그는 고소에 대해 언급하지만 자기에 대해 법적인 변호를 하지는 않았다. 오히려 그는 기독교를 변호하기 위해서 이스라엘의 과거사와 하나님의 과거 역사를 제시했다.

이 설교에는 세 가지 사상이 면면히 흐른다.

첫째, 하나님의 계획에는 진전과 변화가 있다. 하나님은 인간, 특히 이스라엘을 대하실 때 창조적이고 혁신적이셨다. 스데반은 이 사상을 여섯 개의 요점으로 전개했다. (1) '아브라함'에게 하신 약속이다(2~8절). 여호와는 온 인류와 함께 일하시는데 메소포타미아에서 주권적으로 유대인의 조상 아브라함을 약속의 땅으로 부르시고, 이스라엘 열두 지파의 조상이 된 열두 명의 증손자들을 주셨다. (2) 요셉의 체류이다(9~16절). 요셉이 '애굽'으로 옮겨진 것은 6~7절에 기록된 예언의 성취였다. 야곱의 자손에게 그것은 급격한 변화였다. (3) 모세의 지도 아래 이루어진 구원이다(17~43절). 스데반 설교의 주요 부분은 이스라엘 역사의 또 다른 중요한 측면인 '모세'와 출애굽과 관련되었다. (4) 성막 건설이다(44~46절). 이동 가능한 성막 건설은 그것이 일시적인 것임을 암시했다(그것은 하나님이 그들 가운데 임재하심을 증명하였기 때문에 '증거의 장막'이라고 불렸다). (5) 성전 건설이다(47~50절). 성전도 하나님의 임재하시는 상징이기는 하지만 하나님이 사시는 집 자체는 아니었다.

아브라함에서 솔로몬까지 이스라엘 민족 가운데 하나님이 하신 일 중에는 혁신과 변화가 있었다. 요점은 분명하다. 그것은 '하나님이 이스라엘 역사에 그렇게 많은 일을 바꾸셨다면 누가 율법과 성전을 영원하다고 말하겠는가?'이다.

둘째, 하나님의 축복은 이스라엘 땅과 성전에만 한정되지 않는다. 이스라엘의 가장 큰 은혜 중 일부는 성전과 이스라엘 땅에서 떨어진 곳에서 받았다.

스데반은 네 가지 예를 제시했다. (1) 이스라엘의 족장들과 지도자들은 이스라엘 땅 밖에서 복을 받았다. '아브라함'은 메소포타미아에서 부름을 받았고 하란에서 살기 전에 약속을 받았다(2~5절). 애굽에서 요셉은 하나님이 그와 함께 계심으로 바로에게 호의를 얻었다(9~10절). 모세는 미디안에서 하나님의 위임을 받았다(29~34절). 모세가 미디안에 있는 동안 하나님이 모세를 축복하셨다는 사실을 입증하기 위해서 스데반은 미디안에서 모세의 두 아들이 태어났다고 조심스럽게 말했다. (2) 율법 자체는 이스라엘 땅 밖에서 주어졌다. 모세는 그 광야에서 백성과 함께 있었다(38절). (3) 성막은 광야에서 건설되었다. 성막은 광야에서 이스라엘 백성과 함께 있었다(44절). 사실 유대인들은 이스라엘 땅을 점령했을 때 성막을 가지고 들어왔다(45절). (4) 성전이 이스라엘 땅 안에 있었을지라도 성전조차도 그 신학에 제한을 받지 않았다. 성경이 "하늘은 나의 보좌요 땅은 나의 발등상이니"라고 선포했는데 성전이 어떻게 하나님의 처소가 될 수 있겠는가(49절; 사 66:1)?

셋째, 과거의 이스라엘은 항상 하나님의 계획과 하나님의 종들을 배반했다. 이것은 스데반 설교의 주된 요점이다(행 7:51~53). "너희도 너희 조상과 같이 항상 성령을 거스르는도다." 이 주제는 메시지 전체에 드러나지만 명확한 특성들도 있다. (1) 아브라함은 메소포타미아에서 약속의 땅으로 곧장 가지 않고 하란에 머물렀다(2~4절). (2) 요셉은 자기 형제들에 의해 애굽에 종으로 팔렸다(9절). (3) 모세는 이스라엘인들에게 거부당했다(23~29절). 요셉과 모세가 두 번째로 나타나기 전에 둘 다 배척받았다는 사실은 매우 의미심장하다(13, 35~36절). 스데반의 청중들은 그리스도와의 유사점을 발견할 수밖에 없었다. (4) 이스라엘은 우상에게로 돌이켜 참예배를 거부했다(39~43절). 이스라엘의 노골적인 불신앙은 우상숭배로 나타났는데, 이것은 특히 사도 시대의 유대인들이 혐오하는 죄였다. 그 결과 하나님은 바벨론에 포로로 잡혀가게 하심으로써 이 민족을 심판하셨다(43절). (5) 이스라엘 민족은 성전이 의도하는 참 의미를 잃어버렸다(48~50절). 스데반의 강력하고 명확한 주장(48절)은 유대인들이 성전을 하나님의 지상의 처소로, 마치 유대의 올림푸스 산처럼 여겼음을 암시한다. 참으로 성전은 예배와 기도의 장소가 되어야 했다. 그러나 그것은 하나님의 집이 아니었다(참조, 왕상 8:23~53).

스데반 설교의 세 가지 주요 요점들은 서로 조화를 이룬다. 하나님의 계획에는 진전이 있으며 하나님의 축복은 성전에 한정되지 않기 때문에 이스라엘은 과거에 자기들이 한 것처럼 하나님의 일들을 '거스르지'(행 7:51) 않도록 조심해야 했다. 그들은 교회 안에서 일어나는 하나님의 사역과 이스라엘 경계 밖에서 주어지는 하나님의 축복을 인정하기를 거부함으로 하나님의 목적에 저항했다. 이 저항은 특히 6:11~14에 나오는 스데반에 대한 고소와 관계된다.

7:6에는 연대기적인 문제가 있는데, 스데반은 여기서 이스라엘이 400년 동안 종이 되어 학대를 받을 것이라고 말했다. 바울은 갈라디아서 3:17에서 창세기 15:13~16에 나오는 아브라함 언약의 시기로부터 시내 산까지를 430년이라고 말한다. 스데반이 어림수를 사용했다고 보면 400년과 430년의 차이는 쉽게 이해된다.

또 다른 설명은 430년이 창세기 35:9~15에 나오는 언약의 확신으로부터 BC 1446년에 일어난 출애굽까지의 기간이지만 400년은 노예 생활을 한 실제 기간이라는 것이다. 그러나 주요 문제는 이스라엘이 애굽에서 노예 생활로 보낸 시간이다. 갈라디아서 3:17이 아브라함에게 주어진 약속(창 15장)부터 출애굽까지의 기간이 430년이었음을 의미한다면 애굽에서 지낸 기간은 215년이었다.

그러나 만약 사도행전 7:6을 문자 그대로 받아들인다면 애굽에서의 노예 생활 기간은 400년이다. 아마도 가장 좋은 해결책은 바울이 기간에 역점을 두었다고 보는 것이다. 아브라함, 이삭, 야곱에게 약속이 주어졌다. 이 세 족장은 모두 하나님의 약속을 받은 자들이었다. 그 약속은 야곱이 애굽으로 갈 때 브엘세바에서 야곱에게 다시 확증되었다(창 46:1~4). 그 시점(하나님이 족장들에게 마지막으로 약속을 주신 시점)부터 출애굽까지가 400년이었다(참조, Harold W. Hoehner, "The Duration of the Egyptian Bondage", *Bibliotheca Sacra* 126 [October~December 1969]: 306~316).

스데반의 설교에서 또 다른 불일치가 사도행전 7:14에 나온다. 스데반은 야곱의 가족이 75명이었다고 말하지만, 창세기 46:27과 출애굽기 1:5의 히브리어 본문에는 모두 '70'으로 나온다. 칠십인역에서는 두 곳 모두 75명으로 나온다. 일반적으로 헬라어를 사용한 유대인 스데반이 칠십인역을 사용했기 때문에 '정직한' 실수를 했을 뿐이라고 말한다. 그러나 이 난제는 다른 방법으로도 해결될 수 있다.

가장 널리 받아들여지는 해결책 중 하나는, 히브리어 본문은 야곱, 요셉, 요셉의 두 아들인 에브라임과 므낫세를 포함하지만(전부 70명), 칠십인역은 야곱과 요셉은 빼고 요셉의 일곱 손자들(대상 7:14~15, 20~25에 언급된)을 포함시켰다고 생각하는 것이다. 야곱과 요셉과 요셉의 두 아들을 생략하고 66명의 이름을 열거하는 창세기 46:8~26의 히브리어 본문이 이 견해를 뒷받침한다. 또 다른 해결책은 칠십인역에 나오는 75명이 66명에 야곱의 열두 아들의 아내들 9명을 더한 것이라는 주장이다(유다와 시므온의 아내들은 이미 죽었고, 요셉의 아내는 애굽에 있었다).

사도행전 7:16에 또 다른 불일치가 나온다. 스데반의 설교는 야곱이 '세겜'에 매장되었음을 암시하는 반면에 구약성경은 야곱과 아내 레아(그리고 야곱의 부모인 이삭과 리브가 그리고 조부모인 아브라함과 사라)가 헤브론에 있는 막벨라 동굴에 장사되었다고 단언한다(창 49:29~50:13). 그러나 야곱의 시신은 세겜에 장사되지 않았으며, 요셉과 요셉의 형제들의 시신이 매장되었다. 요셉은 일단 애굽에 장사되었으나 세겜으로 이장되었다(창 50:26; 출 13:19; 수 24:32). 사실 여호수아 24:32은 요셉의 뼈만 언급하지만, 분명히 요셉의 형제들도 세겜에 장사되었다(요세푸스는 다르게 말할지라도). 그렇다면 대명사 '그들의'(행 7:16. 역자 주, 개역개정에서는 주어가 생략된 채로 번역되어서 '그들의'라는 대명사를 찾아볼 수 없다. 영어 성경이나 표준새번역과 공동번역은 '그들의 유해'[their bodies, NIV]를 주어로 사용한다)에는 아브라함과 이삭과 야곱은 포함되지 않으나 15절의 '우리 조상'이란 말로 미루어 볼 때 요셉과 그의 형제들을 가리킨다고 말할 수 있다.

'아브라함이 세겜 하몰의 자손에게서 … 산 무덤'(16절)이란 스데반의 말은 또 다른 문제를 야기한다. 실제로는 아브라함이 아니라 야곱이 작은 땅을 샀다(창 33:19). 이것은 아브라함이 어떤 의미에서 손자의 이름으로 그 부동산을 매입했다고 말할 수 있다. 아브라함은 야곱을 통해서 세겜의 법적 소유권을 얻었을 것이다.

사마리아인의 '수도'인 세겜에 대한 스데반의 언급은 청중을 불쾌하게 했을 것이다. 그러나 스데반이 사마리아를 언급한 것은 독자들로 하여금 복음 전파 활동의 다음 단계를 예상케 한다(행 8장).

3. 스데반을 돌로 침(7:54~8:1상)

7:54~56 스데반의 메시지에 대한 종교 당국자들의 반응은 쉽게 예견되었다. '그들은 노하여(참조, 5:33) 그를 향하여 이를 갈았다.'

스데반은 겁을 먹지 않고 도리어 '성령 충만하여(참조, 6:3, 5, 10), 하나님의 영광과 및 예수께서 하나님 우편에 서신 것'을 보았다. 주 예수님은 일반적으로 하나님의 우편에 앉아 계신다(시 110:1; 롬 8:34; 골 3:1; 히 1:3, 13; 8:1; 10:12; 12:2; 벧전 3:22). 이는 주 그리스도께서 스데반을 영접하려고 서셨음을 암시한다.

사도행전 7:56은 여러 가지 이유에서 볼 때 이 장의 절정이다. 첫째, 이 것은 그리스도께서 대제사장 앞에서 재판을 받으실 때 하신 주장의 반복이다(막 14:62). 그의 주장 때문에 신성모독 죄로 고소된 것처럼, 이 말들은 스데반을 향한 폭력적인 반응을 일으켰다. 둘째, '인자'란 용어는 매우 의미심장하다. 이것이 신약성경에서 마지막으로 사용된 경우이며, 복음서들과 사도행전에서 주 예수님 자신이 그 용어를 사용하지 않은 유일한 경우다. 인자라는 표현은 다니엘 7:13~14에 나오는 대로 예수님이 메시아임을 보여 준다. 그것은 명백히 종말론적이다(마가복음 주석 8:31의 '인자'에 대한 주해를 보라). 셋째, 사도행전 7:56은 두 개의 메시아 구절, 곧 다니엘 7:13~14과 시편 110:1을 결합한 것이다. 다니엘 7:13~14은 주님의 통치의 우주적인 측면을 강조한다. 그는 단순한 유대인의 통치자가 아니다. 그는 세상의 구주이시다. 시편 110:1은 메시아가 하나님의 우편에 계신 것으로 표현한다. 이것은 강력한 권능과 지위 외에 영접을 나타낸다. 그러므로 그리스도께서는 중보자이시다(참조, 딤전 2:5). 그래서 이는 사람들이 성전과 제사장들 외에 다른 수단으로 하나님께 가까이 다가갈 수 있음을 입증한다.

7:57~58 산헤드린의 반응은 즉각적이고 폭력적이었다. 그들은 스데반의 선언에서 재빨리 신학적인 의미, 즉 이스라엘은 죄를 지었으며, 율법은 일시적이며, 성전은 폐지되어야 한다는 것을 알아차리고 그를 '성 밖으로 내치고 돌로 쳤다.' 신성모독 죄는 죽음으로 벌을 받아야 했다(레 24:16). 유대인이 스데반을 죽인 것은 매우 아이러니하다. 왜냐하면 모세 율법에 따르면(레 20:2), '몰록'(행 7:43)을 숭배한 그들의 조상들이 사형에 처했기 때문이다.

사울이라는 한 젊은 신학도가 스데반을 돌로 치는 것에 동의했다. '증인들이 옷을 벗어 사울의 발 앞에 두었다.' 이것은 사울이 그들의 옷을 지킴으로써 이 일에 찬성했다는 뜻이다(행 8:1; 22:20).

7:59~60 주님을 생각나게 하는 말로, 스데반은 자신의 영혼을 주께 부탁하고 적들을 위해 기도했다(참조, 눅 23:34, 46). 누가는 단순하게 "(그가) 자니라"라고 써서 스데반의 죽음을 기록했다. 그리스도인에게 그의 몸(그의 영혼이 아니라)은 죽어서 잠자고 있다(참조, 요 11:11; 살전 4:13, 15).

8:1상 '마땅히'(쉬뉴도콘[συνευδοκῶν])는 수동적 동의가 아니라 능동적 찬성을 가리킨다(참조, 롬 1:32). 이것은 사도행전 7:58에 나타난 사울의 행동을 온전히 이해하도록 도와준다.

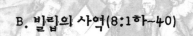

B. 빌립의 사역(8:1하~40)

1. 사마리아에서(8:1하~25)

a. 교회의 핍박(8:1하~3)

8장은 6장, 7장과 밀접하게 연결되어 있다. 6장에서 시작된 핍박의 주제는 8장에서도 계속된다. 게다가 7장에서 소개된 사울의 성격이 8장에서도 발견된다. 빌립과 스데반은 둘 다 일곱 사람에 속하기 때문에(6:5), 빌립(8장)과 스데반(6~7장) 사이에도 밀접한 관계가 있다. 6:5에 나오는 두 사람의 이름 순서조차도 6:8~8:40의 서사의 순서를 따른다.

8:1하 "그날에"는 스데반의 순교가 예루살렘 교회의 핍박의 시작을 알리고 있음을 가리킨다. 그것은 유대인 지도자들이 스데반의 처형에 동의했음을 암시한다. 이스라엘은 예수님을 메시아로 받아들이기를 거부하는 비극적인 선택을 확증했다.

'사도 외에' 예루살렘의 모든 신자가 '유대와 사마리아 모든 땅으로 흩어졌다'는 사실은 1:8의 명령을 성취하시는 하나님의 방법이었다. 8:4에서도 사용된 '흩어지니라'(디에스파레산[διεσπάρησαν])는 동사 스페이로(σπείρω)에서 파생되었으며, 씨를 뿌리는 것을 가리키는 데 사용되었다(마 6:26; 13:3~4, 18; 25:24, 26; 눅 8:5; 12:24 등). 이 언급은 또한 빌립의 사마리아 사역의 길을 보여 준다(행 8:4~25).

누가가 '다' 흩어졌다고 말했지만 모든 사람을 가리킨 것은 아니었다. 왜냐하면 교회가 예루살렘에 계속 있었기 때문이다. 문맥에 비추어 볼 때 핍박의 주요 대상은 헬라어를 말하는 유대인들이었다고 결론지을 수 있다. 그들은 쉽게 식별되었으며 스데반과 관련된 사람들이었다.

왜 사도들은 이 도시를 떠나지 않았는가? 그들은 아마도 예루살렘 교회에 대한 책임감 때문에 그곳에 머물렀을 것이다. 의심할 바 없이 스데반을 동정하는 사람들이 떠남으로 예루살렘 교회는 더 유대화되었다. 동시에 이 핍박은 교회와 유대교 사이의 분열을 심화시켰다.

8:2~3 이 구절들은 서로 날카롭게 대조를 이룬다. "경건한 사람들이 스

데반을 장사하고 위하여 크게 울더라." 다른 한편 '사울은 교회를 잔멸시키기 시작했다.' '잔멸할새'(엘뤼마이네토[ἐλυμαίνετο]: 파괴하다, 해치다. 신약성경에서는 여기서만 사용된다)는 칠십인역 시편 79:13(영어 본문에서는 80:13)에서 포도원을 허무는(NIV, '파괴하다'[ravage]) 멧돼지에 관해서 사용된다. 그리스도인들을 핍박하는 사울의 열정이 너무 커서 마치 사울이 그들을 향해서 미친 듯이 날뛰는 것 같았다(참조, 행 9:1, 13). 사울은 난폭하게 남녀를 끌어내어(참조, 9:29; 22:4~5) 때렸다(22:19; 26:11). 이는 예루살렘에 큰 혼란을 야기했다(9:21). 후에 사울 자신이 그리스도를 위한 사도로서 감옥에 갇힌 것은 그가 이 추종자들을 가둔 것과 대조를 이룬다.

스데반의 순교와 그에 따른 예루살렘 교회의 핍박은 모두 이스라엘의 불신앙과 예수님을 구세주로 받아들이기를 거부하는 완고함을 확증했다.

b. 메시지의 선포(8:4~8)

8:4 헬라어 성경에서 이 구절은 '그러므로 한편'(멘 운[μὲν οὖν], NIV에서는 번역하지 않는다)으로 시작된다. 핍박 때문에 신자들은 흩어졌고(참조, 1절) 하나님의 말씀은 퍼졌다(참조, 롬 8:28; 고후 2:14; 빌 1:12~14). 이것은 하나님의 주권적인 지배를 보여 주는 또 다른 증거다. 반대에도 불구하고 하나님의 말씀은 흥왕하였다(참조, 행 12:24; 19:20).

8:5 헬라파 유대인이어서 이스라엘에서 아람어를 말하는 유대인들보다 편협하지 않았던(참조, 6:1) '빌립'은 사마리아인들에게 갔다. 사마리아는

예루살렘 북쪽에 있지만, 누가는 빌립이 내려갔다고 말한다. 왜냐하면 사마리아가 예루살렘보다 고도가 낮기 때문이다. 이 도시에서 행한 빌립의 사역은 중요한데 마태복음 10:5~6, 누가복음 9:52~54, 요한복음 4:9을 사도행전 8:5과 비교해 보면 드러난다.

8:6~7 빌립은 그리스도를 선포했고, 이는 표적(세메이아[σημεῖα]. 참조, 13절)으로 확증되었다. 그들은 모두 '그가 하는 말'에 주의를 기울였다. 기적('악한 영들', 곧 귀신들을 내쫓고, '중풍병자와 못 걷는 사람'을 고치는[참조, 3:1~10])은 그의 메시지가 진정성 있음을 입증했다(참조, 2:43).

8:8 다시 한 번 복음은 큰 기쁨을 낳았다(참조, 2:46~47의 주해).

c. 믿음의 고백(8:9~13)

8:9~10 마술사 '시몬'에 관한 많은 전승이 전해지고 있다. (1) 그는 영지주의 이단의 창시자였다. (2) 그는 로마로 가서 그곳에서 기독교의 원리를 오도했다. (3) 그는 베드로와 기적 행하기를 겨루다가 패했다. 어쨌든 사마리아의 시몬은 그 도시에서 마술을 행하여 사마리아 백성을 놀라게 했다. 그의 마술, 즉 귀신의 힘으로 자연 또는 사람을 지배하는 능력 때문에, 사람들은 그를 '큰 권능자'라 불렀다. 그들은 그를 신성을 가진 자로 생각했을지도 모른다. 아무튼 시몬은 '자칭 큰 자'라고 자랑했고 사마리아 사람들은 그를 믿었다. 게다가 그는 그들의 아첨을 받아들였다.

8:11~12 시몬의 마술은 귀신의 능력을 의미한다('마술을 행하다'와 '마

법'의 헬라어는 서로 관련이 있다). '빌립'은 사마리아에 이르러서 '하나님의 나라와 예수 그리스도의 이름에 관한' 복음을 설교했다(행 3:16). '하나님의 나라'란 용어는 도래하는 나라를 가리킨다(참조, 1:3, 6). '예수 그리스도의 이름'은 메시아로서의 그분의 지위를 가리킨다(참조, 8:5의 '그리스도'는 문자적으로 메시아다). 다시 말해서, 그 메시지는 일부 사마리아인들이 메시아 예수님을 믿음으로 천년왕국의 상속자들이 될 것을 의미한다.

사마리아인들은 믿음의 증거로서 '남녀가 다 세례를 받았다'(참조, 3절의 '남녀'). 시몬과 빌립의 대조와 비교는 매우 충격적이다. 둘 다 기적을 행했지만 시몬은 귀신의 능력으로, 빌립은 하나님의 권능으로 행했다. 시몬은 자만했고 자신에 대한 찬사를 받아들였으나, 빌립은 그리스도를 선포했다. 사람들은 시몬의 마술에 놀랐지만, 빌립의 사역으로 그리스도께로 돌이켰다.

8:13 놀랍게도 "시몬도 믿고 세례를 받았다." 이제 사람들은 시몬을 따르지 않고 도리어 시몬이 빌립을 따랐다! 그의 반응은 그의 추종자들에게 대단한 영향을 끼쳤음이 틀림없다.

시몬은 구원을 받았는가? 누가가 이것을 명백하게 명시하지 않아서 단정하기 어렵다. 그러나 다음의 일곱 가지 요소를 보면 그는 아마 거듭나지 못한 것으로 보인다. (1) 동사 '믿다'(피스튜오[πιστεύω])가 항상 구원받는 믿음을 가리키지 않는다. 시몬의 믿음은 야고보서 2:19에 나오는 귀신의 믿음과 같아서 단지 지적인 동의일 수 있다. (2) 더구나 표적에 근거한 믿음은 신뢰할 만한 믿음이 아니다(참조, 요 2:23~25; 4:48). (3) 또한 누가는 결코 시몬이 성령을 받았다고 말하지 않았다(행 8:17~18). (4) 시몬은 기적의 능력을 나타낼 때 계속 자기중심적인 관심을 드러냈다(18~19절). (5) 22절에 사용된 동사 '회개하다'(메타노에오[μετανοέω])는 일반적으로 잃은 사람들에 대해 사용된다. (6) 20절에 쓰인 낱말 '망하다'(에이스 아폴레이안[εἰς ἀπώλειαν])는 강력한 표현이다. 그것은 요한복음 3:16의 '멸망하다'라는 단어와 연결된다. (7) 사도행전 8:23의 시몬에 대한 묘사는 구원받은 자보다 잃은 자에 대한 묘사에 더 가깝다(참조, 신 29:18). 이 점에 대해서 여전히 단정할 수 없다. 주께서는 누가 자기 백성인지를 아신다 (딤후 2:19).

d. 사역의 증거(8:14~17)

8:14~17 예루살렘에 있는 사도들은 여러 가지 이유로 베드로와 요한을 사마리아에 보낼 필요가 있었다. 일반적으로 성령은 믿는 순간에 세례를 베푸시고, 내주하시며, 인을 치시지만, 이 경우에는 여러 가지 목적 때문에 지연되었다. (1) (성령을 받게 하기 위한) 베드로와 요한의 기도와 (성령이 임재하게 하는) 안수는 사마리아인들 사이에서 빌립의 사역을 확증했다. 이것은 예루살렘 사도들에게 이 새로운 사역을 입증시켰다. (2) 또한 이것은 사마리아인들에 대한 빌립의 사역을 확증했다. 빌립이 전한 메시지는 하나님 나라 도래의 징표인 성령의 오심으로 확인되었다(참조, 12절; 렘 31:31~34; 겔 36:23~27; 욜 2:28~32). (3) 아마도 사도의 대표자들이 예루살렘 교회에서 올 때까지 성령의 임재가 보류된 가장 중요한 이유는 분열 방지였을 것이다. 유대인과 사마리아인 사이의 자연적인 분열 성향 때문에 베드로와 요한이 공식적으로 사마리아 신자들을 교회로 받아들이는 것이 필요했다. 여기서와 누가복음 9:52~54에 나타난 요한의 태도

의 차이는 중요하다.

e. 진리의 악용(8:18~24)

8:18~19 성령 받는 것을 시몬이 보았다는 문구는 '성령'의 도래를 입증하는 어떤 외적인 현시가 있었음을 암시한다. 성경이 그렇게 말하지 않지만, 아마도 방언을 말하는 것이었을 것이다(참조, 2:4; 10:45~46; 19:6).

시모니(Simony)란 용어는 교회의 직책과 같이 종교적이거나 거룩하다고 여겨지는 것들을 사고파는 것을 뜻하는데, 이것은 시몬이 다른 사람에게 성령을 나누어 주는 '능력'을 사고자 한 데서 유래한다.

시몬의 사건을 포함시킨 누가의 목적은 기독교가 비술이나 귀신 들린 사람들보다 우월함을 나타내려는 데 있었다. 사도행전에 이런 충돌이 여러 번 나오며, 그리스도께서는 언제나 승리자이셨다(13:6~12; 16:16~18; 19:13~20; 28:1~6).

8:20 베드로는 시몬의 요청에 대해 격노했다. "네 은과 네가 함께 망할지어다!"

그렇게 강력한 말을 사용한 이유는 시몬이 거저 주시는 하나님의 구원과 축복인 은혜를 이해하지 못했기 때문이었다. 베드로가 강한 언어를 사용한 이유를 이렇게 설명했다. "너는 하나님의 선물을 돈 주고 살 줄로 생각하였으니."

8:21~22 "이 도(로고[λόγῳ]: 말, 일)에는 네가 관계도 없고 분깃 될 것도 없느니라"는 말은 시몬이 그리스도인이 아님을 암시한다(비슷한 용어

를 보려면 신 12:12; 14:27을 보라. 레위인이 약속의 땅에서 기업이 없었던 것처럼, 시몬도 구원에는 분깃이 없었다). 부사 '혹'(perhaps)은 하나님이 죄를 용서하기를 주저하신다는 뜻이 아니다. 문제는 시몬이 그의 마음에 품은 것을 회개했느냐는 것이다.

8:23~24 '악독'(문자적으로 '쓴 쓸개'라는 뜻이다. 콜렌 피크리아스 [χολὴν πικρίας])은 우상숭배와 쓰디쓴 배교를 말하는 신명기 29:18을 가리키는 것으로 보인다(참조, 히 12:15). '시몬'은 거짓 교리와 죄에 사로잡혔다. 시몬의 반응은 진정이거나 단순한 두려움의 부르짖음이었을 수 있다. 최소한 그는 자신의 비극적인 요청의 결과를 불안해했다(행 8:18~19).

f. 사역의 진전(8:25)

8:25 베드로와 요한은 사마리아인 사이에서 일어난 하나님의 역사를 확신하고서 예루살렘으로 돌아갈 때 다시 많은 사마리아인 마을에서 복음을 전파했다. 유대인 사도들이 이런 일을 했다는 것은 놀랄 만한 일이었다.

2. 에디오피아 내시에게(8:26~40)

a. 명령(8:26)

8:26 누가는 하나님이 빌립에게 사마리아인에게 복음을 전하라는 명령을 하셨다고는 기록하지 않았지만(5절), 하나님은 빌립을 강권적으로 가

사(Gaza) 쪽으로 인도하셨다(행 9장의 지도를 보라). 성경은 그 주요 도로를 '광야'라고 한다. 이 표현은 광야의 도로나 광야의 도시를 뜻할 수 있다. 고대의 가사는 BC 93년에 파괴되었고 BC 57년에 지중해에 더 가깝게 다시 건설되었다. 이 옛 도시는 '광야 가사'로 불렸다. 천사의 명령에 대한 헬라어 본문은 '일어나서 예루살렘에서 가사로 내려가는 남쪽 길로 가라. 이곳은 광야다'로 번역된다. 8:36에서 '길'을 언급한 것은 그 도로가 도시가 아니라 광야 지역에 있는 길이었음을 암시한다.

b. 만남(8:27~30)

8:27 '에디오피아 내시'는 '에디오피아의 여왕 간다게의 모든 국고를 맡은 관리'로 묘사된다. 여기서 '에디오피아'는 오늘날의 에티오피아가 아니라 애굽 남부에 있는 아스완에서 수단의 하르툼으로 가는 지역에 위치한 고대의 누비아를 가리킨다.

애굽 왕에게 바로라는 이름이 사용되었듯이, 간다게는 간단하게 황태후에게 주어지는 칭호였다. 태양의 아들로서 경배를 받으며 세습적인 국가 통치자가 되는 왕자 대신에 국가의 권력은 간다게의 손에 놓여 있었다. 그러므로 황태후가 통치권을 행사하였다. 이 내시가 예루살렘에 예배하러 갔다는 사실은 흥미롭다. 율법에 따르면 내시는 주의 회중에 들어가는 것이 금지되었다(신 23:1). 그러나 이사야 56:3~5은 천년왕국 시대에 내시에게 있을 큰 축복을 예언한다. 분명히 이 내시는 완전한 개종자는 아니었을지라도 여호와를 경배하는 자였다.

8:28~30 내시의 부유함은 '수레를 타고'라는 단순한 묘사에서 밝혀진

다. 이 재정 관리는 수레를 타고서 이사야의 책을 읽고 있었다. 당시는 큰 소리로 책을 읽는 관습이 있었으므로, 빌립은 내시가 읽고 있는 성경 내용을 쉽게 들을 수 있었다(30절). 빌립은 우선 천사에게 인도를 받고(26절), 다음에는 성령의 인도를 받았다(29절).

c. 회심(8:31~35)

8:31~35 이사야 53:7~8의 말씀을 이해하지 못한 내시는 당황하고 있었다. 그는 빌립이 이 구절을 설명할 수 있도록 기회를 주었으며, 이 사도를 자기의 수레로 초대했다. 이 에디오피아인은 이 구절이 한 개인을 묘사한다는 것을 알았지만, 그것이 이사야인지 다른 누구인지는 알지 못했다. 빌립은 이사야 53장에서 예수님에 대한 복된 소식을 전할 기회를 얻었다(참조, 요 5:39).

d. 결과(8:36~40)

8:36~39 빌립의 복음 전도로 내시는 회심했다. 이것이 빌립이 얻은 첫 번째 결과물이었다. "내가 세례를 받음에 무슨 거리낌이 있느냐"는 그의 반응은 물세례가 그리스도를 믿으려는 개인적인 결단을 인 치는 것이었음을 가리킨다(마 28:19). 두 번째 결과는 기쁨이었다. "내시는 기쁘게 길을 가므로." 세 번째 결과는 유대인도 사마리아인도 아닌, 유대교로 완전히 개종하지 않고 여호와를 예배하는 이방인(아프리카인)에게 복음이 멀리 전파된 것이었다. 내시는 무할례자였을 것이다(NIV의 여백에 지적된 대로, 행 8:37은 후대 헬라어 사본에만 나오기에 원본에는 없

었을 것이다).

세례 의식이 끝났을 때 "주의 영이 빌립을 이끌어 간지라 내시는 … 그를 다시 보지 못하니라." 이 후에 에디오피아 내시에게 무슨 일이 일어났는지는 알려지지 않았다.

8:40 그러나 빌립은 아소도에 나타났다. 이 도시는 고대 블레셋 족속의 수도였던 아스돗(Ashdod)이다. 빌립은 가이사랴로 여행하면서 이 길을 따라서 자리 잡고 있는 모든 도시에서 복음을 전파했다(p.92의 지도에서 아소도와 가이사랴를 찾아보라). 그리고 나서 빌립은 분명히 가이사랴에 정착했다. 왜냐하면 그는 약 20년 후에도 여전히 거기에 살고 있었기 때문이다(참조, 21:8). 전도자는 거주할 수도 순례할 수도 있다. 빌립은 두 가지 유형의 사역을 수행했다.

나중에 베드로는 아소도나 가이사랴 근방을 방문하였다(9:32~43). 전도자 빌립이 가이사랴에 거주했음에도 불구하고 주님은 욥바에서 베드로를 부르셔서 가이사랴에 사는 고넬료에게 복음을 전하게 하셨다(10~11장).

C. 사울의 메시지(9:1~31)

어떤 사람들은 사울(바울)의 회심을 오순절 이후 교회에서 가장 중요한 사건으로 여긴다. 누가도 사울의 회심을 중요하게 여겼다. 그는 사도행전에서 세 번이나 사울의 회심을 기록하고 있다(9, 22, 26장).

이 시점에서 사울의 회심을 기록한 것은 독자들로 하여금 복음이 이방인에게 전해지게 될 것을 예상하게 하기 위함이다(10장). 베드로는 고넬료와 그의 가족을 전도함으로 이방인의 사도(갈 2:8; 엡 3:8)보다 앞서 이방인 사역을 행했다.

사울의 다메섹 도상의 체험 기사는 여기서 기록되어서 스데반의 순교와 연관시킬 수도 있다. 스데반의 설교는 사울이 기독교를 근절시키려는 노력을 재개하도록 부추긴 것으로 보였다(행 8:1~3). 만일 스데반이 주창한 교리가 옳다면 율법은 위험에 빠졌다. 그래서 그처럼 열심 있는 사울은 교회를 계속해서 핍박했다(참조, 갈 1:13; 빌 3:6).

그러나 핍박자 사울은 예수 그리스도를 위한 사도 바울이 되려는 참이었다! 그의 배경과 자격은 사역을 위해서 하나님이 부르시기에 매우 적합했다. (1) 그는 유대인의 문화와 언어를 잘 알았다(행 21:40; 빌 3:5). (2) 그는 다소에서 성장했기 때문에 헬라 문화와 철학에 익숙했다(행 17:22~31; 딛 1:12). (3) 그는 로마 시민의 모든 특권을 가지고 있었다(행 16:37; 22:23~29; 25:10~12). (4) 그는 유대교 신학을 배워 정통했다(갈 1:14). (5) 그는 세속적인 직업에 능했기 때문에 자립할 능력이 있었다(행 18:3; 고전 9:4~18; 고후 11:7~11; 살전 2:9; 살후 3:8). (6) 하나님은 그에게 열정과 지도자의 자질들과 신학적인 영감을 주셨다.

1. 사울의 회심(9:1~19상)

a. 사울의 확신(9:1~9)

9:1상 '여전히'라는 부사는 8:3을 떠올리게 한다. 복음이 예루살렘 밖으

로 멀리 전파되고 있는 동안 사울은 계속해서 교회에 가혹한 핍박을 행했다.

9:1하~2 교회에 대한 사울의 증오는 너무 커서, 그는 대제사장에게 가서 다메섹의 여러 회당에 가져갈 공문을 청했다. 다메섹(지도에서 그 위치를 찾아보라)은 유대, 갈릴리 혹은 데가볼리에 속해 있지 않았다. 대제사장은 다메섹 회당에 대해서 어떤 사법권을 갖고 있었는가? 보통 예루살렘의 대제사장이 요구한 경우, 로마는 범죄인의 인도권을 인정했다고 이야기한다. 하지만 이것은 다른 방법으로도 설명될 수 있다. 당시 다메섹은 나바테아 왕 아레다 4세 관할하에 있었다(참조, 고후 11:32~33). 로마인들을 증오한 아레다 왕은 반로마적인 유대인들의 호의를 얻으려고 대제사장의 이 권한을 인정했을 것이다.

'다메섹 여러 회당'이란 언급은 기독교가 아직도 유대교와 밀접하게 연결되어 있었음을 암시한다(약 2:2의 쉬나고겐[συναγωγὴν]: 회당). '다메섹'이란 표현은 기독교가 빠르게 전파되었음을 보여 준다.

이상하게도, 사울은 기독교를 '그 도'라고 표현했다. 이 용어는 사도행전에서만 사용되었다(19:9, 23; 22:4; 14, 22).

9:3~4 사울은 주 예수님의 음성을 듣고 그를 보았다(참조, 9:17, 27; 22:14; 26:16; 고전 9:1; 15:8). 사울이 그리스도를 보았다는 명백한 진술은 없지만, '하늘로부터 빛'이라는 언급에 암시되어 있다. 부활하신 주님을 본 것이 사울의 사도권의 핵심이 되었다(참조, 고전 9:1).

"네가 어찌하여 나를 핍박하느냐"(참조, 행 9:5)는 질문은 매우 중요하다. 왜냐하면 그것은 그리스도와 그의 교회의 연합을 보여 주기 때문이다. 주님은 '네가 어찌하여 나의 교회를 핍박하느냐?'라고 묻지 않으셨다. '나를'이란 말은 사울에게 그리스도 안에 있는 그리스도인의 큰 교리를 처음으로 살짝 보여 주신 것이다. 누가는 주님이 교회에서 지상 사역을 계속하신다고 썼을 때(1:1) 이 진리를 이미 암시했다. 또한 아나니아가 베드로에게 거짓말한 것은 성령께 거짓말을 한 것이었다(5:3). 누가는 바울과 더불어 그리스도와 교회를 머리와 몸으로 보았다.

9:5 "주여(퀴리에[κύριε]) 누구시니이까"라는 사울의 질문에서 '주여'를 '선생님'으로 해석하는 사람들도 있다. 이 명사는 마태복음 13:27, 27:63, 요한복음 4:11, 사도행전 10:4 등에서와같이 그런 의미가 있을 수도 있다. 그러나 이 구절에는 초자연적인 요소가 너무나 많기 때문에 단순한 인간적인 호격인 '선생님'이란 의미로 사용하였다고 할 수 없다. 사울이 이 사람을 예수님으로 즉시 알아차리지는 못했더라도, 초자연적인 존재로 인정하지 않을 수 없었다. 그러자 예수님은 사울에게 자신을 나타내셨다. "나는 … 예수라"(참조, 9:17).

"가시채를 뒷발질하기가 네게 고생이니라"(KJV)는 표현은 초기 헬라어 사본에는 없다. 그러나 이 진술은 사도행전 26:14에 나온다.

9:6 부활하신 주님은 사울에게 명령하셨다. "너는 일어나 시내로 들어가라 네가 행할 것을 네게 이를 자가 있느니라." 이것은 어떤 사람들이 주장하는 바와 같이 아나니아가 사울에게 칭의의 교리를 가르쳤음을 의미하지는 않는다. 대신 사울은 복음을 전파해야 하며, 이를 위해 고난을 받으리라는 말을 들었다(15~16절; 22:10, 15; 26:16~20). 주님 자신이 다메섹 도상에서 사울에게 믿음으로 의롭게 된다는 진리를 가르쳐 주셨다. 사

길리기아

• 다소

• 실루기아

• 안디옥

수리아

구브로

베니게

• 다메섹

대해(지중해)

• 시돈

• 두로

• 돌레마이

• 가이사랴

• 사마리아

• 욥바

• 룻다

• 예루살렘

• 아소도

팔레스타인, 수리아, 길리기아, 구브로

• 가사

도행전 26:18은 이 점에 있어서 명백하다(참조, 갈 1:11~12).

9:7 7절과 22:9 사이에는 명백한 차이가 있다. 9:7에서 누가는 사울과 "같이 가던 사람들은 소리(포네스[φωνῆς])만 듣고"라고 기록했지만, 22:9 에서는 '그들은 그 소리(포넨[φωνὴν])를 이해하지 못했다'고 기록했다. 22:9은 문자적으로 '그들은 소리를 듣지 못했다'라고 번역할 수 있다. '듣다'라는 동사가 소유격과 함께 쓰이면 '소리를 듣다'라는 의미가 되며, 목적격과 함께 쓰이면 '이해하며 듣다'라는 의미가 되기 때문이다. 9:7에서는 소유격이 사용되었고, 22:9에서는 목적격이 사용되었다. 그래서 사울과 같이 가던 사람들은 그 소리를 들었으나(9:7) 그리스도께서 무슨 말씀을 하셨는지는 이해하지 못했다(22:9).

9:8 만약 사울의 '육체에 가시'가 안과 질환이었다면(참조, 고후 12:7의 주해), 이 사건이 그 질병의 시작이 되었을 것이다. 아무튼 사도행전 9:1의 사울과 9:8의 사울 사이에는 극명한 대조점이 있다. 그는 도상에 엎드러진 순간에도 그리스도인들을 잡아서 감옥에 넣으려고 결심하고 있었다. 그 직후에 그는 어린아이와 같이 "사람의 손에 끌려 다메섹으로 들어"갔다. 종종 하나님의 은혜는 큰 권능의 행위와 뚜렷한 큰 재앙으로도 나타난다.

9:9 보지도 못하고 먹지도 못하고 기도하며(11절) 보낸 '사흘'은 기다리는 시간이었다. 사울은 하나님이 그에게 약속하신 메시지를 여전히 받아들이지 못했다(6절).

b. 사울의 헌신(9:10~19상)

9:10~14 하나님은 아나니아에게 환상을 통해 사울의 시력을 회복시키라고 지시하셨다. 그는 '직가라는 거리'에서 사는 '유다'라는 사람과 함께 머물고 있는 사울에게 가야 했다. 이 도로는 서쪽 벽에서 동쪽 벽으로 뻗어 있는 두 개의 평행 도로 중 하나였다. 사울의 출생지인 다소에 대한 첫 번째 언급이 11절에 나온다(지도를 찾아보라. 참조, 30절의 주해).

홍미롭게도 신자들은 사도행전의 여기에서 처음으로 '성도'라고 불렸다(13절). 교회는 '구별된 사람들'(하기오이스[ἀγίοις]. 참조, 롬 1:1; 엡 1:1; 빌 1:1의 '성도')로 구성된다. 사도행전 9:14에서 사울이 다메섹에 있는 신자들을 핍박하러 온다는 소식이 그가 도착하기도 전에 이르렀고, 그래서 아나니아가 사울의 핍박을 두려워했음이 분명히 드러난다.

9:15 주님은 아나니아에게 "이 사람은 내 이름을 이방인과 임금들과 이스라엘 자손들에게 전하기 위하여 택한 나의 그릇이라"고 아나니아에게 확인해 주셨다. 사울은 왕들(참조, 벨릭스 총독[행 24:1~23], 베스도 총독[24:27~25:12], 헤롯 아그립바 2세[25:13~26:32]와 아마도 네로 황제[25:11])을 포함한 무할례자들(롬 11:13; 갈 2:2, 7~8; 엡 3:8)의 사도 바울이 되어야 했다. 물론 이 사도는 '이스라엘 자손'을 위해서도 사역하였다(참조, 9:20; 13:5, 14; 14:1; 17:2, 10, 17; 18:4, 19; 19:8; 26:17~20; 롬 1:16). 그렇게 폭력을 행사하며 그리스도인을 박해하던 사람이 복음의 증거자로, 그리고 역동적이고 유력한 증인으로 바뀌었다니 얼마나 놀라운 일인가!

9:16 이 예언의 부분적인 성취가 사울이 고난을 열거하는 데에서 나타난다(고후 11:23~27).

아나니아와 주님의 대화에서 '이름'이란 낱말이 세 번 나온다(행 9:14~16. 참조, 3:16).

9:17 "형제 사울아", 이 말이 사울에게 얼마나 위안을 주었겠는가! 사울을 그리스도인 형제라고 부른 첫 사람은 '아나니아'였다. 아나니아가 한 말의 더 완전한 형태는 22:14~16에 나온다. 사울에 대한 아나니아의 불안은 주의 지시 때문에 사울을 향한 사랑으로 바뀌었다. 아나니아는 '안수'함으로써 사울과 하나가 되었다.

사울의 '성령 충만함'은 그의 회심 후에 분명히 나타났다(참조, 4:8, 31; 엡 5:18).

9:18 눈먼 사울이 치료될 때 "눈에서 비늘 같은 것이 벗어져 다시 보게 되었다." '비늘'(레피데스[λεπίδες]. '껍질을 벗기다'라는 동사 레포[λέπω]에서 파생되었다)이란 낱말은 생선이나 악어의 비늘 따위에 사용되었다. 앞서 사도행전에 기록된 여러 회심에서와같이, 회심 다음에 물세례가 뒤따랐다(8:12, 38).

이 사건 후에 아나니아는 서사에서 사라지며, 바울이 자신의 회심을 다시 이야기하는 22장을 제외하곤 더 이상 언급되지 않는다.

9:19상 사흘 동안 식음을 전폐한 데다가, 부활하신 주 앞에서 자기가 '노출'된 충격 때문에 사울은 쇠약해져 있었다. 그러나 여러 가지 일들 때문에 그는 다시 힘을 얻었다. 그것은 아나니아와의 만남, 눈을 치료받음, 성령 충만을 받음, 물세례 그리고 약간의 음식을 먹는 것이었다.

2. 사울의 충돌(9:19하~31)

a. 사울의 고백(9:19하~22)

9:19하~20 다메섹의 그리스도인들과 함께 며칠을 보낸 후에 사울은 "즉시로 각 회당에서 예수가 하나님의 아들이심을 전파"했다. 회당에서 유대인에게 설교하는 일은 그의 선교 여행의 전략이기도 했다(첫 번째 여행[13:5, 14; 14:1], 두 번째 여행[17:2, 10, 17; 18:4], 세 번째 여행[18:19; 19:8]). 9:20은 사도행전에서 유일하게 '하나님의 아들'이란 표현을 사용하고 있다. 다메섹 도상에서 사울이 제일 먼저 배운 것은 '예수님이 어떤 분인가'라는 것이었다.

9:21 유대인들은 '놀랐다.' 이 반응은 이해할 만하다. 헬라어 동사 엑시스탄토(ἐξίσταντο)는 문자적으로 '그들은 제정신이 아니었다, 그들은 혼비백산했다'이다. 많은 다른 사람도 예수님에게 동일한 반응을 보였다(막 2:12; 5:42; 6:51). 이 낱말은 사도행전에서 다섯 번이나 사용된다(2:7; 8:13; 9:21; 10:45; 12:16). 사울의 엄청난 핍박이 큰 피해를 입혔었다(참조, 8:3; 22:19; 26:11).

9:22 사울은 주 예수님이 메시아라는 진리를 역설할 때 자신이 받은 신학적인 훈련을 매우 유리하게 사용하였다. 그는 교회를 핍박하러 다메섹에 갔었다. 그러나 그는 결국 예수님을 전파하게 되었다. 얼마나 대조적인가! 웬 은혜인가! 다메섹의 유대인들이 당혹했다(쉬네퀸넨[συνέχυννεν]. '당황하게 하다, 어리둥절하게 하다'를 뜻하는 쉰케오[συνχέω]에서 파생되었다. 신약성경에서 2:6; 9:22; 21:27, 31에서만 사용되었다)는 것도 그리 놀랄 일이 아니다.

b. 사울을 해하려는 공모들(9:23~31)

(1) 다메섹에서(9:23~25)
9:23~25 이 단락에서 강조된, 사도행전의 주제 중 하나는 복음에 대한 유대인 지도자들의 반대다. 이것은 유대인들이 선동하긴 했으나, 유대인들과 아레다 왕(나바테아)의 총독의 공모였음이 고린도후서 11:32~33에 분명히 나타난다. 사울의 제자들은 "유대인들이 사울 죽이기를 공모"했음을 알아차리고 "사울을 광주리에 담아 성벽에서 달아" 내렸다. 왜냐하면 그들이 성문을 지키고 있었기 때문이다. 다메섹의 그리스도인을 핍박

하기로 한 사울의 계획은 이상하게 변했다. 그는 눈이 먼 채로 다메섹에 들어갔다가 바구니를 타고 떠났다! 묘하게도 이번에는 그가 핍박의 대상이 되었다.

'제자들'(마테타이[μαθηταὶ])이란 언급은 사울의 사역이 열매를 맺고 있었음을 보여 준다. 그는 타고난 지도자였다.

누가는 서사를 압축하면서 갈라디아서 1:17에서 바울이 말한, 사울의 짧은 아라비아 체류 기간을 생략한다. 아마도 이 일은 사도행전 9:22~23에서 있었을 것이다. 바울이 아라비아에 왜 체류했는지 그 이유는 알지 못한다. 아마도 그는 그곳에 전도하러 갔을 것이다. 하지만 이 지역은 인구가 많지 않았기 때문에, 거대한 중심부로 들어가려는 사울의 전략이었을지도 모른다. 그는 교회의 박해를 완화시키기 위해 다메섹을 떠났을 수도 있다. 아니면 묵상하고 연구하기 위해 아라비아로 갔을 가능성도 높다.

(2) 예루살렘에서(9:26~30)

9:26~28 사울은 다메섹의 교회를 핍박하려고 기독교의 뿌리 깊은 대적인 예루살렘을 떠났다. 그러나 하나님의 주권적인 은혜 안에서 그는 신자들과 연합하여 바로 그 도시에서 복음을 전파했다. 그는 예루살렘에서도 복음 사역에 가담했으나, 신자들은 그를 신뢰하지 못했다(참조, 아나니아와 유사한 우려, 13절).

사울은 다메섹에서 아나니아라는 동료가 필요했다. 마찬가지로 예루살렘에서는 다른 동료인 바나바가 필요했다. '위로의 아들'(4:36)이라는 뜻의 이름을 가진 바나바는 사울에게도 위로하는 사람이었다. 바나바는 사도행전에서 네 가지 사건에서 나타난다. (a) 11:22~24 (b) 11:30; 12:25

(c) 13:1~2, 50; 14:12 (d) 15:2, 12, 22, 25, 37. 예루살렘의 신자들은 바나바를 통하여 사울이 실제로 회심했음을 확신하고, 사울이 자기들과 함께 머물도록 허락했다. 다메섹에서 사울은 '예수의 이름으로 담대히 말했고', 예루살렘에서도 '주 예수의 이름으로 담대히 말했다'(참조, 4:31의 '담대히'에 대한 주해).

9:29 사울은 헬라파 유대인들과 함께 말하고 변론해서 스데반의 사역을 계속 이어 갔다(참조, 6:8~10). 헬라파 유대인들이 그를 암살하려 했음을 미루어 볼 때 그의 변론 능력이 헬라파 유대인들에게 대단했음이 입증되었다.

9:30 그래서 예루살렘의 '형제들'(참조, 17절)은 그를 육로로 약 104km 떨어진 항구인 가이사랴로 데리고 가서 그의 고향 다소로 보냈다. 다소는 4000년이 넘는 오래된 고대 도시로서 로마제국의 학술 도시였다(다소 역사상 중요한 사건들에 대한 간단한 조사를 위해서는, V. Gilbert Beers, *The Victor Handbook of Bible Knowledge* [Wheaton, Ⅲ : Scripture Press Publications, Victors Books, 1981], p. 555을 참조하라).

9장에 나타난 바울의 이동은 다음과 같이 요약할 수 있다.

1. 예루살렘(1~2절)
2. 다메섹(3~22절)
3. 아라비아(갈 1:17)
4. 다메섹(23~25절; 갈 1:17; 고후 11:32~33)
5. 예루살렘(26~29절; 갈 1:18~20)

6. 가이사랴(30절)

7. 다소(30절; 갈 1:21~24)

(3) 결론(9:31)

9:31 '온 유대와 갈릴리와 사마리아 교회'라는 구문에서 '교회'란 단어는 단수다. 누가는 교회들이 이 성지에 흩어져 있었음에도 불구하고 단수로 써서 분명히 하나의 보편적인 교회로 말하고 있다.

사울과 그의 사역에 대한 유대인들의 적대감은 너무 강해서 그가 그 지역을 떠나고 나서야 교회는 평화로운 시간을 누리게 되었다.

교회는 아직도 유대인, 반(半) 유대인(사마리아인들), 그리고 그리스도 인이 된 유대교 개종자들(8:26~40의 에디오피아 내시는 예외이다)로 한 정되어 있었다. 그러나 새로운 선교지로 교회를 확장시킬 준비가 되어 있 었다.

누가는 영적이고 수적인 교회의 성장에 대한 일곱 개의 경과보고 서 중에서 이 세 번째 경과보고로(참조, 2:47; 6:7; 12:24; 16:5; 19:20; 28:30~31) 이 부분을 결론짓는다.

Ⅲ. 땅끝까지 증거(9:32~28:31)

A. 안디옥까지 교회 확장(9:32~12:24)

1. 보편적인 복음을 위한 베드로의 준비(9:32~10:48)

a. 룻다에서의 베드로(9:32~35)

9:32~35 베드로는 요한과 함께 사마리아에서 예루살렘으로 돌아오는 8:25에서 마지막으로 언급되었다. 베드로는 유대 근방의 순회 선교에 참여하여 '룻다'로 갔다. 신약성경에서 이곳에서만 언급된 룻다는 오늘날 로드(Lod)라고 불리는 곳이다. 이스라엘 국제공항이 이 도시의 바로 북쪽에 위치해 있다. 베드로는 나중에, 고린도전서 9:5에서 드러나듯이, 광범위한 선교 여행을 한다. 이것은 그의 첫 번째 서신(벧전 1:1)의 인사말에서도 암시된다. 빌립은 베드로보다 먼저 가이사랴 주변 지역으로 갔다(행 8:40).

중풍병으로 침상 위에 누운 지 여덟 해나 된 애니아의 기적적인 치유는 많은 사람이 그리스도를 믿게 되는 사건이었다. 사도행전에서 누가는 구원을 가리키기 위해서 '주께로 돌아오다'라는 표현을 세 번 사용했다(9:35; 11:21; 15:19). 복음은 더 다양한 청중을 끌어들이기 시작했다. 왜냐하면 이 해안 지역의 많은 사람이 이방인들이었기 때문이다. '사론'은 팔레스타인 해안을 따라 이어지는 비옥한 평야로서, 폭이 약 16km이고 길이는 80km 정도다. 룻다는 이 평야의 남동부 끝자락에 있었다. 이 기적은 베드로가 못 걷게 된 이를 두 번째로 치유한 것이었다(참조, 3:1~10; 14:8~10).

b. 욥바에서의 베드로(9:36~43)

9:36~38 베드로가 룻다에 있는 동안, 욥바에 있는 도르가라 하는 사랑받는 그리스도인 여인(제자)이 죽었다. 그녀의 이름은 헬라어로 '가젤'(영양의 일종)이란 의미였으며, 이에 상응하는 아람어는 '다비다'였다. 그녀는 가난한 자를 구제하기로 유명했다. 룻다와 욥바 두 도시는 약 20km쯤 떨어졌기 때문에 욥바에서 베드로를 부르러 두 사람을 보냈다(욥바의 역사에 대한 간단한 설명을 보려면 Beers, *The Victor Handbook of Bible Knowledge*, p. 559를 보라). 사도행전에 이 기록이 나올 때까지 초대교회에서는 죽은 자를 살린 사람은 아무도 없었으나, 신자들의 믿음은 매우 커서 그들은 주님이 베드로를 사용하셔서 도르가를 다시 살려 주실 것을 기대했다.

9:39~41 베드로는 도착한 후에 울고 있는 과부들과 다른 사람을 다락방에서 내보내고, 도르가를 위해 무릎을 꿇고 기도한 다음, 그녀에게 일어나라고 명령했다(참조, 막 5:41). 의식상의 부정을 피하기 위해(참조, 레 21:1; 민 5:2; 9:6~10; 19:11), 베드로는 하나님이 그녀를 다시 살리실 때까지 그녀에게 손을 대지 않았다.

9:42~43 이 기적으로 말미암아 이전의 기적들과 같이 많은 사람이 주

님을 믿었다(2:43, 47; 4:4; 5:12, 14; 8:6; 9:33~35). 이 기적 후에 베드로는 욥바의 '시몬이라 하는 무두장이의 집'에 '여러 날' 동안(문자적으로, '충분한 날들') 머물렀다. 그의 집은 해변에 있었다(10:6).

이 구절(9:32~43)은 베드로가 다음에 고넬료와 경험할 일을 위해 그에게 주어진 특별한 준비 과정이었음을 보여 준다. (1) 걸출한 두 가지 기적들은 베드로의 사역을 확증했다. 하나님은 특별한 방법으로 그와 함께하셨다. (2) 그는 부분적으로 이방인 지역에서 사역하고 있었다. (3) 그가 무두장이 시몬의 집에 우거했다는 사실은 중요하다. 무두장이들은 의식적으로 부정하다고 여겨졌다. 왜냐하면 그들은 계속해서 죽은 동물의 가죽을 취급했기 때문이다(레 11:40).

c. 베드로와 고넬료(10:1~48)

이 사건의 중대성은 누가가 이 일을 세 번이나, 즉 사도행전 10장인 여기에서, 11장에서, 마지막으로 15:6~9에서 거듭 말하는 사실에서 잘 드러난다. 사도행전에서 복음의 지리적인 확장은 마태복음 8:11의 "동서로부터 많은 사람이 이르러 … 천국에 앉으려니와"라는 예수님의 말씀을 최초로 성취한 것이다.

(1) 고넬료의 환상(10:1~8)

10:1 베드로와 고넬료는 각각 받은 환상으로 이 중대한 사건을 준비했다. 고넬료와 그의 환상이 먼저 묘사된다. 고넬료는 600명의 군사로 구성되는 '이달리아 연대'에서 100명의 군사를 이끄는 로마의 장교 '백부장'이었다. 신약성경에서 백부장들은 계속해서 좋은 모습으로 나타난다(참조,

마 8:5~10; 27:54; 막 15:44~45; 행 22:25~26; 23:17~18; 27:6, 43).
백부장 고넬료는 오순절 이후에 예수 그리스도의 죄 사함의 복된 소식을
들은 첫 이방인들 가운데 한 사람이 되었다.

10:2 고넬료는 경건하고(유세베스[εὐσεβὴς]. 여기서와 7절과 벧후 2:9에
서만 사용된다) 하나님을 경외하는("의인이요 하나님을 경외하는", 행
10:22) 자라는 표현에서, 그가 완전히 유대교로 개종한 사람은 아니지만
(그는 할례를 받지 않았다, 11:3) 여호와를 섬기는 사람이었다고 추정할
수 있다. 분명히 그는 회당에 참석했고 그가 알고 능력이 닿는 대로 구약
성경을 따랐다. 그럼에도 불구하고 그는 신약의 구원에 들어오지는 못하
였다(참조, 11:14).

10:3~6 '제구시'(오후 3시)는 유대인의 기도 시간을 가리키는 것일 수 있
다(참조, 3:1). 그렇다면 주님은 고넬료가 기도하는 시간에 천사를 통하여
그에게 다가오셨다(참조, 10:9). 후에 고넬료는 이 천사를 '빛난 옷을 입은
한 사람'(30절)이라고 표현했다. 고넬료는 "주여 무슨 일이니이까"라고 물
음으로써 천사에게 응답했다. 아마 여기서 '주여'(퀴리에[κύριε])는 '선생님'
(sir)을 의미한다(참조, 9:5의 주해). 이 군인의 경건은 그의 기도와 가난한
자들에 대한 관대한 구제(참조, 10:2)로 증명되었다. 천사는 '무두장이 시
몬의 집'에 머물고 있는 '베드로라 하는 시몬'에게 사람을 보내라고 지시했
다(참조, 9:43).

10:7 "마침 말하던 천사가 떠나매" 백부장은 세 명을 불렀다. 그들은 하
인 둘과 부하 가운데 경건한 한 사람(유세베[εὐσεβῆ]. 참조, 2절)이었다. 의

심할 바 없이 이 세 사람은 고넬료의 경건에 영향을 받았다.

10:8 "이 일을 다 이르고." '이르고'로 번역된 헬라어 분사 엑세게사메노스($\dot{\epsilon}\xi\eta\gamma\eta\sigma\acute{\alpha}\mu\epsilon\nu o\varsigma$)에 해당하는 영어 명사는 '주해, 설명'(exgesis)이다. 이 동사는 그가 모든 것을 '설명했다'는 의미다.

세 사람은 가이사랴에서 남쪽으로 약 53km 떨어진 욥바로 가서(24절), 베드로를 데리고 고넬료에게 돌아갔다.

(2) 베드로의 환상(10:9~16)

10:9 베드로는 아침과 저녁에 기도했다고 추정되는데, 그것은 이때가 보통 기도 시간이었기 때문이다. 게다가 그는 '제육시'(정오)에 기도했다. 하루에 세 번씩 기도하라고 성경에서 명령하지는 않았지만, 베드로는 그의 전대(前代)의 경건한 사람들의 예를 따랐다(참조, 시 55:17; 단 6:10). "베드로가 기도하려고 지붕에 올라가니." 이 때문에 그는 방해 받지 않고 혼자 있을 수 있었다.

10:10~12 배고픈 중에 베드로는 환상을 보았다. 하나님은 베드로에게 '각종 네 발 가진 짐승과 기는 것과 공중에 나는 것들'이 있는 큰 보자기가 땅으로 내려오는 환상을 보여 주셨다.

10:13~14 하나님이 베드로에게 이 짐승들을 먹으라고 명하셨을 때, 베드로는 "주여 그럴 수 없나이다"라고 대답했다. 그의 거절("그럴 수 없나이다")은 메다모스($\mu\eta\delta\alpha\mu\hat{\omega}\varsigma$)인데, 이는 우다모스($o\dot{\upsilon}\delta\alpha\mu\hat{\omega}\varsigma$ 마 2:6['아니']에서만 사용되었으며 '결코…아니다'라는 뜻이다)보다 더 정중한 표현이다. 이

것은 베드로의 생애에서 세 번째로 하나님의 뜻을 직접적으로 거절한 것이다(참조, 마 16:23; 요 13:8).

　　베드로는 율법을 통하여 부정한 짐승을 먹지 말아야 한다는 것을 알았다(레 11장). 그러나 그는 정한 짐승은 잡아서 먹고 부정한 짐승만 남길 수 있지 않았겠는가? 아마도 베드로는 그 명령이 모두를 포함한다고 이해했을 것이다. 아니면 그 큰 보자기에 부정한 짐승들만 담겨 있었을 가능성도 있다.

10:15 "하나님께서 깨끗하게 하신 것을 네가 속되다 하지 말라." 이 반박은 마가복음 7:14~23에 있는 말씀에 더 깊은 의미를 부여한다(참조, 딤전 4:4). 일반적으로 마가가 베드로의 말들을 기록했다고 알려져 있다. 돌이켜 생각해 보면 베드로는 예수께서 메시아로서 의식(儀式)상 더럽혀진 모든 피조물을 깨끗하게 하셨음을 인식했어야 했다.

10:16 왜 베드로는 부정한 음식 먹기를 세 번이나 거절했는가? 무엇보다 이것은 강조를 나타낸다. 그러나 이보다, 그것은 확신과 진리를 드러낸다. 이 사건에서 베드로는 하나님의 뜻을 넘어서 지나치게 세심한 면을 나타낸다. 그의 의도는 선하였지만, 그는 불순종하고 있었다. 또한 이 사건은 베드로가 세 번 부정한 것(요 18:17, 25~27)과 그가 주를 사랑한다고 한 세 번의 확인(요 21:15~17)과는 어떤 관계가 있는가?

　(3) 사자(使者)들의 방문(10:17~23상)
10:17~22 기가 막힌 시간에 주권적인 하나님의 주관하심으로 세 명의 사자와 베드로가 만났다. 이 세 사람의 도착을 베드로에게 알려 준 성령

은 베드로가 직전에 들었던 목소리와 같지 않은 분이었을 것이다(13, 15절).

'고넬료가 보낸 사람들'은 고넬료를 칭찬하는 말을 하고(참조, 2, 4절) 베드로에게 자기들이 온 목적을 전달했다.

10:23상 "베드로가 불러들여 유숙하게 하니라." 베드로는 점심을 기다리고 있었기 때문에(참조, 10절), 이제 방문자들과 함께 식사를 나누었다. 아마도 베드로는 이미 환상의 교훈을 깨닫기 시작했을 것이다.

(4) 이방인들의 방문(10:23하~43)

10:23하 베드로와 손님들이 점심 식사를 마쳤을 때는 이미 가이사랴로 돌아가기 위해 출발하기에는 너무 늦었다. 그들은 '이튿날' 거의 이틀 정도 걸리는 여행을 시작했다(고넬료의 사자들은 오후 3시 이후에 가이사랴를 떠나서[3, 8절] 이틀 후 정오에 도착하였다[9, 10절]. 참조, 30절의 '나흘 전').

베드로는 '욥바에서 온 형제들'과 함께 갔다. '둘씩'이란 말이 복음서와 사도행전에 자주 등장한다. 전도자들은 종종 둘씩 나가곤 했다. 논란의 여지가 있는 이 상황에서 적어도 여섯 사람이 베드로와 동행했다(11:12). 그래서 무슨 일이 일어났는지를 증언할 사람 일곱이 확보되었다.

10:24 고넬료는 베드로가 올 것이라고 확신하고 베드로의 메시지를 기대해서 친척과 가까운 친구들을 불러모았다.

10:25~26 베드로가 도착하자 고넬료는 이 사도 앞에 엎드려 절했다.

동사 프로세퀴네센(προσεκύνησεν)은 '그가 예배했다'라는 뜻이며, NIV는 '존경하여'(in reverence)로 번역했다. 베드로는 이런 식의 경의를 거절하면서 고넬료에게 "일어서라 나도 사람이라"고 말했다.

10:27~29 베드로는 집에 있는 이방인들과 교제할 때 어떤 결과가 나타날지 잘 인지하고 있었지만(참조, 11:2~3), 환상의 가르침을 잘 알았다. 부정한 짐승을 먹으라는 명령은 "아무도 속되다 하거나 깨끗하지 않다"고 하지 못한다는 것을 의미했다. 그래서 그는 사양하지 않고 왔다.

10:30~33 고넬료는 자기 집으로 베드로를 부르게 된 상황을 이야기하고서 말했다. "이제 우리는 주께서 당신에게 명하신 모든 것을 듣고자 하여 다 하나님 앞에 있나이다." 이 얼마나 하나님이 예비하신 청중인가!

10:34~35 베드로의 이 말은 혁신적이었다. 그것은 유대 사람들의 편견과 가르침을 완전히 쓸어버렸다. 그러나 이방인 구원은 분명히 구약성경에 알려진 교리였다(참조, 욘; 창 12:3). 구약성경에서 유대인은 하나님께서 택한 백성, 하나님의 약속과 계시를 특별히 받은 사람들이었다. 여기서 베드로는 하나님의 계획이 교회를 통하여 세계로 뻗어 나가고 있다고 진술했다.

하나님이 '각 나라 중 하나님을 경외하며 의를 행하는 사람은 다 받으신다'는 베드로의 말에 대해 상당한 논란이 있다. 이것은 행위로 구원을 받는 것을 가르치지 않는다. 왜냐하면 하나님 앞에서 인간의 첫 번째 책무는 하나님을 두려워하는 것이기 때문이다. 그것은 하나님을 신뢰하고 경외하는 것이다. 그것은 미가 6:8에 대한 신약성경의 평행구절이다. 게다가 하나님이 이런 사람들을 용납하심은 그들이 그리스도를 믿음으로써 그들을 올바른 관계로 영접하심을 뜻한다(참조, 행 11:14).

10:36~37 그리고 나서 베드로는 "만유의 주 되신 예수 그리스도로 말미암아 화평의 복음을" 전하신 내력을 대강 이야기했다(36~43절). 성경을 연구하는 사람들은 이것이 마가복음과 얼마나 완벽하게 평행을 이루는지를 연구해 왔다. 마가는 요한의 세례로 시작해서, 갈릴리에서 유대로, 예루살렘으로, 마침내 십자가 죽음, 부활, 지상 명령에 이르는 주 예수님의 사역을 추적했다.

10:38 '메시아'란 낱말은 '기름 부음 받은 자'라는 뜻이다. 그래서 베드로가 "하나님이 나사렛 예수에게 … 기름 붓듯 하셨으매"라고 말했을 때 그는 '하나님은 그를 메시아로 선포하셨다'라고 말하는 것이었다(참조, 사 61:1~3; 눅 4:16~21; 행 4:27). 주님이 세례를 받으실 때도 이것이 선포되었다(참조, 마 3:16~17; 막 1:9~11; 눅 3:21~22; 요 1:32~34). 이사야는 위대한 행위를 수행하는 기름 부음 받은 자에 대해 말했다(사 61:1~3). 베드로가 선포한 대로 "그가 두루 다니시며 선한 일을 행하시고 마귀에게 눌린 모든 사람을" 고치셨다.

10:39~41 베드로는 자신과 동료들이 예수님이 행하신 모든 일에 대한 직접적인 목격자라고 단언했다. 그들, 즉 유대인은 그분을 가장 수치스러운 처형 방법으로 나무에 달아 죽였다. 일찍이 베드로는 예루살렘에서 유대인에게 말했다. "(너희는) 생명의 주를 죽였도다"(3:15). 그는 통치자들에게 말했다. 그를 "너희가 십자가에 못 박았다"(4:10). 그리고 그는 산헤드

린에서 대답했다. 그를 "너희가 나무에 달아 죽였다"(5:30). 스데반도 산헤드린에서 말했다. "너희는 그 의인을 … 살인하였다"(7:52). 사도들은 사도행전에서 다섯 차례나 자기들이 부활하신 그리스도의 '증인들'이라고 말했다(2:32; 3:15; 5:32; 10:41; 13:30~31). 그리스도께서 부활하신 후에 제자들은 '그를 모시고 음식을 먹었다'(참조, 요 21:13). 이것은 부활하신 주 예수님이 몸 없는 혼령이 아니었다는 증거이며, 그리스도가 어떻게 보였는지를 설명해 준다(행 10:40).

10:42~43 베드로는 그리스도의 사역이 결과적으로 심판(42절)이 되든지 아니면 구원(43절)이 됨을 분명히 했다. 핵심 구문은 '그를 믿는 모든 사람들'이다. 이 헬라어 구문은 관사를 가진 현재 분사로 이루어졌는데, 이것은 거의 명사와 같다(이 경우는 '그를 믿는 모든 사람들'이다). 구원의 핵심 요소는 믿음, 곧 그리스도를 믿는 신앙이다. 선지자들도 메시아를 믿는 믿음을 통한 '죄 사함'의 메시지(참조, 2:38; 5:31; 13:38; 26:18)를 전했다(예를 들어, 사 53:11; 렘 31:34; 겔 36:25~26).

(5) 성령을 통한 입증(10:44~48)

10:44~45 베드로의 메시지는 예수님에 대한 베드로의 메시지를 듣고 믿은 모든 사람들 위에 내려오신 성령의 주권적인 중단으로 갑자기 끝났다. 이방인들이 유대인 신자들과 동등하다는 이 증거를 보면서 여섯 명(참조, 23절; 11:12)의 할례받은 신자들은 놀랐다(엑세스테산[ἐξέστησαν]: 그들은 제정신이 아니었다. 참조, 9:21).

10:46 하나님이 이방인 구원의 실재를 입증하시기 위해 사용하신 표적

은 '방언을 말하는 것'이었다(사도행전에 나오는 방언 말함의 의미에 대해 서는 19:1~7의 주해를 보라).

10:47~48 베드로는 일어난 일에 대해 적어도 세 가지 신학적인 암시를 알아차렸다. (1) 그는 하나님과 논쟁할 수 없다(11:7). (2) 고넬료와 그의 집안은 할례를 받지 않았음에도 불구하고(11:3), 그들이 성령을 받음으로 확증된 바와 같이, '그리스도'를 믿었기 때문에 '세례를 받았다.' 이 사건들 의 순서는 그리스도를 믿음, 성령을 받음, 방언을 말함, 물세례를 받음이 다. (3) 고넬료의 회심의 실재는 베드로가 여러 날 그와 함께 머무름으로 써 확인되었다. 아마도 베드로는 새롭게 알게 된 신앙을 고넬료에게 보다 온전하게 가르쳤을 것이다.

2. 보편적인 복음을 위한 사도들의 준비(11:1~18)

a. 비난(11:1~3)

11:1~2 유대 그리스도인의 반응은 여러 가지였다. '할례자들'(할례 받은 신자들, 10:45에서도 사용됨)이란 표현은 이들이 아직도 모세의 율법을 지키는 그리스도인들임을 나타낸다(참조, 15:5; 21:20; 갈 2:12).

11:3 베드로에 대해 제기된 비난은 그가 '무할례자의 집에 들어가 함께 먹었다'는 것이었다. 주된 문제는 이방인에게 설교했다는 것이 아니라 그들 과 함께 먹었다는 것이었다(참조, 막 2:16; 눅 15:2; 갈 2:12). 이것은 베드 로의 환상에 훨씬 더 큰 의미를 부여한다(행 10:9~16). 어떤 사람과 함께

먹는다는 것은 영접과 교제의 표시였다(참조, 고전 5:11). 이 문제는 교회의 심각한 분열을 야기할 수 있었다.

b. 대답(11:4~17)

11:4~14 베드로는 예루살렘의 할례 받은 신자들에게 그가 본 환상(11:5~7)과 그가 받은 응답(8~10절)과 고넬료의 집에 가는 것(11~14절)을 포함해서 일어난 일을 간단하게 이야기했다(참조, 10장).

11:15~16 베드로는 다음에 일어난 일을 이야기하면서 예수님이 예언하신 성령세례(1:4~5)와 오순절 사건을 동일시하였다. 누가는 특별히 2장에서 오순절이 그 예언의 완성이라고 분명하게 진술하지 않았으나, 여기서 베드로는 '시작할 때에'(참조, 10:47의 '우리와 같이'와 11:17의 '[그가 우리에게] 주신 것과 같은 선물')라는 구절로 이 점을 분명히 한다. 그렇다면 교회 시대는 오순절에 시작되었다.

11:17 베드로는 자신이 행한 것이 아니라 하나님이 행하신 것에 근거해 변호했다. 하나님이 유대인과 이방인을 구별하지 않으셨는데, 베드로가 어떻게 구별할 수 있었겠는가?

c. 무죄 선고(11:18)

11:18 베드로와 성도들은 이방인들의 회심을 하나님이 주도하셨으며 또한 이 일을 방해해서도 안 된다는 사실을 깨달았다. 이 응답은 이어지는

두 가지 중대한 결과를 낳았다. 첫째, 그것은 그리스도의 몸인 교회의 연합을 보전했다. 둘째, 교회 시대의 신자들과 예루살렘의 성전 예배자들 사이를 갈라지게 만들었다. 이 일이 있기 전에는 일반적인 유대인 백성은 그리스도인들을 호의적으로 보았으나(참조, 2:47; 5:13, 26), 이 일 이후에는 교회를 반대하기 시작했다. 이런 반목은 야고보 처형(12:2~3; 참조, 12:11)에 대한 이스라엘의 반응으로 입증되었다. 아마 이방인들과의 합류가 유대인들이 반대하는 출발점이 되었던 것 같다.

3. 보편적인 복음을 위한 안디옥 교회의 준비(11:19~30)

a. 교회의 세계성(11:19~21)

이것은 사도행전 기사의 결정적인 중심점이다. 처음으로 교회가 이방인들을 적극적으로 개종시켰다. 8장의 사마리아인들은 어느 정도는 유대인이었다. 예루살렘에서 돌아가는 길에 스스로 이사야 53장을 읽고 있던 에디오피아 내시와 고넬료조차도 먼저 나서서 베드로의 말에서 복음을 찾았다. 그러나 여기서 교회는 할례를 받지 않은 헬라인에게 메시지를 전하는 첫 발을 내디뎠다.

11:19 서사는 스데반에게 돌아가서(8:1~2) 스데반의 순교가 가져온 또 다른 결과를 이야기하고 있다. 스데반의 죽음은 복음이 사마리아로 나아가는 데 도움이 되었다(참조, 8:4과 11:19 사이의 유사성). 또한 그의 죽음은 사울이 더 열렬하게 교회를 핍박하도록 자극했으며(8:3), 결과적으로 그를 회심시켰다(9:1~30). 이제 스데반 순교의 세 번째 결과는 복음이

이방의 땅('베니게와 구브로와 안디옥')으로 퍼져 나간 것이었다.

11:20 이 구절에서 수리아 안디옥에 대해 언급했는데 이는 뒤이어 나오는 서사에서 기술될 이 도시의 중요성을 암시한다. 동일한 이름을 가진 많은 도시 중 하나인 안디옥은 로마제국에서 로마와 알렉산드리아 다음으로 세 번째로 큰 도시였다. 내륙으로 약 24km 정도 들어간 오론테스 강에 위치한 이 도시는 오론테스의 안디옥으로 알려졌다. 아름다운 환경에 잘 계획된 도시 안디옥은 상업의 중심지였으며 커다란 유대인 공동체의 본산이었다. 이 도시가 엄청난 부도덕과 신전 예배의 일환으로서 제의적인 매음을 행하는 타락한 도시였음에도 불구하고, 안디옥 교회는 바울의 선교 여행의 본거지로 예정되었다. 로마의 풍자가 유베날리스는 "수리아 오론테스의 오수가 오랫동안 테베레 강으로 흘러들어왔다"라고 불평했다. 이는 안디옥이 너무 타락해서 2,000km나 넘게 떨어진 로마까지 영향을 끼치고 있었다는 뜻이다.

이방인들(안디옥의 '헬라인들')에게 복음이 놀랍게 전해진 것은 이름 없는 믿음의 동역자들이 이룬 것이었다. 이것은 안디옥에서 그리 떨어지지 않은 섬 '구브로'와 아프리카의 북부 도시인 구레네 출신의 신자들이 행한 용감하고 위대한 활동이었다(참조, 마 27:32; 행 2:10; 6:9; 13:1).

11:21 "사람들이 믿고 주께 돌아오더라"는 문구는 분리된 두 가지 행동을 가리키지 않는다. 헬라어 구문(부정과거 정동사와 함께 쓰인 과거 분사)은 종종 두 행동이 동시적임을 시사한다. 그렇다면 이 문구는 "그들은 믿으면서 주께로 돌아갔다"는 뜻이 된다.

b. 교회의 확립(11:22~26)

11:22 안디옥 교회에서 일어나는 이런 중대한 움직임은 모교회인 예루살렘 교회의 관심을 끌지 않을 수 없었다. 일찍이 예루살렘의 사도들은 베드로와 요한을 보내서 빌립의 사마리아 사역을 점검하게 했다. 이제 예루살렘 성도들은, 북쪽으로 480km가 넘게 떨어진 안디옥까지 바나바를 보냈다. 이 대표의 선발은 매우 중요한 것이었다. 그리고 바나바를 보낸 것은 여러 가지 이유에서 현명한 선택이었다. 첫째, 바나바는 일부 기독교 대사들과 같이 구브로 출신이었다(4:36; 11:20). 둘째, 그는 관대한 사람이었으며(4:37), 다른 사람들을 배려하는 사람이었다. 셋째, 그는 자신의 별명(4:36)과 그에 대한 누가의 증언(11:24)이 입증하듯이 자애롭고 온화한 사람이었다.

11:23 바나바는 하나님이 안디옥에서 진실로 역사하신다는 사실을 부인할 수 없었다. 누가가 종종 주목한 대로 안디옥에는 기쁨의 응답이 있었다. 위로의 아들(4:36)이라는 별명에 걸맞게 그는 신자들을 격려했다(참조, 14:22. 바나바는 9:27; 11:25, 30; 12:25; 13:1~2, 7, 43, 46, 50; 14:3, 12, 14, 20; 15:2, 12, 22, 25, 35~37, 39; 고전 9:6; 갈 2:1, 9, 13; 골 4:10에서도 언급된다).

11:24 여기서는 바나바에 대해 세 가지로 묘사한다. "바나바는 착한 사람이요 성령과 믿음이 충만한 사람이라"(스데반 역시 믿음과 성령이 충만한 사람이었다[6:5]). 누가는 15:39에 기록된 바울과 바나바의 대립 사건 이후에도 바나바를 이렇게 묘사했다. 누가는 바울의 여행 동반자였기 때

문에, 바나바에 대한 이런 진술은 틀림없이 바울의 평가였다.

11:25 안디옥의 사역은 바나바가 도움을 얻어야 할 정도로 성장하였고, 그는 다소에 사는 사울(참조, 9:30)보다 이 사역에 더 적합한 사람은 없다고 생각했다. 바울이 고린도후서 11:23~27에 기술한 고난과 박해 중 일부는 아마도 바울이 다소에 있을 때 일어났을 것이다. 또한 바울은 이곳에서 고린도후서 12:1~4에 묘사된 계시를 받았을지도 모른다. 어떤 이들은 사도행전 22:17~21에 입각하여, 바나바가 사울을 안디옥으로 데려오려고 연락했을 때 사울은 이미 이방인 사역을 하고 있었다고 생각한다.

11:26 바나바와 사울은 안디옥에서 많은 사람을 가르치며 만 1년 동안 사역을 하였다. 교회는 수적으로 계속해서 성장했다(참조, 2:41, 47; 4:4; 5:14; 6:1; 9:31; 11:21, 24).

예수님의 "제자들이 안디옥에서 비로소 그리스도인이라 일컬음을 받게 되었다." 접미사 '~인'(-ian)은 '~당에 속한'을 의미한다. 그러므로 '그리스도인들'(christians)은 '예수님의 당에 속한 사람들'이었다. '그리스도인'이란 낱말은 신약성경에서 두 번 더 사용된다(26:28; 벧전 4:16). 헬라어 본문에 나오는 단어 순서상 강조되는 이 이름의 의미는 사람들이 그리스도인을 구별되는 별개의 그룹으로서 인식했다는 것이다. 교회는 점점 더 유대교와 분리되고 있었다.

c. 교회의 구제(11:27~30)

11:27 예언의 은사를 가진 예루살렘 신자들이 '예루살렘에서 안디옥'으로 내려왔다(북쪽으로 가더라도, 예루살렘의 고도가 안디옥보다 훨씬 높기 때문에 '내려갔다'고 표현한다).

11:28 21:10~11에서 다시 언급되는 아가보는 "천하(로마 세계)에 큰 흉년이 들리라"고 예언했다. 이는 글라우디오 황제의 통치 기간(AD 41-54) 동안 실제로 로마제국의 여러 지역을 강타한 매우 심각한 기근이었다. 이 글라우디오는 후에 유대인을 로마에서 축출했다(18:2; 누가복음 주석 2:1의 '신약시대의 로마 황제들' 표를 보라).

11:29~30 안디옥의 그리스도인들은 '각각 그 힘대로'(참조, 고전 16:2, 고후 9:7) 헌금을 유대에 사는 신자들에게 보냈다. 이 사랑의 표현은 의심할 것 없이 두 교회를 결속시켰다(참조, 롬 15:27).

바나바와 사울이 그 헌금을 유대에 가져와서 장로들에게 주었다. 이것이 사도행전에 나오는 교회 장로들에 대한 첫 번째 언급이다. 그들은 돈을 받았다. 그들은 분명히 사역의 모든 면을 최종 감독하는 권한을 갖고 있었다. 후에 바울과 그의 동료들은 아가야, 마게도냐, 소아시아 교회들의 헌금을 예루살렘 장로들에게 건넸다. 이 일은 바울이 예루살렘에 도착한 때에 수행되었을 것이다(행 21:18. 이 구절이 헌금을 언급하지는 않을지라도 말이다).

이것에 대해서는 몇 가지 의문점이 있지만, 11:27~30에 나타나는 기근으로 인한 방문은 아마도 갈라디아서 2:1~10에 언급된 것과 동일한 방문이었을 것이다.

4. 예루살렘 교회가 받은 박해(12:1~24)

사도행전의 이 부분의 목적은 이스라엘의 메시아 배척을 확증하는 것이다. 누가는 사도행전 전체를 통하여 이 주제를 기술적으로 엮어 나가고 있으며, 4:1~30(특히 4:29), 5:17~40, 6:11~8:3, 9:1~2, 29에서 이 지점에 이르기까지 나타낸다. 이스라엘의 이런 적대감은 첫 번째 선교 여행의 자리를 마련해 주었다.

a. 야고보의 순교(12:1~2)

12:1~2 누가는 예루살렘 성도에 대한 안디옥 교회의 사랑과 교회에 대한 헤롯과 유대인들의 냉담한 적개심을 기교적으로 대조시켰다.

여기에 언급된 헤롯은 아그립바 1세다. 그는 유대인에게 인기가 있던 통치자였는데, 그가 부분적으로 유대인이며, 하스모니아 왕조의 혈통이었기 때문이다. 그는 기본적으로 그의 할아버지 헤롯 대왕의 왕국과 동일한 지역을 다스렸다. 그는 유대인의 비위를 맞추기 위해 가능한 모든 일을 했다고 알려졌다. 그래서 그는 정치적으로 그리스도인들을 체포하고, '요한의 형제 야고보'를 처형하는 것이 유리하다고 생각했다. 헤롯 아그립바 1세는 AD 44년에 죽었다. 그의 아들 헤롯 아그립바 2세는 AD 50~70년에 유대를 통치했다. 바울은 아그립바 2세와 그의 자매 버니게 앞에서 재판을 받았다(25:13~26:32; 참조, 누가복음 주석 1:5에 나오는 '헤롯 왕의 가계도'를 보라).

b. 베드로의 투옥과 탈출(12:3~19)

이 사건은 교회가 유대인들에게 증오와 멸시를 받는 그룹이 되었음을 분명히 나타낸다.

12:3~4 야고보의 처형이 유대인을 기쁘게 했기 때문에 헤롯은 무교절 기간에 베드로를 체포하여 투옥했다. 7일간의 이 봄철 절기는 유월절 직후에 이어졌다. 헤롯은 베드로를 "유월절 후에 백성 앞에 끌어내고자 했다." 여기의 '유월절'은 무교절과 결합된 8일간의 축제를 가리킨다. 7일간 무교병을 먹는 무교절은 유월절 다음에 이어졌다. 적어도 두 가지 이유로 헤롯은 베드로를 처형하는 것이 유리하다고 생각했다. 첫째, 베드로는 교회의 지도자로 알려져 있었다. 둘째, 그는 이방인들과 교제했다.

헤롯은 '군사 넷씩인 네 패에게' 베드로의 감옥을 든든히 지키게 했다. 이것은 베드로의 양편에 두 사람을 각각 쇠사슬로 묶고, 밖에도 두 명의 보초가 서 있었음을 시사한다(참조, 6, 10절). 네 패가 각각 여섯 시간씩 보초를 섰던 것 같다. 분명히 당국자들은 이전에 베드로가 탈출했던 일을 기억했다(참조, 5:19~24). 그래서 헤롯은 그런 일이 다시 일어나기를 원치 않았다.

12:5 "이에 베드로는 옥에 갇혔고 교회는 그를 위하여 간절히 하나님께 기도하더라." 이 대조는 명확하다. 베드로는 묶였으나 기도는 매이지 않았다!

12:6 베드로는 하나님을 믿고 신뢰했기 때문에 그의 재판 전날 밤에 깊

은 잠에 빠졌다(참조, 벧전 2:23; 5:7). 그리스도께서 베드로에게 노년까지 살 것이라고 말씀하셨기 때문에(요 21:18) 그는 자기 생명을 염려하지 않았다.

12:7~10 이는 천사가 베드로의 탈출을 도와준 두 번째 일이다(참조, 5:17~20). 천사는 베드로를 깨워서 겉옷을 입고 감옥 밖으로 자기를 따라오라고 말했다. 하나님은 초자연적으로 베드로의 손에서 쇠사슬을 벗기시고, 파수꾼들을 잠들게 하고서, 철문을 여셨다.

12:11 사도행전의 부주제 중 하나는 핍박에도 불구하고 복음이 뻗어 나간다는 것이다. 이것은 베드로가 풀려나는 것에서도 드러난다. 베드로는 밤공기를 맞고서 '정신이 들어' 하나님이 자신을 헤롯과 유대인에게서 구출해 주신 것을 인정했다. 이제 그는 이것이 환상이 아님을 알았다(9절).

12:12 이 구절은 독자들에게 바울의 첫 번째 선교 여행과 관계가 있는 요한 '마가'를 소개한다. 분명히 그의 어머니 마리아는 유명하고 부유한 여인이었다. 그녀의 집은 교회의 주된 모임 장소여서 넓었을 것이다. 요한 마가의 아버지의 이름이 나오지 않는 것으로 보아, 마리아는 과부였을지도 모른다. 이 마가는 그의 이름으로 칭해지는 복음서의 저자로 생각된다(참조, 막 14:51~52; 벧전 5:13).

12:13~17 베드로가 아무도 예상치 못한 상황에서 요한 마가의 집에 도착한 이야기는 유머와 더불어 사람들의 흥미를 잔뜩 일으킨다. 사도행전의 한 주제인 '기쁨'은 "베드로가 대문을 두드린대 로데라는 여자아이가

영접하러 나왔다가 베드로의 음성인 줄 알고"에서 명백하게 나타난다. 성도들은 베드로가 풀려나기를 간절히 기도하고 있었지만(5절) 응답이 그렇게 빨리 이루어질 줄은 예상하지 못했다! "베드로가 대문 밖에 섰더라"고 로데가 말하자, 성도들은 "네가 미쳤다 … 그러면 그의 천사라"고 반응했다. 이 진술은 개인의 천사들, 즉 개인들에게 할당된 천사들을 믿는 신앙을 암시한다(참조, 단 10:21; 마 18:10). 또한 그것은 천사가 개인과 동일한 모습을 하고 있다는 신앙을 시사한다!

"그들이 … 베드로를 보고 놀라는지라(엑세스테산[ἐξέστησαν])"(참조, 9:21). 베드로는 '야고보'를 언급하는데, 이는 야고보가 예루살렘 교회에서 중요한 위치를 차지하고 있음을 가리킨다. 확실히 이 야고보는 주님의 형제였다.

베드로는 형제들에게 자신을 보이고서, 그곳을 '떠나 다른 곳으로 갔다.' 그 장소는 알려지지 않았다. 베드로전서 1:1로 미루어 보아, 그곳은 소아시아라고 말할 수 있다. 후에 베드로는 수리아의 안디옥에 있었다(갈 2:11). 바울은 베드로의 순회 사역을 언급했다(고전 1:12; 9:5).

12:18~19 헤롯은 베드로의 탈출을 조사한 후에 파수꾼들을 심문하고 잔인하게도 그들을 죽이라고 명령했다. 헤롯은 죄수들을 도망가게 한 파수꾼들을 무책임하고 신임할 수 없다는 이유로 이런 잔인한 처사를 정당화했다. 헤롯은 자신의 행위로 말미암아(참조, 4절) 16명의 파수꾼을 잃었다. 그 후 헤롯은 '유대'를 떠나 '가이사랴'로 내려가서 잠시 머물렀다. 가이사랴는 로마의 유대 속주의 수도였다. 로마 총독들은 이곳에서 나라를 다스렸다.

c. 헤롯 아그립바 1세의 죽음(12:20~23)

12:20~23 두로와 시돈은 헤롯의 통치하에 있었으며, 어떤 이유에서인지 헤롯을 격분시켰다. 이 도시들은 갈릴리에서 나는 양식을 먹는 까닭에 헤롯 아그립바와 화목하기를 청했다. 아마도 그들은 화목을 이끌어 내기 위해서 '왕의 침소 맡은 신하 블라스도'를 매수했을 것이다. 헤롯은 '날을 택하여' 연설하였는데, 사람들은 그를 신으로 떠받들었으며 그래서 주 '하나님'은 그를 죽음으로 심판하셨다. 이 일은 AD 44년에 일어났다. 이 기사는 요세푸스의 《유대 고대사》(19. 8. 2)의 기록과 일치한다. 헤롯이 죽은 후 이어서 벨릭스와 베스도가 유대의 총독이 되었다.

헤롯의 자녀 중 세 명은 사도행전의 끝부분에 눈에 띄게 등장한다. 그들은 벨릭스의 아내인 드루실라(24:24~26)와 버니게(25:13, 23)와 헤롯 아그립바 2세(25:13~26:32)이다.

d. 교회의 번성(12:24)

12:24 "(그러나) 하나님의 말씀은 흥왕하여 더하더라"(참조, 6:7; 13:49; 19:20의 비슷한 표현). 반대와 핍박에도 불구하고 하나님은 주권적으로 자신의 교회 사역을 번성시키셨다. 누가는 이 경과보고로 사도행전의 다른 부분을 결론짓고 있다(참조, 2:47; 6:7; 9:31;; 12:24; 16:5; 19:20; 28:30~31). 복음의 메시지는 이제 안디옥에서 소아시아로 나아갈 준비가 되었다.

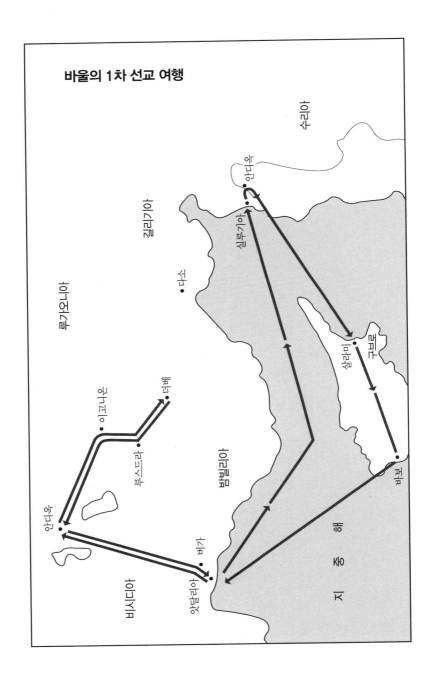

바울의 1차 선교 여행

수리아

길리기아

다소

루가오니아

밤빌리아

이고니온

루스드라

더베

비시디아

안디옥

버가

앗달리아

실루기아

안디옥

살라미

구브로

바보

지 중 해

1. 바나바와 사울의 소명과 헌신(12:25~13:3)

12:25 기근으로 인한 구제 헌금을 예루살렘의 장로들에게 맡긴 후 (11:27~30), 바나바와 사울은 안디옥으로 돌아왔다. 그들은 예루살렘에서(행 12:12) 바나바의 생질(골 4:10) 요한 마가(참조, 13:5)를 데리고 왔다.

[1차 선교 여행, 13:1~14:28]

13:1 안디옥 교회는 이제 사울의 사역 본거지가 되었다. 예루살렘은 여전히 모교회였지만, 선교하는 교회는 오론테스 강 부근에 있는 안디옥이었다. 더구나 베드로는 더 이상 중심인물이 아니었다. 사울이 중심인물이 되었다.

안디옥 교회 지도자들은 다양한 배경을 가졌는데, 이는 교회의 범세계적인 본질을 보여 준다. '바나바'는 구브로 출신 유대인이었다(4:36). '시므온'도 역시 유대인이었지만, 그의 라틴어 별명 '니게르'는 그가 검은 피부를 가졌으며 로마 지역으로 이주해 왔음을 암시한다. 그가 그리스도의 십자가를 진 구레네 시몬(마 27:32; 막 15:21)일 수 있지만, 논쟁의 여지가 있다. '루기오'는 북아프리카의 구레네 사람이었다(참조, 행 11:20). '마나엔'은 고위층과 연줄을 갖고 있었다. 왜냐하면 그는 '분봉왕 헤롯', 즉 세례 요한의 목을 베고 주님을 재판할 때 수치를 주었던 헤롯 안티파스와 함께 자랐기 때문이다(누가복음 주석 1:5의 '헤롯 왕의 가계도'를 보라). 그 법정에 있던 자(마나엔)는 제자가 되었지만, 다른 사람(헤롯)은 적대자가 되었다. 랍비 학교에서 훈련을 받은 유대인 사울은 이 장면에서는 마지막 사람이기 때문에 목록의 맨 끝에 나온다. 다양한 배경에도 불구하고, 이들은 하나로서 역할을 다하였다.

아마도 바나바는 예루살렘에 있는 모교회의 대표로서 우선적인 위치를 차지했기 때문에 그의 이름이 가장 먼저 나왔을 것이다.

13:2 하나님은 교회의 '선지자들'을 통하여 자신의 뜻을 분명히 알리셨다(참조, 1절). 사도행전에서는 '성령'이 하나님의 지도자들에게 자주 지시하셨다(예, 8:29; 10:19; 13:4). 여기서 성령은 다섯 가지를 지시하셨다. "(그들이) 주를 섬겨, 금식할 때에 ⋯ 위하여 바나바와 사울을 따로 세우라." 다시 한 번 두 사람이 함께 일하는 원리가 강조된다. 동사 '따로 세우다'(아포리조[ἀφορίζω]: 분리하다, 구별하다, 임명하다)는 사울의 생애에서 세 번 사용된다. 사울은 태어날 때 하나님께 구별되었고(갈 1:15), 회심할 때 복음을 위해 구별되었고(롬 1:1), 안디옥에서 특정한 사역을 위해 구별되었다(행 13:2).

13:3 교회 지도자들은 바나바와 사울에게 '안수하여 보냈다.' 손을 얹음으로 교회는 그들의 사역과 동일시하고 그들에 대한 하나님의 인도하심을 인정했다(참조, 아나니아는 사울에게 손을 얹음으로써 사울과 자신을 동일시하였다, 9:17). 선택받은 자들 중에서 두 사람은 이 중대한 선교를 위해 파송되었다.

2. 소아시아 순회(13:4~14:28)

a. 구브로에서(13:4~12)

13:4 그들은 성령의 지시를 받아(참조, 2절) 먼저 안디옥에서 약 26km 떨어진 항구 도시인 '실루기아에 내려가 거기서 배를 타고 구브로로 갔다.' 구약성경에서 깃딤으로 알려진(창 10:4) 이 섬은 바나바가 태어난 곳이었다(행 4:36). 이것은 바나바가 그 일행의 지도자였음을 암시한다(참조, 13:2, 7의 이름 순서).

13:5 '살라미'는 구브로의 동부에서 가장 큰 도시였다. 거기에는 많은 유대인이 거주했다. 왜냐하면 바나바와 사울이 유대인의 한 회당이 아니라 여러 회당에서 하나님의 말씀을 전했기 때문이다.

그들은 지혜롭게 이런 종교적 중심지들로 갔다. (1) 그 시대의 유대인들에게 복음을 받을 우선권을 주었다(참조, 롬 1:16; 행 13:46; 17:2; 18:4, 19; 19:8). (2) 여러 회당에 있던 이방인들은 이미 구약성경과 메시아 예언을 잘 알고 있었기 때문에 복음을 뿌려 열매 맺기 좋은 밭이 되었다.

바나바의 생질인 요한 마가(골 4:10)가 '수행원으로' 그들과 함께했다(참조, 행 12:25). '수행원'(휘페레텐[ὑπηρέτην])이란 용어가 무엇을 뜻하는지는 논란이 있다. 아마 그는 새로운 회심자를 가르치고 세례를 도우며(참조, 고전 1:14~17), 그가 할 수 있는 모든 방법으로 도왔을 것이다.

13:6 살라미에서의 사역 결과는 언급되지 않는다. 살라미에서 남서쪽으로 약 160km 떨어져 있으며 속주 정부가 있던 '바보'가 그들의 다음 사역

지였다. 여기에서 일어난 일은 이방인들에게로 복음이 진출했다는 면에서 큰 의미가 있다.

바보에서 바나바와 사울은 '바예수라 하는 유대인 거짓 선지자인 마술사'를 만났다. '마술사'(마고스[μάγος])라는 낱말은 상담자 혹은 존경받는 신사를 가리키거나(예, 마 2:1, 7, 16) 여기서와 같이 사람을 속이는 마술사를 가리킬 수 있다. 이 단어는 시몬에게 사용되었던(행 8:9) '마술을 행하다'라는 동사와 관련이 있다.

13:7 그렇게 해서 바예수는 '총독 서기오 바울'의 수행원이 되었다. 이 마술사는 이 '지혜 있는' 총독이 복음에 관심을 갖는 것을 보고 위협을 느꼈다. 총독들(proconsuls)은 로마 원로원에서 임명된 통치자들이었다(역자 주, proconsul은 '지방 총독'을 의미하지만, 한글 성경에서는 그냥 '총독'으로 번역하고 있다. 사도행전 13장에 나오는 서기오 바울은 지방 총독이었다). 다른 한편 행정 장관들(procurators)은 황제가 임명했다. 신약성경에는 세 명의 유대 행정 장관들이 나온다(역자 주, procurator는 '행정 장관'을 의미하지만, 한글 성경에서는 proconsul과 마찬가지로 '총독'으로 번역하고 있다). 그들은 빌라도(Pontius Pilate, AD 26-36년), 벨릭스(Antonius Felix, AD 52-59?년), 베스도(Porcius Festus, AD 59-62년)이다.

13:8 "이 마술사는 … 총독으로 믿지 못하게 힘쓰니."

'엘루마'라는 이름은 약간 문제가 있다. 아마도 이것은 '마술사'를 의미하는 셈족어일 것이다. 그는 이것을 자기 별명으로 받았든지 취했을 것이다.

13:9 이 시점에서 '사울'은 처음으로 '바울'이라 불렸으며, 전면에 나서서 지도자의 지위를 맡았다. 그는 바나바보다 더 과감하였고, 이방인의 생각을 더 잘 알았다. 이 시점에서부터 바울은 지도자가 되었고 예루살렘에 있을 때(5:12, 25)와 14:14를 제외하곤 바울의 이름이 바나바의 이름보다 앞에 나온다.

게다가 로마식 이름인 바울이 이제부터 계속 사용된다. 유대식 이름인 사울은 그의 예전 삶을 이야기하면서 개인적인 증언을 할 때만 사용된다(22:7; 26:14).

13:10 아람어로 바예수는 '예수의 아들'을 의미한다. 그러나 바울은 그에게 예수의 아들('예수'는 '여호와는 구원이시다'는 의미이다)이라고 하지 않았다. 엘루마, 즉 '마귀의 자식'(휘이에[υἱὲ]: 문자적으로, '아들')이라고 말했다. 바울은 그를 맹렬히 비난했다. 즉 바예수는 '모든 의의 원수'였으며, '거짓'(돌루[δόλου])과 '악행'(라디우르기아스[ῥαδιουργίας]: 파렴치한 해악, 쉽게 속이는 일, 신약성경에서 여기서만 사용된다)이 가득하였고, '주의 바른길을 굽게' 하였다. 귀신의 도움과 지배를 받아 권능을 행하는 마술사는 다른 사람들을 모든 속임과 진리의 왜곡으로 이끌었다. 이 마술은 심히 위험스럽다.

이것은 사도행전에서 귀신의 권능과 대결하여 승리를 거둔 네 번의 사건 가운데 두 번째이다(참조, 8:9~23; 16:16~18; 19:13~17).

13:11~12 바울은 엘루마를 심판하여 일시적으로 맹인이 되게 했다. 이것은 기록된 바울의 첫 번째 기적이며, 이방인에게 복음을 전하면서 유대인과 충돌하여 행한 기적이다.

이 기적을 보고서 서기오 바울은 하나님의 말씀에 관심(7절)을 갖고 그리스도를 믿는 참된 신앙으로 성장했다. 흥미롭게도 총독의 헬라식 이름은 사도의 이름과 같은 바울이다.

이 사건은 세 가지 이유에서 중요하다. (1) 이 사건은 선교 여행에서 바울이 지도자로서 활동을 시작했음을 나타낸다. 13절은 '바울과 동행하는 사람들'이라고 말한다. (2) 이 시점부터 사역은 한층 더 확실히 이방인 쪽으로 기운다. (3) 이 사건은 상징적인 뉘앙스로 가득 차 있다. 바울이라는 한 이방인은 메시지를 받아들인 반면, 한 유대인은 그것을 거부했다. 이 유대인이 맹인이 된 것은 이스라엘의 실명을 선고한 셈이다(참조, 28:26~27). 이 방법으로 누가는 사도행전의 과도기적 특성을 강조했다. 한편 이방인들은 복음의 주요 대상이 되었으며, 다른 한편 하나님은 일시적으로 유대인에게서 돌아서서 그들을 심판하셨다.

b. 비시디아 안디옥에서(13:13~52)

(1) 요한 마가의 이탈(13:13)

13:13 바나바의 위대성은 그가 기꺼이 바울을 지도자로 내세움으로써 드러난다. 그래서 바울과 및 동행하는 사람들이 바보에서 배를 타고 밤빌리아에 있는 버가에 이르렀다. 그러나 요한(즉, 요한 마가)은 그들에게서 떠나 예루살렘으로 돌아갔다. 무엇이 마가를 떠나게 했는지는 추측이 분분하다. (1) 아마 그는 지도자직의 변화에 환멸을 느꼈을 것이다. 요한 마가는 원래의 지도자였던 바나바의 생질이었다. (2) 마가와 같은 팔레스타인 유대인은 이방인 사역을 강조하는 새로운 변화에 적응하기 어려웠을 수도 있다. (3) 어쩌면 그는 바울이 여행하기로 결정한 다소의 산맥을 넘

어 안디옥으로 가려는 위험한 여정을 두려워했는지도 모른다. (4) 바울이 버가에서(버가는 말라리아 전염병이 심한 도시였기 때문에) 말라리아 같은 질병으로 심하게 앓았다는 증거가 있다. 더구나 바울은 갈라디아 사람들에게 '질병 때문에'(갈 4:13)라고 설교했다(역자 주, 개역개정은 '육체의 약함으로 말미암아'라고 옮기고 있다. 이의 헬라어 구문은 '육체의 질병 때문에'라는 뜻이다). 이 선교사 일행은 말라리아의 참화를 피하기 위해 내륙 쪽의 더 높은 고지로 들어갔을지도 모른다. 이 일로 낙심한 마가는 집으로 돌아갔을 것이다. (5) 어떤 이들은 마가가 향수병에 걸렸다고 생각한다. 그의 어머니는 과부였을 수도 있으며(행 12:12) 아마도 마가는 어머니와 집이 그리웠을 것이다. 이유가 무엇이든지 간에 바울은 이 일을 결점과 과오로 여겼다(참조, 15:38).

(2) 첫 번째 안식일의 강론(13:14~41)

13:14 이 안디옥은 브루기아에 있었으나 비시디아에서 매우 가까웠기 때문에 '비시디아 안디옥'으로 알려졌다. 루스드라, 드로아, 빌립보, 고린도와 같은 다른 도시들처럼 안디옥은 로마의 식민지였다. 바울은 전략적 요충지인 이 도시들을 방문하였다.

13:15 바울과 바나바가 설교할 첫 번째 기회는 '회당'에서 이루어졌다. 안식일 예배에서 구약성경의 두 부분, 곧 '율법'(모세오경)에서 한 부분과 '선지자의 글'(예언서)에서 한 부분을 읽는 것이 관례였다. '율법과 선지자의 글'은 구약성경 전체를 의미한다(참조, 마 5:17; 7:12; 11:13; 22:40; 눅 16:16; 행 24:14; 28:23; 롬 3:21). 분명히 바울과 바나바는 이 회합 전에 '회당장들'에게 자신들을 소개했다. 성경을 읽은 후에 바울과 바나바는 백

성에게 권할 메시지를 말하라는 청함을 받았다.

13:16~25 바울은 예수님 안에서 구약성경의 메시아 대망이 성취되었음을 전할 기회를 잡았다. 누가는 사도행전에서 바울의 많은 '견본 설교'를 기록했다(참조, 14:15~17; 17:22~31; 20:18~35). 첫 번째 기록된 바울의 강론이며 가장 완전하게 보존된 이것은 바울이 구약성경에 기반을 둔 청중에게 어떻게 설교했는지를 분명하게 보여 주었다.

이 메시지는 세 부분으로 나뉘며(13:16, 26, 38), 다음과 같이 요약된다. (1) 메시아의 도래에 대한 예언과 준비(16~25절) (2) 주 예수님에 대한 배척. 십자가에 못 박음과 부활(26~37절) (3) 적용과 간청(38~41절)이다.

사도는 "이스라엘 사람들과 및 하나님을 경외하는 사람들아"(16절)라는 호격으로 시작했다. 이 설교는 유대인과 이방인 둘 다를 포괄적으로 다루었다. 아마도 이 이방인은 유대교로 완전히 개종한 사람들이 아니었을 것이다. 그들은 이스라엘의 여호와를 경배하지만(참조, 26, 43절), 신약성경의 구원을 알지 못했다(43절의 '유대교에 입교한 경건한 사람들'은 '예배자들'로 번역되어야 한다. 이것은 유대교로 완전히 개종한 사람들이 아니라 이교도 예배자들을 가리킨다. 사도행전에서 이 문구는 거의 기술적인 의미에서 사용된다).

바울은 이스라엘의 역사를 개관하면서 핵심적인 사건들과 인물들을 언급했다. 애굽에 머무름(17절), 출애굽(17절), 40년간의 광야 체류(18절), 팔레스타인 정복과 소유(19절; 하나님이 멸하신 '가나안 땅 일곱 족속'은 신명기 7:1에 나온다), 사사 시대(행 13:20), 사울과 다윗 치하의 왕정 국가(21~22절) 등이다. 다윗에 대한 언급은 구주 예수님(23절)과 선구자인 세례 요한(24~25절)에 대한 언급으로 쉽게 전환된다(참조, 7:2~47에 나오는 스데반의 메시지). 450년(13:20)은 애굽에서의 억류(400년), 광야 체류(40년)와 여호수아의 지도 아래 가나안 정복(10년)을 포함한다.

서신	서신의 수	여행과 투옥됨
갈라디아서	1	1차 선교 여행 후에
데살로니가전서 데살로니가후서	2	2차 선교 여행 중에
고린도전서 고린도후서 로마서	3	3차 선교 여행 중에
에베소서 빌립보서 골로새서 빌레몬서	4	첫 번째 투옥 중에
디모데전서 디도서 디모데후서	3	두 번째 투옥 전과 투옥 중에

바울이 여행 중에 그리고 감옥에서 쓴 서신들

13:26~37 베드로(2:23, 36; 3:15; 4:10; 5:30; 10:39)와 스데반(7:52)처럼, 바울은 '예수님'을 죽인 것에 대해 유대인들을 직접적으로 비난했다. 사도행전에서 주님을 따르는 자들이 자주 언급한 주님의 부활은 여러 날 동안 증거되었다. 이것은 사도행전에서 사도들이 부활하신 예수 그리스도의 증인들이라고 말하는 다섯 번째 기록이다(2:32; 3:15; 5:32; 10:39~41; 13:30~31).

"예수를 일으키사"(33절)는 예수님의 부활을 가리키는가 아니면 고양(높이심)을 가리키는가? 이것은 아마도 여러 가지 이유로 보아 후자를 가리킬 것이다. (1) 다음 구절에서 부활이 언급될 때 그것은 '죽은 자 가운데서' 일으킴으로 설명된다. (2) 동일한 동사 '일으키다'(아니스테미 [ἀνίστημι])는 3:22, 26, 7:37에서 높임의 의미로 사용된다(역자 주, 개역개정에서는 '세우다'로 번역된다). (3) 한 동의어(에게이로[ἐγείρω]. 역자 주, 개역개정에서는 '세우시고'로 번역된다)는 13:22에서 다윗이 왕위에 오르는 것을 가리키는 데 사용된다. (4) 그것을 예수님의 고양(높이심)을 가리키는 것으로 보는 주요 이유는 시편 2:7의 의미 때문이다. 바울이 인용한 (행 13:33) 구약성경의 이 구절은 왕(the King)의 기름 부음을 묘사하는데, 이것은 궁극적으로 천년왕국에서 성취될 것이다.

바울은 이사야 55:3과 시편 16:10(행 13:34~35)을 인용하여 예수님이 죽은 자 가운데서 부활하셨음을 확증했다. 일찍이 바울은 시편 16:10을 사용하여 유사하게 주장했다(행 2:25~32의 주해를 보라).

13:38~39 사도행전에서 사도들은 '죄 사함'을 자주 언급했다(참조, 2:38; 5:31; 26:18). 사도행전 13:39은 갈라디아 사람들에게 바울서신의 논제를 제공하는데, 이것은 아마도 바울의 1차 선교 여행 직후와 예루살렘 회의 전에 쓰였을 것이다('바울이 여행 중에 그리고 감옥에서 쓴 서신들'의 도표를 보라).

13:40~41 사도행전 13:41에서 인용된 하박국 1:5은 임박한 심판에 대한 적절한 경고이다. 선지자는 유다가 바벨론에게 멸망할 것이며(합 1:6), 이는 하나님의 역사라고 말했다. 여기서 바울은 자기 시대에 믿지 않는 유대인들에게 내려질 심판의 근거를 밝히지 않은 채로 남겨 두었다. 바울의 경고는 이것이다. '믿으라. 그렇지 않으면 심판을 받을 것이다.'

(3) 두 번째 안식일 논쟁(13:42~52)
13:42~43 지도자들은 바울의 메시지에 관심을 갖고 더 듣기 원했다.

일부는 이 복음을 받아들이기 원했다. 바울과 바나바는 그들에게 "항상 하나님의 은혜 가운데 있으라"고 권했다.

13:44~45 "그다음 안식일에 유대인들(즉, 유대인 지도자들)이 … 시기가 가득하여 바울이 말한 것을 반박하고 비방하였다"('비방하여'는 헬라어 분사 블라스페문테스[βλασφημοῦντες]이다).

13:46 이 유대인들의 배척에 대항하여 "바울과 바나바가 담대히 말하여 이르되 하나님의 말씀을 마땅히 먼저 너희들에게 전할 것이로되"라고 말한다. 사도의 설교는 담대하기로 유명했다(참조, 4:13의 주해).

사도들은 여러 가지 이유 때문에 먼저 유대인에게 가야 했다. 첫째, 지상 왕국의 도래는 그리스도의 도래에 대한 이스라엘의 응답에 달려 있었다(참조, 마 23:39; 롬 11:26). 둘째, 이스라엘이 복음을 거절한 후에야만 바울이 이방인을 위해 헌신할 수 있었다. 셋째, 구약성경, 메시아, 약속들이 모두 유대인의 것이라는 점에서 예수님의 메시지는 근본적으로 유대인의 것이다('먼저 유대인에게'에 대해서 참조, 행 3:26; 롬 1:16).

그래서 바울은 안디옥의 '이방인들'에게로 향했다. 이런 방식은 바울이 로마에 이르기까지 이 도시에서 저 도시로 반복되었다(참조, 행 13:50~51; 14:2~6; 17:5, 13~15; 18:6; 19:8~9). 사도 바울은 사도행전의 마지막까지 유대인에서 이방인에게로 향했다(28:23~28).

13:47 이방인에게 향하면서 바울과 바나바는 "내가 너를 이방의 빛으로 삼아"라는 이사야 49:6의 예언의 성취를 보았다. 구약성경의 이 구절은 적어도 세 가지, 즉 이스라엘에게(사 49:3), 그리스도에게(눅 2:29~32), 이

방인의 사도 바울에게 다 적용된다.

13:48 이방인은 이 돌아서는 사건을 기뻐하였고 '영생을 주시기로 작정된 자는 다 믿었다'. 여기서 하나님의 선택의 교리를 알 수 있다. '작정된'이란 표현은 '배열하다, 지정하다'를 뜻하는 군사 용어인 동사 탓소(τάσσω)에서 파생되었다. 누가는 여기서 하나님의 선택 명령이 이방인을 포함함을 보이기 위해서 이 말을 사용했다.

13:49~51 복음은 전파되어 '주의 말씀이 그 지방에 두루 퍼졌다'(참조, 6:7; 12:24; 19:20). 그러나 유대인들은 유력자들과 접촉하여 이들로 하여금 바울과 바나바를 핍박하도록 선동하였다. 그래서 바울과 바나바는 주의 가르침(마 10:14)을 따라 "그들을 향하여 발의 티끌을 떨어 버리고" 그 도시를 떠났다.

13:52 '기쁨'은 복음의 열매였다(참조, 48; 2:46). 게다가 그들은 성령이 충만하였다(참조, 2:4).

c. 이고니온에서(14:1~6)

14:1~2 이 단락(1~6절)은 비시디아 안디옥에서 일어났던 사건들을 확인시켜 준다. 그들의 설교로 말미암아 "유대와 헬라의 허다한 무리가 믿더라"라고 입증되었듯이 하나님의 영은 사도들의 사역을 분명히 번성하게 하였다. 그러나 거기에서도 다시 반대가 일어났다(참조, 13:49~50의 성장과 반대). 그 반대의 결과는 14:6에 나타난다.

14:3 NIV 성경은 접속사 운(οὖν: 일반적으로 '그러므로'로 번역된다)을 '그래서'(So)로 번역했다. 이 접속사는 약간의 문제가 있다. 이것은 반대(2절)가 일어났던 때가 한층 더 설교를 할 기회를 제공했다는 의미가 될 수도 있다. 아니면 그 반대가 하나님이 사람들의 마음에 역사하시는 증거여서(참조, 고전 16:8~9), 더욱더 설교를 할 기회로 이끌었음을 나타낸다고 할 수도 있다. 아마도 후자가 더 적합한 것 같다.

또다시 사도의 담대함이 분명하게 나타난다(참조, 행 4:13; 13:46).

'표적과 기사'에 대한 언급은 이 사역에 대한 하나님의 지지를 더욱더 확증하는 것이었다(참조, 2:43; 4:30; 5:12; 6:8; 8:6, 13; 15:12). 후에 바울은 갈라디아인들 사이에서 복음의 실재를 입증하기 위해 이 기적들을 언급했다(갈 3:5). 물론 이것은 갈라디아서의 남 갈라디아설을 취한 것이다(남 갈라디아설과 북 갈라디아설에 대해서는 갈라디아서 주석의 서문을 보라). 기적을 확증하는 본질에 대해서는 고린도후서 12:12과 히브리서 2:3~4의 주해를 보라.

14:4 사도 무리는 '사도들'로서 언급되었다. 그리고 이 낱말이 '다른 사람의 대표들로서 권위를 받아 보냄을 받은 자들'을 의미하기 때문에 사도들은 그렇게 했다. 이들은 오론테스 강 근처에 있는 안디옥 교회(13:3)의 권위를 가지고 그 교회의 파송을 받았다.

14:5~6 바울과 바나바는, 그들을 '모욕하며 돌로 치려는' 음모를 '알고 도망하여 … 루가오니아의 두 성 루스드라와 더베'로 갔다. 역사가로서 누가의 정확성이 여기서 입증된다. 이고니온도 '루가오니아'의 도시였지만, 그곳의 시민들은 주로 브루기아인들이었다. 위치와 본성에서 루스드라와

더베는 루가오니아적이었다(참조, 14:11의 '루가오니아 방언').

d. 루스드라에서(14:7~20상)

(1) 이방인들의 미신(14:7~18)

14:7 바울과 바나바는 단순히 핍박을 피하려고 루스드라와 더베로 가지 않았다. 그들은 복음을 전하러 갔다. "거기서 복음을 전하니라"는 말의 구조는 일정 기간 계속된 행위의 연속성을 강조한다.

14:8 로마의 식민지인 '루스드라'는 적어도 절망에 빠진 못 걷는 자의 고향이었다. 이 사람의 끔찍한 상황은 반복되는 표현에서 잘 드러난다. "발을 쓰지 못하는 한 사람이 앉아 있는데 나면서 걷지 못하게 되어 걸어 본 적이 없는 자라." 분명히 루스드라에는 유대교 회당이 없었다. 그래서 하나님은 다른 추진력, 즉 절망에 빠진 못 걷는 자를 치유하여 이 사람들에게 복음을 전하셨다. 이것은 사도행전에서 못 걷는 자가 치유를 받은 세번째 사건이다(3:1~10; 9:33~35).

14:9~10 바울이 이 허약한 사람을 치유한 사건은 3장에 나오는 베드로의 치유와 병행을 이룬다. 각 경우에서 장애인은 나면서부터 걷지 못하는 사람이었다(3:2; 14:8). 베드로와 바울은 치료받는 사람을 주목했다(3:4; 14:9). 그리고 치료받은 두 사람은 뛰고 걸으며 응답했다(3:8; 14:10). 이것은 바울이 사도직에서 베드로와 동등함을 보여 준다(참조, 서문).

14:11~13 루가오니아 사람들의 반응은 이교도들의 경박한 믿음에서 나

온 것이었다. 사람들이 자신들의 방언으로 말했기 때문에, 바울과 바나바는 그들이 뭐라고 말하는지 이해할 수 없었다. 이들이 바나바와 바울을 신으로 여긴 것은 제우스와 헤르메스가 빌레몬과 바우키스라는 루스드라의 나이 든 부부를 방문하고, 그들이 환대에 대한 충분한 보상을 받았다는 전설에서 기인했을 것이다.

제우스와 헤르메스는 각각 로마의 신 쥬피터와 머큐리에 해당하는 신들로서 제우스는 최고의 신이었고 헤르메스는 사자(使者)였다. 그렇다면 왜 바울이 지도자였는데도 바나바가 제우스로 간주되었을까? 아마 바울이 연설자였으므로 헤르메스로 불렸고, 둘 중에 더 소극적인 바나바는 위엄을 갖춘, 막후의 신인 제우스로 보였을 것이다.

자발적으로 "제우스 신당의 제사장이 소와 화환들을 가지고 대문 앞에 와서" 무리와 함께 바울과 바나바에게 제사하고자 했다. 화환은 희생 동물들 위에 놓는 양털로 만든 것이었다.

14:14 '두 사도'는 무슨 일이 일어나고 있는지를 알아차리고서 충격을 받았다. 그들이 옷을 찢은 것은 신성 모독에 대한 강한 혐오를 나타내는 방법이었다. 보통 겉옷의 목둘레를 10~12cm 정도 찢었다.

14:15~18 두 사도가 전한(헬라어는 복수 동사이다) 메시지는 또 하나의 견본 설교이다. 이 설교는 초기의 설교자들이 미신적인 이교도들에게 어떻게 접근했는지를 보여 준다. 그에 반해서 바울의 첫 번째 메시지는 그가 구약성경을 잘 아는 자들에게 어떻게 설교했는지를 보여 준다(참조, 13:16~41).

사도들은 자기들이 신이 아님을 선포한 후에 청중에게 그들이 예배하던 신들을 버리고 진실하고 살아 계신 하나님께 돌아오라고 권면했다. 만물의 창조자이신 하나님은 만물 중 최고이시다(참조, 17:24; 롬 1:19~20). 하나님은 비와 곡식을 만드실 뿐 아니라 음식과 기쁨으로 만족하게 하신다. 이러한 섭리로 말미암아 하나님을 알아볼 수 있다.

어떤 이들은 하나님이 사도 시대 이전에 살았던 이교도들은 심판하지 않으실 것을 의미한다고 사도행전 14:16을 해석한다. 그러나 16절과 17절은 함께 해석되어야 한다. 교회 시대까지 하나님은 모든 족속(즉, 이방인들)에게 아무런 직접적인 계시를 주시지 않았다. 그래서 그들은 창조에서 알 수 있는 일반계시의 응답에 대해서만 책임이 있었다(참조, 17:27, 30과 로마서 주석 1:18~20의 주해).

(2) 바울이 돌로 맞음(14:19~20상)

14:19~20상 다시 한 번 일부 유대인들은 은혜의 복음에 대한 적으로 등장했으며, 바울과 바나바를 신으로 만들려 했던 바로 그 무리를 충동하여서 그들은 바울에게 돌을 던졌다. 이것은 바울의 사역 때문에 무리를 선동한 다섯 번의 사건 중 두 번째 사건이다(참조, 13:50; 16:19~22; 17:5~8, 13; 19:25~34). 바울이 죽었었는지 아닌지는 언급되지 않는다. 아마 그는 의식을 잃고 사경을 헤맸을 것이다(참조, 고후 12:2~4). 아무튼, 그의 회복은 기적이라고 할 만큼 빨랐다. 바울이 돌로 맞았다는 언급(고후 11:25)은 이 사건을 말한다(참조, 딤후 3:11).

e. 더베에서(14:20하-21상)

14:20하~21상 소아시아에 이르는 도시들 가운데 가장 멀리 떨어진 동

쪽의 도시에서 사도들의 사역은 성공적이었다. 복음은 큰 반대에 부딪히지 않았고, 많은 사람이 주 예수님의 제자가 되었다(참조, 20:4).

f. 수리아 안디옥으로 돌아옴(14:21하~28)

14:21하~22 바울의 고향 다소는 더베에서 260km 정도 떨어졌으나, 두 사도는 최근에 세운 교회들을 견고히 하기 위해 소아시아에서 온 길을 되돌아갔다.

바울과 바나바는 경고와 약속으로 신자들을 강하게 하고(참조, 15:32, 41) 권면했다. 이전에 바나바는 수리아 안디옥의 신자들을 권면했다(11:23). 경고는 '많은 환난'에 대한 예언이었고, 약속은 '하나님의 나라'에 들어감에 대한 기대였다. 후자는 분명히 종말론적인 그리스도의 지상 통치를 묘사한다.

14:23 신자들은 의식 고양뿐 아니라 조직도 갖추게 되었다. 바울과 바나바는 "각 교회에서 장로들을 택하"였다. 이 장로들은 믿음의 초보자들이 아니었다(딤전 3:6). 그들은 아마도 성경에 몰두하였던 회당에서 나온 유대인들이었을 것이다. 그래서 회당에서 나온 장로들이 교회의 장로가 되었다.

14:24~28 사도들은 안디옥으로 돌아갔을 때(비시디아와 밤빌리아 속주를 지나온 길을 되돌아가고 버가에서 복음을 전하면서. 참조, 13:13~14), 그들을 파송한 교회에 하나님이 행하신 모든 일을 보고했다. "이방인들에게 믿음의 문을 여신 것"이라는 구절이 가장 중요하다. (1) 그

것은 복음이 이방인에게 전해졌음을 보여 준다. (2) 그것은 율법의 행위로가 아니라 '믿음으로'의 메시지였다. (3) 하나님이 그것을 행하셨다. 왜냐하면 하나님이 그 문을 여셨기 때문이다.

그래서 바울과 바나바가 육지로 1,130km, 해상으로 800km 이상을 횡단하면서 1년 내지 2년이 걸린 1차 선교 여행이 끝난다. 그보다 더 중요한 것은 이 선교 여행이 유대인과 이방인 사이를 막았던 담을 헐었다는 것이다(참조, 엡 2:14~16). 안디옥 교회는 두 사도를 하나님의 은혜에 맡겼으며(참조, 행 15:40), 두 사도는 사역 중에 하나님의 은혜를 체험했다(참조, 13:43; 14:3의 '은혜').

아마도 바울은 1차 선교 여행 직후와 예루살렘 회의 전에 갈라디아서를 썼을 것이다(행 15장).

3. 예루살렘 회의(15:1~35)

a. 할례에 대한 반대(15:1~2)

15:1~2 유대에서 안디옥으로 내려온 사람들은 갈라디아서 2:12에 언급된 이들과 동일한 사람들이기 쉽다. 그들은 할례가 '의롭다 함'에 필수적이라고 주장했다. 아마 그들은 자기들의 신학의 근거를 창세기 17:14과 출애굽기 12:48~49과 같은 구절에 두었던 것 같다.

아무튼 그들은 교회에 심각한 분열을 일으키는 요인이 되었으며, 그래서 그들의 가르침은 바울과 바나바와의 날카로운 논쟁과 변론을 일으켰다.

유대에서 온 이 사람들은 예루살렘 교회에서 어떤 권한도 받지 못하였음에도 불구하고 그들의 교리는 교의적이었다. 그들이 고넬료의 경우(행 10장)나 바나바의 사역(11:22~24)을 어떻게 설명했는지는 기술되어 있지 않다. 아마 그들이 사례로 사용하기에 고넬료의 경우는 유일하고, 11장의 안디옥 교인들의 경우는 대수롭지 않다고 느꼈을 것이다. 이제 이 움직임은 견디기 어려운 지경에 이르렀고, 기독교를 방해하는 도구가 되었다.

안디옥 교회는 이 문제를 예루살렘의 사도들과 장로들과 상의하는 것이 현명하다고 느꼈다. 그래서 그들은 이 임무를 바울과 바나바에게 위탁하였고, 현명하게도 다른 몇 사람을 증인으로 딸려 보냈다. 이 증인들은 사실을 왜곡하여 비난하는 것에 대해서 바울과 바나바를 옹호했을 것이다.

b. 할례에 관한 논의(15:3~12)

15:3~4 대표단은 예루살렘에 가는 길에 베니게와 사마리아에 있는 형제들에게 이방인이 회심했다는 기쁜 소식을 보고했다. 다시 한 번 교회는 기쁨으로 응답했다(참조, 2:46)! 게다가 예루살렘 교회와 지도자들은 바울과 바나바를 영접했다. 이것은 적대자들의 반응이 아니었다.

15:5 바리새파 중에 어떤 믿는 사람들은 솔직하게 이 문제를 진술했다. 후에 바울이 썼듯이(갈 5:3), 할례는 구약성경의 율법 전체를 지키는 것과 연루되어 있었다. 의롭다 하심의 방법은 궁극적으로 성화의 방법을 결정한다(참조, 골 2:6).

15:6~9 "사도와 장로들이 이 일을 의논하러" 모였다. 또한 다른 많은 신자도 참석하였다(참조, 12, 22절).

　　이것은 결코 작은 문제가 아니었다. 많은 변론(제테세오스[ζητήσεως]: '조사, 논쟁, 질문'을 뜻함. 2절; 딤전 6:4; 딤후 2:23; 딛 3:9)이 있었다. 베드로는 지혜롭게도 결과가 뻔하다는 인상을 주지 않도록 잠시 동안 계속해서 변론하게 허용했다. 일반적으로 이 회의는 AD 49년경에 있었다고 본다. 베드로는 '오래 전'부터 하나님이 고넬료를 택하심을 언급할 때 약 10여 년을 회고했다(행 10:1~11:18). 이방인들을 받아들이느냐의 문제는 그때 거기에서 해결되었다. 베드로는, 하나님이 유대인들에게 하셨던 것처럼(2:4; 11:15) 이방인들에게 성령을 주셨기 때문에(10:44-46) 이것은 입증되었다고 말했다. 그래서 하나님은 믿는 유대인과 이방인 사이에 차별을 두지 않으셨다. 모든 사람은 믿음으로 하나님께 나아가게 된다.

15:10 이방인에게 모세의 율법을 지키기 위해서 할례를 받으라고 요구하는 것은 두 가지 결과를 낳을 것이다. (1) 유대인은 하나님을 시험할(페이라제테[πειράζετε]) 것이다(참조, 신 6:16). (2) 그들은 제자들의 목에 견딜 수 없는 멍에를 둘 것이다(참조, 마 23:4). 하나님을 시험하는 것은 사람이 어디까지 하나님의 계획에 동의할 수 있는지를 보는 것이다(참조, 행 5:9). 제자들의 목에 멍에를 두는 것은 두 번째 결과를 적절하게 묘사하는 방법이었다. 왜냐하면 '멍에를 지는 것'은 유대교로 입교하는 이방인 개종자들을 묘사하는 데 사용되었기 때문이다. 그것은 일종의 의무를 가리킨다.

　　이 문제를 논의하면서 베드로는 이방인뿐만 아니라 율법 아래로 들어가는 모든 신자를 거론했다. '제자들'이란 용어는 유대인과 이방인 양쪽에 사용되었다.

15:11 '우리는 그들이 구원받는 것처럼 구원받는다'는 놀라운 진술이다. 율법 아래에 있는 유대인은 정반대로 혹은 역순으로(그들은 우리가 구원받는 것처럼 구원받는다) 말했을 것이다. 하지만 베드로처럼 하나님의 '은혜'를 아는 사람은 그렇게 말하지 않는다. 유대인이든 이방인이든 누구에게나 구원은 하나님의 은혜이며(11절) 믿음으로 받는 것이다(9절. 참조, 갈 2:16; 엡 2:8).

15:12 회의에서 다음으로 연설한 바나바와 바울은 하나님이 자신들을 통해서 이방인 가운데 행하신 '표적과 기사'(세메이아[σημεῖα]와 테라타[τέρατα]. 참조, 2:43[이곳의 주해를 보라]; 5:12; 6:8; 8:6, 13; 14:3)를 묘사했다. 이 말은 특별히 유대인을 설득하여서(참조, 고전 1:22) 그들은 조용히 귀를 기울였다. 이런 반응은 그들이 베드로와 바울과 바나바의 증언에 반대하지 않는다는 것을 암시한다.

c. 할례에 관한 결정(15:13~29)

15:13~14 야고보는 분명히 예루살렘 교회의 수장이었으므로, 다음으로 일어나 요약하여 진술하였다. 그는 예수님의 형제로서 야고보서를 썼다.

그는 말을 시작하면서 베드로의 경험(행 10장)을 언급했다. 야고보는 베드로를 '시므온'이라고 말하여서 예루살렘의 환경에서 더 자연스러운 이름을 사용하였다(사실 헬라어는 쉬메온[Συμεών]인데, 훨씬 더 유대식

철자이다. 이는 신약성경에서 여기와 벧후 1:1에서만 사용되었다).

'처음으로'라는 어구는 매우 중요하다. 왜냐하면 그것은 바울과 바나바가 제일 먼저 이방인들에게 가지 않았다는 것을 확인해 주기 때문이다. 베드로가 이미 말한 대로(행 15:7~11) 이 문제는 바울과 바나바가 1차 선교 여행을 떠나기 전에 원리상 해결되었다(10~11장).

15:15~18 이 회의는 경험의 증언 이상의 것을 요구했다. 그들은 그것이 성경의 증언들과 어떻게 상응하는지를 알고자 했다. 이것은 궁극적인 조사였다.

할례를 받지 않고도 이방인이 구원을 받는다는 것이 구약성경의 교리임을 증명하기 위해서 야고보는 아모스 9:11~12을 인용했다. 이 인용에는 여러 문제가 포함되어 있다.

한 가지 문제는 본문과 연관되어 있다. 야고보는 여기서 히브리어 본문과는 다른 칠십인역(헬라어 구약성경)과 비슷한 본문을 인용했다. 히브리어 성경의 아모스 9:12은 "그들은 에돔의 남은 자와 내 이름으로 일컬음을 받는 모든 민족들을 소유하리라"이다. 그러나 야고보는 '에돔'이 아니라 '사람'(혹은 '인류')이라는 명사를 사용했고, '소유하다'가 아니라 '찾다'라는 동사를 사용했다.

'에돔'과 '아담'의 히브리어 자음은 동일하다(אדם). 모음의 혼란(후대에 모음을 첨가함)은 쉽게 이해가 된다. 히브리어로 '소유하다'(야라쉬[יָרַשׁ])와 '찾다'(다라쉬[דָּרַשׁ])는 자음 하나 차이다. 야고보가 사용한 본문이 원문을 잘 전달할지도 모른다.

또 다른 문제는 주요한 문제로서 해석과 연관되어 있다. 아모스가 이 구절들을 썼을 때 무엇을 의미했는가? 그리고 야고보는 이 구절을 어떻게 사용했는가? 이 구절을 해석하기 전에 몇 가지 조사가 필요하다. (1) 야고보는 아모스 9:11~12이 교회에서 성취되었다고 말하지 않는다. 그는 다만 교회에서 일어난 일이 구약성경의 '예언들'과 완전히 일치한다고 주장했다. (2) '예언들'이란 말은 복수로서, 아모스서의 인용이 일반적으로 이 예언들이 단언하는 것 중 대표적인 것임을 암시한다. (3) 야고보의 요점은 분명하다. 율법과 별개인 이방인의 구원은 구약성경의 예언들과 상반되지 않는다는 것이다. (4) '이 후에'라는 말은 맛소라 본문도 아니고 칠십인역도 아니다. 둘 다 '그날에'라고 되어 있다. 이 구절을 해석하려면 이 요소들을 고려해야만 한다.

성경학자들은 이 구절들을 세 가지 중 한 방법으로 해석한다. 무천년설을 주장하는 사람들은 다윗의 재건된 장막(스케넨[σκηνήν]: 텐트)은 하나님이 이방인에게 복음을 전하는 데 사용하시는 교회를 말한다고 한다. 이 견해가 그럴듯해 보이지만, 여러 문제가 있다.

(1) 사도행전 15:16에서 사용된 동사 '돌아오다'(아나스트렙소[ἀναστρέψω])는 실제로 돌아옴을 의미한다. 누가는 이 동사를 오직 5:22('돌아갔다')과 여기에서만 사용했다(그는 누가복음에서는 그 낱말을 사용하지 않았다). 두 경우에서 이 낱말은 문자적으로 몸이 돌아오는 것을 묘사한다. 하나님의 아들이 아직 몸으로 돌아오시지 않았기 때문에, 이 재건은 일어나지 않았다. (2) 하늘에 계신 그리스도의 현재 사역은 신약성경 어디에서도 다윗의 보좌와 연관시키지 않는다. 그리스도께서는 지금 하나님 우편에 앉아 계신다(시 110:1; 롬 8:34; 골 3:1; 히 1:3; 8:1; 10:12; 12:2; 벧전 3:22). 그리스도께서는 다시 오실 때 다윗의 보좌에 앉으실 것이다(삼하 7:16; 시 89:4; 마 19:28; 25:31). (3) 교회는 신비, 즉 구약 시대의 성도들에게는 계시되지 않았던 진리였다(롬 16:25; 엡 3:5~6;

골 1:24~27). 그래서 아모스서에는 교회가 언급되지 않았다.

이 구절에 대한 두 번째 견해는 보통 전천년설주의자들이 주장하는 것이다. 이 견해에 따르면, 이 구절에는 연대기적으로 네 가지 움직임이 있다. 현재의 교회 시대("이방인 중에서 자기 이름을 위할 백성을 취하시려고", 행 15:14), 그리스도께서 이스라엘에 다시 오심(16상절), 다윗 왕국을 다시 세우심(16하절), 이방인이 하나님께로 돌아옴(17절)이다. 이 견해는 이 구절들을 논리적인 방법으로 해석하지만, 접근 방식은 약간의 난점이 있다. (1) 인용은 '이후에'라는 말로 시작한다. 전천년설주의자들은 야고보도 이 구절을 자신의 해석에 적합하게 사용하였다고 주장한다. 그러나 이 인용이 '이후에'로 시작하기 때문에 야고보는 아모스 9:11의 의미를 인용하여야 했다. 그러므로 이 구절은 사도행전 15:14이 아니라 고난('야곱의 고난 시기', 렘 30:7)을 묘사하는 아모스 9:8~10을 회고한다. (2) '이후에'라는 시간적인 어구가 아모스 9:11 당시를 말한다면, 아모스는 구약 성경에서 교회를 예언했다.

세 번째 견해 역시 전천년주의적이지만 훨씬 더 개연성이 있다. 야고보는 단순히 이방인이 그리스도가 다시 오셔서 다윗의 무너진 장막을 다시 지으시는, 즉 이스라엘 나라를 회복시키는 천년왕국 때에 구원받을 것이라고 주장했다. 아모스는 이방인이 할례를 받아야 하는지에 대해서는 아무 말도 하지 않았다. 여러 요소가 이 해석을 지지한다. (1) 이것은 이 회의의 목적에 꼭 들어맞는다. 만약 이방인이 왕국 시대(천년왕국)에 구원을 받는다면, 왜 그들이 교회 시대에 할례를 받아 유대교 개종자가 되어야 하는가? (2) 이 접근 방법은 아모스 9:11의 '그날에'의 의미에 잘 들어맞는다. 고난 이후에(암 9:8~10) 하나님은 메시아 왕국을 세우실 것이다(암 9:11~12). 야고보는(행 15:16) '그날에'를 하나님이 하나(고난)를 행하시는 '그때에' 하나님은 또 다른 것(고난)을 행하실 것이라는 의미로 해석했다. 이런 의미에서 야고보는 '이후에'라고 말할 수 있었다. (3) 이 해석은 14절의 '처음으로'란 단어에 의미를 부여한다. 고넬료와 그의 가족은 그리스도의 몸 된 교회의 구성원이 된 첫 이방인들 가운데 하나였다. 이방인의 구원은 천년왕국 때 크나큰 축복의 절정에 이를 것이다(참조, 롬 11:12). (4) 많은 예언자는 야고보가 사도행전 15:15에서 말한 바와 같이(예를 들어, 사 42:6; 60:3; 말 1:11), 천년왕국 때 이방인의 구원을 예언했다.

15:19~21 이 신학적인 논쟁의 결론으로 야고보는 실제적인 결정을 내렸다. 그것은 교회가 할례로 이방인들을 괴롭게 하지(파레노클레인 [παρενοχλεῖν]: 귀찮게 하다. 신약성경에서는 여기서만 사용되었다) 말아야 한다는 사려 깊은 판단이었다. 이것은 10절에 나타난 베드로의 정서와 일치한다. '다만'(알라[ἀλλὰ]: 그러나. 강한 반어 접속사) 야고보는 구약성경에 깊이 심취해 있는 사람들을 거스르지 않는 선에서 윤리를 확정하는 문서를 입안하자고 제안했다.

이방인은 이 세 가지를 멀리해야 했다. (1) 우상으로 더럽혀진 음식, (2) 음행, (3) 목매어 죽인 짐승과 피. 많은 성경학자는 이것이 다만 의식적인 문제들이라고 말한다. 우상으로 더럽혀진 음식은 29절에서 '우상의 제물'로 설명된다(참조, 21:25). 말하자면, 이것은 바울이 말한 동일한 문제(고전 8~10장)를 다룬다. 음행의 금지는 레위기 18:6~20의 결혼법의 언급으로 설명된다. 피를 먹지 못하게 금하는 것은 레위기 17:10~14에 그 출처를 둔다. 이 해석에 따르면, 세 가지 금지 사항은 유대교의 의식법으로 되돌아가게 한다.

그러나 이것들은 도덕적인 문제로 보는 게 더 타당한 듯하다. 우상으로 더럽혀진 음식에 관한 언급은 요한계시록 2:14, 20의 의미에서 이해되어야 한다. 이방인이 연회나 축하연을 위해 우상의 신전을 사용하는 일은 관례였다. 바울은 이들 가운데 그리스도인들이 참여함을 정죄했다(고전 10:14~22). 음행은 이방인에게는 일반적으로 용인된 행위로 일상적인 범죄였다. 이를 금하는 신약성경의 명령이 증명하듯이(참조, 고전 6:12~18, 여기서 바울은 부도덕의 요건에 대한 논쟁에 분명히 대답하고 있다), 부도덕의 문제는 그리스도인들 사이에서조차도 너무 자주 되풀이해서 발생하였다.

세 번째 금지 사항은 레위기 17장과 관련이 깊다. 그것은 창세기 9장으로 거슬러 올라가는데, 거기서 하나님은 오늘날까지도 유효한 '계약'인 노아 언약을 세우셨다. 하나님은 사람들에게 피는 빼고 고기를 먹는 특권을 주셨다.

사도행전 15:20의 세 가지 금지 사항은 윤리적 혹은 도덕적인 의미에서 최상의 선택이었다. 그렇다면 그것들은 여전히 오늘날 그리스도인의 의무다. 심지어 피를 넣은 소시지와 날고기를 먹지 않는 것까지 말이다. 신전 연회에 참석지 않거나 음행에 참여치 않거나 고기를 피째로 먹지 않음으로 이방인 그리스도인들은 높은 도덕 수준을 유지하였으며 유대인 형제들에게 불쾌감을 주지 않았을 것이다. 도시마다 이런 제한을 따르지 않는 그리스도인들 때문에 불쾌해하는 유대인들이 있었다. 이 이스라엘 사람들은 이런 도덕 문제를 너무 잘 알고 있었다.

15:22 '온 교회'(참조, 12절)는 이 문제를 알리기로 결정했다. 흥미롭게도 양편의 변호를 위해(2절) 두 증인이 임명되어 바울과 바나바와 함께 갔다. 그들은 글로 쓰인 것을 '말로 확증'하였다(27절). 이 미묘한 문제에 대해서

서로 충분히 연락했을 것이다.

'실라'는 이 '두 사람' 중 하나였다. 이것은 후에 주요 인물이 되는 어떤 사람을 눈에 띄지 않게 이런 장면으로 이끄는 누가의 스타일이다(참조, 40절). 이 두 지도자도 역시 '선지자들'이었으며(32절), 예루살렘 교회의 두 그룹을 대표하였을 것이다. 즉 히브리파를 대표하는(아마도 요셉의 형제인[참조, 1:23]) 유다와 헬라파를 대표하는(로마 시민인[참조, 16:37]) 실라이다.

15:23~29 사도들과 장로들이 가져간 '편지'는 회의 결과를 확증했다. 바나바와 바울에 대한 교회의 칭찬은 '우리가 사랑하는 친구들'이란 말과 바울과 바나바가 '우리 주 예수 그리스도의 이름(참조, 3:16의 주해)을 위하여 생명을 아끼지 아니하였음'(참조, 13:50; 14:5, 19)을 안다는 그들의 말로 증명된다. 이 편지는 성령을 진리를 분별하는 데 있어서 '원동력'으로 중요하게 언급했다.

d. 이방인에게 대표 파견(15:30~35)

15:30~35 유다와 실라와 함께 예루살렘에서 온 파견단은 안디옥으로 내려가(안디옥의 고도는 예루살렘보다 낮다) 편지를 전했다. 안디옥의 형제들은 그 편지와 선지자들인 유다와 실라를 통해 위로를 받았다. 유다와 실라는 교회를 훨씬 더 많이 권면하고 긴 메시지로 굳게 서게 했다.

안디옥의 성도들은 유다와 실라의 사역에 감사하며 축복을 빌고 그들을 보냈다. '평안'이란 말은 삶의 전반에서 잘되기를 바라는 표현이다.

34절은 일부 중요한 헬라어 사본에서 생략되어 있다. 어쩌면 한 서

기관이 실라의 선택을 설명하기 위해서 그것을 나중에 첨가했을 것이다 (40절).

이후 몇 달 동안 '바울과 바나바'는 '안디옥'의 성도들을 계속해서 보살폈다.

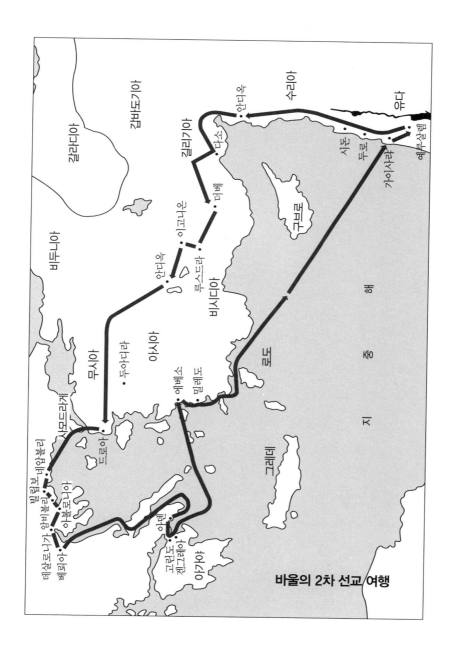

바울의 2차 선교 여행

4. 소아시아 교회들의 확립(15:36~16:5)

[2차 선교 여행, 15:36~18:22]

a. 바울과 바나바의 말다툼(15:36-41)

15:36~41 후에 바울이 바나바에게 1차 선교 여행에서 세운 교회들을 굳건히 하기 위해 다시 여행하자고 제안했을 때, 바나바는 마가를 데리고 가기를 원했다. 바울은 마가가 일찍이 밤빌리아에서 자기들을 떠났기 때문에(참조, 13:13) 이 제안을 반대하였다. 이 말다툼은 그들을 갈라지게 하는 심한 다툼(파록쉬스모스[παροξυσμός]: 성가신, 선동적인, 자극하는. 영어 paroxysm의 어근이다)이 되었다. 주님은 이 분쟁을 끝까지 보시면서 이 선교 여행을 하나가 아니라 두 개의 선교 여행으로 바꾸셨다. 바나바와 마가가 구브로로 가고, 바울과 실라는 수리아와 길리기아와 궁극적으로는 유럽까지 갔다.

아마도 마가에 대한 바울과 바나바의 평가는 둘 다 옳았던 것 같다. 마가는 바울과 같은 친이방인 선교사와 함께 모험에 나서기에는 너무 일렀을 것이다. 하지만 바나바는 생질인 마가에게서 좋은 자질을 분명하고 정확하게 보았다(참조, 골 4:10; 딤후 4:11; 몬 1:24; 벧전 5:13). 후에 바울은 바나바에 대해서 긍정적으로 말했다(고전 9:6; 골 4:10). 사도 바울은 바나바에게 많은 신세를 졌으며, 마가 때문에 일어난 언쟁에도 불구하고 그들이 친구 관계를 유지했던 것 같다.

마가도 바나바도 사도행전에서는 다시 나타나지 않는다. 베드로도 예루살렘 회의 이후에는 나타나지 않는다(행 15장).

바울이 실라(그의 로마식 이름[헬라어로]은 실바누스다[고후 1:19; 살전 1:1; 살후 1:1; 벧전 5:12])를 택한 것은 현명한 처사였다. (1) 그는 예루살렘 회의의 결정을 안디옥에 전하기 위해 예루살렘 교회에서 파견된 공식적인 대표였다(행 15:22). (2) 그는 로마 시민이었다(16:37). (3) 그는 선지자였다(15:32). (4) 안디옥 교회는 그를 잘 알고 있었고, 그래서 바울과 실라는 둘 다 주의 은혜가 함께하기를 바라는 형제들의 축복을 받았다. (5) 실라는 바울의 대필자로 봉사했기 때문에 그가 헬라어에 능통했다고 결론지을 수 있다(참조, 벧전 5:12). 바울과 실라의 사역은 교회들을 굳게 함과 관련된 사역이었다(참조, 행 14:22; 15:32).

b. 디모데 발탁(16:1~5)

16:1~3 '루스드라'가 고향인 '디모데'는 혼혈아였다. 그의 어머니는 유대인이었고 그의 아버지는 헬라인이었다. 아마 디모데는 바울 사도가 루스드라를 처음 방문했을 때 바울의 전도로 개종했을 것이다(참조, 딤전 1:2). 일부는 그가 외조모 로이스와 어머니 유니게를 통하여 주께로 나왔다고(딤후 1:5) 주장한다. 아무튼, 그는 바울의 보호를 받았다. 디모데의 좋은 평판 때문에(행 16:2), 바울은 그를 마가가 행했던 것과 같은 수종자로 선교 여행에 데려가기를 원했다. 그러나 문제가 있었다. 바울이 복음을 전하게 될 유대인들은 디모데가 유대인 어머니를 두었지만 할례를 받지 않았기 때문에 불쾌하게 여겼다. 그래서 디모데는 할례를 받았다. 분명히 그는 아버지의 영향으로 할례를 받지 않았었다.

이것은 디도에게 할례 행하기를 거부했던 갈라디아서 2:3~5에 나타난 바울의 생각과는 다르게 보인다. 그러나 상황이 달랐다. 갈라디아서 2장에서는 의롭다 하심의 문제였고, 여기서는 불쾌감을 주지 않으려는 문제였다(참조, 고전 9:19~23). 물론 예루살렘 회의는 구원을 위해서는 할례가 필요 없다고 결정했다(행 15:10~11, 19). 사도행전 16장에서 바울은 사역을 위해서 이렇게 행했던 것이다. 그것은 현명한 처사였다.

16:4 그들은 여러 성으로 다니면서 예루살렘 회의의 결정을 전달해 주었다(15:23~29). 바울이 1차 선교 여행 이후와 예루살렘 회의 전에 갈라디아서를 썼다고 가정하면 예루살렘 회의가 결정한 사항의 보고는 그가 전하고 썼던 복음을 굳게 세우는 데 기여했을 것이다.

16:5 또 하나의 경과보고와 함께(참조, 서문), 누가는 이 책의 한 부분을 매듭지었다. '굳건해지다'(에스테레운토[ἐστερεοῦντο]: 견고하거나 확실하게 만듦)라는 낱말은 동의어 에피스테리조(ἐπιστηρίζω: 강하게 하다. 14:22; 15:32, 41)와는 구별된다.

C. 에게 해 지방에서의 교회 확장(16:6~19:20)

1. 마게도냐로 부르심(16:6~10)

16:6~7 하나님의 인도하심은 처음에는 부정적이었다. 분명히 이 선교단은 먼저 에베소가 있는 아시아 속주의 서부로 가려 했다. 그래서 그들은 브루기아와 갈라디아 땅 전역을 다녔다(참조, 18:23). 이곳은 갈라디아의

브루기아 지역이라고 보아야 한다. 그런 다음 그들은 북쪽의 무시아 동부로 나아갔다가 비두니아로 들어가려고 했으나, '예수의 영'이 허락지 않으셨다. 이 반대가 어떻게 이루어졌는지는 기록되지 않았다. 그것은 아마 환경이나 예언, 환상 혹은 다른 현상으로 나타났을 것이다. 아무튼, 하나님은 에베소와 비두니아 사람들에게는 나중에 복음을 듣게 하시려고 계획하셨다(참조, 18:19~21, 24~19:41; 벧전 1:1).

16:8~9 마지막으로, 고대 트로이의 유적지에 가까운 에게 해의 항구 도시 '드로아'에서 하나님은 밤에 환상으로 바울에게 확실하게 지시하셨다. 마게도냐는 로마 원로원의 속주였으며 대략 오늘날 북부 그리스와 일치한다.

16:10 '우리'라는 구분이 사도행전에서 여기에 처음 나오는데, 이는 누가가 바울과 실라와 디모데 일행에 합류했음을 나타낸다. 어떻게, 왜 그리고 그 일에 참여한 누가의 정확한 역할은 진술되어 있지 않다.

2. 마게도냐에서의 충돌(16:11~17:15)

a. 빌립보에서(16:11~40)

(1) 루디아의 회심(16:11~15)

16:11 '드로아'에서 '사모드라게'와 '네압볼리'(빌립보로 가는 항구 도시)로 가는 여행은 빨리 진행되었는데, 이는 바람이 순풍이었음을 암시한다(참조, 20:6에서 역풍이었을 때는 여행할 때 5일이 걸렸다).

16:12 이 선교사들은 네압볼리를 떠나 에그나티아 가도(Via Egnatia), 즉 빌립보로 가는 에그나티아 도로를 약 16km 정도 여행했다. 누가는 빌립보를 '로마의 식민지'요 '마게도냐 지방의 첫 성(첫째가는 도시)'이라고 기록했다. 아주 분명하게 누가는 그가 사랑했던 이 도시에 대해 자랑을 늘어놓았다. 그가 이곳에서 자랐고 의과 학교에 다녔다고 말하는 사람들도 있다. 빌립보의 원래 이름은 크레니데스(Crenides, '샘들'[Fountains]이라는 뜻이다)이며, 마게도냐의 필립이 점령하였다가 후에 그의 이름을 따서 빌립보라고 불렀다. BC 168년에 빌립보는 로마의 소유가 되었다.

안토니우스(Mark Antony)와 옥타비아누스(Octavian)가 율리우스 카이사르(Julius Caesar)의 암살자들인 브루투스(Brutus)와 카시우스(Cassius)를 BC 42년에 빌립보 근처에서 격파한 후에 이 도시는 로마의 식민지가 되었다. 이 때문에 로마는 빌립보에 특권을 주었으나(예, 세금 감축), 훨씬 더 중요한 것은 빌립보가 '이식된' 로마처럼 되었다는 점이다(빌립보서 주석 서론에 나오는 빌립보에 대한 설명을 보라). 식민지들의 기본적인 목적은 군사적 목적이었다. 왜냐하면 로마 지도자들은 전략적인 위치에 로마 시민이나 동조자들을 정착시키는 것이 현명한 일이라고 여겼기 때문이다. 그래서 옥타비아누스(BC 27년에 최초의 로마 황제 카이사르 아우구스투스[개역성경은 '가이사 아구스도'로 번역했다]가 되었다)는 BC 31년에 그리스의 서부 해안 악티움(Actium)에서 안토니우스를 이긴 후 빌립보에 더 많은 식민지 개척자들(주로 전직 군인들)을 정착시켰다.

16:13 빌립보의 유대인 인구가 제한되었음이 분명하다. 왜냐하면 거기에 회당이 없었기 때문이다. 회당 하나를 세우는 데는 유대인 남자 열 명이 필요했다. 노천의 한 장소나 간단한 건물이었을 기도처(참조, 16절)는 그

도시에서 서쪽으로 2.5km쯤 떨어져 있는 강기테스 강가에 있었다.

선교사들은 거기에 모인 여자들에게 복음을 전했다.

16:14 루디아는 자색 옷감 장수였다. 자색은 조개류, 뿔고둥 혹은 식물의 뿌리에서 채취했다. 이 여자는 소아시아의 상업 도시 두아디라에서 왔다(참조, 계 2:18~29의 두아디라에 대한 주해). 그녀는 '하나님을 섬기는 자'였다. '하나님을 섬기는 자'라는 용어는 유대교로 개종하지는 않았지만 여호와를 섬기는 이방인들에게 사용되었다(예, 고넬료[행 10:2]와, 데살로니가[17:4]와 아덴[17:17]의 사람들). 그렇다 해도 그들은 그리스도의 몸 된 신약의 교회에 들어오지는 않았다. 주님은 그 여자의 마음을 열어(참조, 눅 24:45) 바울의 말을 듣게 하셨다. 다시 누가는 구원에서 하나님의 주권을 강조한다(참조, 행 13:48).

16:15 분명히 루디아는 그리스도를 믿은 직후에 세례를 받았다. '그와 그 집(안)'에는 그녀가 과부라 하더라도, 그녀의 자식들뿐만 아니라 종들도 포함되었을 것이다. 신약성경에서 '집안' 구성원들과 함께 그리스도께 나아온 다른 인물에는 고넬료(10:24, 44), 빌립보 감옥의 간수(16:31), 그리스보(18:8), 아리스도불로(롬 16:10), 나깃수(롬 16:11), 스데바나(고전 1:16)가 있다.

루디아가 많은 재산을 가진 여인이었다는 것은 그녀의 집의 크기에서 증명된다. 그 집은 그녀의 가족과 함께 네 명의 남자를 어려움 없이 유숙시킬 만큼 충분히 넓었음에 틀림없다(참조, 행 16:40).

(2) 점쟁이 구출(16:16~18)

16:16~18 사람들이 귀신 들린 여종의 점치는 능력을 이용하고 있었다. 그녀에게 미래를 예언하게 한 영에 해당하는 헬라어 두 단어는 영어로 '한 영'(a spirit), '비단뱀'(a python)으로 번역된다. 이 개념은 큰 뱀으로 나타난다고 전해지는 아폴로 신이 있는 그리스의 도시 델포이로 거슬러 올라간다. 아폴로가 원래 델포이의 여자 사제들을 사로잡아서 그들이 미래를 말할 수 있다고 전해졌다. 그러므로 비단뱀(python)의 영으로 사로잡힌 자는 누구라도 다가올 일들을 미리 말할 수 있었다. 실제로 귀신은 그런 사람에게 예언의 권능을 주었다. 귀신들은 거짓 신들에 대한 사람들의 경배를 이용했다(참조, 17:23; 고전 10:20).

여종은 스스로 바울과 그 일행에 들러붙어서 그들이 누구이며('지극히 높은 하나님의 종들') 그들이 무엇을 전하는지('구원의 길') 소리를 지르고 있었다(미완료 시제). 그녀의 진술이 사실이긴 하지만, 하나님의 복음은 귀신에 붙들린 여종과 관련됨으로 손상을 입었다. 그래서 며칠 후 바울은 그 귀신에게 직접 명령하여 축출하였다(사도행전에 나오는 마술적인 것을 이긴 다른 경우들이 8:9~24; 13:6~12; 19:13~20에 기록되었다).

(3) 간수의 회심(16:19~34)

16:19~21 라틴어로 도우비리(douviri)라 부르는 두 명의 지도자가 각각의 로마 식민지를 통치하였다. '상관들'이란 용어는 라틴어와 동등한 말인 헬라어 스트라테고이스(στρατηγοῖς)를 번역한 것이다.

그 여종의 주인들은 바울과 실라를 고소했고, 이는 분명히 불리했다. 이 사건이 있기 바로 전에 황제 글라우디오는 로마에서 유대인들을 추방

했다(18:2). 로마의 식민지인 빌립보에는 반유대주의 기운이 감돌았다. 이 것은 또한 왜 디모데와 누가가 당국자들 앞으로 끌려가지 않았는지를 설명하는 데 도움이 된다. 디모데는 반이방인(16:1)이었고 누가도 이방인이었기 때문이다.

더구나, 바울과 실라는 '로마 사람인 우리가 받지도 못하고 행하지도 못할 풍속'을 전하여 그 도시를 소란케 했다고 고소당하였다. 로마는 식민지 사람들이 그들의 종교를 갖도록 허용했으나 로마 시민으로 전향하도록 허용하지는 않았다. 시민 지도자들은 유대교와 기독교를 구분할 수 없었고(참조, 18:14~15), 그래서 그들은 바울과 실라의 전도를 제국의 법을 위반한 극악한 것으로 간주했다.

16:22 군중에 떠밀려 "상관들이 옷을 찢어 벗기고 매로 치라"고 명령했다. '치다'라고 번역된 동사는 랍디조(ῥαβδίζω)에서 유래되었으며, '막대기로 때리다'라는 뜻이다. 이것은 고린도후서 11:25에 언급된 바울의 '세 번 태장으로 맞고'에 사용되었다. 이것은 이 구절을 제외하고 신약성경에서 이 동사가 나오는 유일한 곳이다.

16:23~24 바울과 실라는 심하게 맞은 다음 감옥에 던져졌다. 그들이 복음을 전한 유럽의 첫 도시에서 받은 대접이 이것이라니! 간수는 그들을 든든히 지키라는 엄한 명령을 받고 그들을 깊은 감옥(아마 지하감옥, 최소한 가장 안전한 감옥)에 넣어 발에 차꼬를 든든히 채웠다.

16:25 바울과 실라가 깊은 감옥에서 찬미함은 사도행전의 주제 중 하나인 '기쁨'에 특별한 의미를 부여한다(참조, 시 42:8의 "밤에는 그의 찬송

이 내게 있어"). 하나님뿐만 아니라 다른 죄수들도 그의 기도와 찬미를 들었다.

16:26 이 초자연적인 구출은 독자들에게 베드로가 당한 유사한 경험을 상기시킨다(참조, 5:18~20; 12:3~11). 이것은 분명히 감옥에서는 있을 수 없는 한밤중의 경험이었다. "큰 지진이 나서 옥터가 움직이고 문이 곧 다 열리며 모든 사람의 매인 것이 다 벗어진지라."

16:27~28 간수는 탈옥수들에 대한 책임을 져야 했기 때문에(참조, 12:19), 칼을 빼 자결하려고 했다. 그러나 이것을 본 바울은 죄수들이 도망가지 않았다고 그를 안심시켰다. 아마도 다른 죄수들은 바울과 실라의 하나님을 너무 감동하게 되어 감히 도망가지 못했을 것이다.

16:29~30 간수는 바울과 실라의 감방으로 가서 떨며 엎드렸다. 그리고 그들을 바깥으로 데리고 나가서 물었다. "선생들이여 내가 어떻게 하여야 구원을 받으리이까." 이 질문은 매우 중요하다. 그는 자신이 묻는 것을 이해하고 있었음이 틀림없다. 의심할 바 없이, 그는 여종의 이야기와 그 여자가 이들이 구원의 길을 전하는 하나님의 종들이라고 말했던 것을 들었었다(17절). 또한 바울과 실라의 기도와 찬미(25절)가 그의 귀에도 들렸을 것이다.

　무서운 지진과 이어서 죄수들이 도망갈 수 있었던 기회와 바울의 안심시키는 말, 이 모든 것은 그로 하여금 구원의 길을 묻게 하였다.

16:31~32 31절은 믿음의 메시지로 핵심 구절이다. 의롭다 하심을 얻는

데 필요한 모든 것은 주 예수님을 믿는 믿음이다. 간수는 자기가 무엇을 해야 하는지 물었다. 그 대답은 어떤 일을 하는 것이 아니라, 오직 주 되신 예수님을 믿는 믿음만이 필요하다는 것이었다.

'네 집'이라는 말은 믿음을 가질 수 있을 만큼 충분히 나이 든 '그의 집'의 구성원들이 그리스도를 믿을 때 구원을 받을 것이라(참조, 34절)는 의미다.

16:33 간수는 바울과 실라의 상처를 '씻어 주었다'(참조, 23절). 간수가 자기 죄수에게 이렇게 대하다니 놀라운 일이다. 그런 다음 그의 모든 가족이 죄 씻음을 증언하는 물세례를 받았다.

16:34 간수는 죄수였던 자들을 집으로 데려와 음식을 먹였다! 그리고 그의 가족은 크게 기뻐했다. 다시 한 번 승리한 복음의 증거는 '기쁨'이었다.

(4) 바울과 실라가 놓임(16:35~40)

16:35~36 분명히 그 간수는 바울과 실라를 데리고 다시 감옥으로 돌아갔다. 무엇이 상관들의 마음을 그렇게 빨리 변화시켰는지는 언급되지 않는다. 아마도 지진이 그들을 놀라게 했거나 자신들이 얼마나 공정치 못하게 행했는지를 뒤늦게 반성하였을지도 모른다.

16:37~40 상관들이 자신과 실라를 감옥 밖으로 데리고 나가게 하라는 바울의 요구는 앙심을 품은 것처럼 보인다. 그러나 그것은 아마도 빌립보의 유약한 교회가 더 공격을 받지 않도록 하려는 계획일 수도 있다. 그 일

은 분명히 믿는 자들을 관리들 앞에서 훨씬 더 안전한 위치에 서게 했을 것이다.

그러나 왜 바울은 자기가 로마 시민이라고 말하기를 그렇게 오래 지체했는가? 아마도 심문장에서의 소란(19~22절) 때문에 그의 말이 들리지 않았을 것이다. 아니면 바울이 이 말을 하기에 가장 적당한 시간이 되기까지 의도적으로 지체했는지도 모른다. 로마 시민으로 태어난(22:28) 바울은 공청회를 포함하는 확실한 권리를 가지고 있었다. 그리고 로마 시민을 채찍질하는 것은 금지되어 있었다.

사도행전의 두 군데, 즉 빌립보와 에베소(19:23~41)에서만 바울이 이방인들에게 해를 받고 위협을 받았다. 두 경우에서 사람들은 이권에서 금전상의 손해를 보았고, 그때마다 바울은 로마 관원의 변호를 받았다. 감옥에서 풀려나온 후에 바울과 실라는 루디아의 집에 들어가서 형제들을 만났다(참조, 16:15).

바울의 떠남으로 첫 번째 '우리' 부분은 끝났고, 누가는 빌립보에 계속 남았다(참조, 16:40의 '그들').

b. 데살로니가에서(17:1~9)

17:1 빌립보에서 데살로니가로의 여행은 대략 160km 정도 되었으며, 에그나티아 가도에서 대략 48km 떨어진 암비볼리와 아볼로니아를 경유하였다. 바울이 체류하지 않았던 두 도시에는 분명히 유대인 회당이 없었다. '회당'은 복음을 위한 최고의 접촉 장소를 제공하여서(참조, 10절) 바울은 데살로니가(오늘날의 살로니카)에 머물러 복음을 전했다.

17:2 '세 안식일'의 언급은 선교사 일행이 데살로니가에서 단지 3주만 머물렀음을 뜻하지는 않는다. 바울은 세 안식일 동안 유대인에게 집중하여 일한 다음 이방인을 위해 몇 주간 더 복음을 전했다. 이 상황은 세 가지 이유에서 드러난다. (1) 빌립보 교회는 이 방문 기간 동안(빌 4:15~16) 바울에게 최소한 두 번 돈을 보냈다. 이것은 3주 이상 경과했음을 암시한다. (2) 덧붙여 바울은 육체적인 노동을 함으로 자립했다(살전 2:9; 살후 3:7~10). 이것은 빌립보에서 지원금이 도착하기 전까지 상당한 기간이 경과했음을 나타낸다. (3) 대부분의 데살로니가 회심자는 회당 출신이 아니었으며 우상에 젖어 있던 이방인들이었다(참조, 살전 1:9).

17:3~4 바울과 실라는 십자가에 못 박히시고 부활하신 예수님이 그리스도(메시아)임을 전파하였고, 사역 중에 여러 사람을 만났다. 즉 몇몇 유대인들, '경건한 헬라인의 큰 무리'(참조, 16:14에서 '하나님을 섬기는 자'라 불리던 루디아에게 같은 헬라어가 사용되었다. 참조, 17:17의 같은 단어), '적지 않은 귀부인'(참조, 12절) 등이다. 여러 민족 그리고 갖가지 사회 계층의 사람들이 복음의 메시지를 들었다.

17:5 누가는 분명히 계속되는 유대인의 배척을 재차 강조하려고 이 사건을 포함시켰다. 야손은 바울과 실라에게 숙소를 제공하였을 것이다. 유대인들은 바울과 실라를 '백성에게 끌어내리고 찾았다.' 데살로니가는 지역의 사건을 주관하였으며, 이런 일로 속주 정부에 종속되지 않는 자유 도시였다. 지역 통치자 외에도, 데살로니가는 데모스(δῆμος)라 불리는 자체 지역 의회를 갖고 있었다. 여기서는 이 데모스가 '백성'이라고 번역되었다 (NIV의 주를 보라. 참조, 19:30['백성'], 33['백성']에서 이 명사가 나온다).

17:6~7 폭도는 바울과 실라를 찾지 못했기 때문에 야손과 다른 신자들을 끌어내어 '읍장들'(폴리타르카스[πολιτάρχας]: 문자적으로, '시의 통치자들') 앞에 가서 고소했다. 마게도냐 도시들에서는 이 상관들이 시 의회를 구성했다. 특별히 야손(아마도 바울의 친척일 것이다. 참조, 롬 16:21)에 대한 혐의는 "천하를 어지럽게 하는 자들이 여기도 이르매(분명히 과장이었다) 가이사의 명을 거역하여 … 다른 임금 곧 예수라 하는 이가 있다"고 말한다는 것이다. 이 후자의 혐의는 유대인들이 모든 폭도의 배후에 있었음을 암시한다(참조, 행 17:5). 그들만이 바울의 신학을 충분히 알고 있어서 그런 고소를 하였다(유대인들도 역시 예수님의 '왕' 되심의 선포로 예수님을 고소했다, 눅 23:2). 더욱이 그것은 바울의 선포 내용을 반영하고 있다. 데살로니가 서신이 지적하듯이, 바울은 메시아 왕국이 그리스도의 재림 때에 건설된다고 선포했다(살전 3:13; 5:1~11; 살후 1:5~10; 2:14. 참조, 눅 23:2; 요 18:33~37).

17:8~9 무리와 읍장들은 소동하였다(에타락산[ἐτάραξαν]: 모이다, 어지럽히다, 성가시게 하다. 참조, 요 11:33; 행 16:20). 아마도 그들이 문제의 원인인 바울과 실라를 찾지 못했기 때문일 것이다(17:6). 보석금을 낸 것은 바울과 실라가 이 도시를 떠나 다시 돌아오지 않는다는 것을 보증하는 것이었다. 만약 소동이 더 일어나면, '야손과 그 나머지 사람들'은 돈을 잃게 될 것이다. 이것이 바울이 돌아가는 것이 막혔던 이유였을 것이다(살전 2:18). 이 사건에도 불구하고 데살로니가의 그리스도인들은 용감하게 계속 복음을 전하였다(살전 1:7~10; 참조, 2:14~16).

c. 베뢰아에서(17:10~15)

17:10 밤을 이용하여(참조, 바울의 다른 한밤중 도피, 9:25) "형제들이 바울과 실라를 베뢰아로 보냈다." 디모데는 이들과 동행했거나 후에 베뢰 아에서 합류했을 것이다(참조, 17:14). 베뢰아는 산의 동쪽 경사면에 있는 데살로니가의 남서쪽 약 75km 지점에 있었다. 베뢰아는 또한 오늘날 남부 그리스와 일치하는 속주 아가야로 가는 도상에 있었다. 소바더는 베뢰아 출신이었다(20:4). 항상 그러했듯이, 바울과 실라는 '회당으로 갔다'(참조, 17:2, 17; 18:4, 19; 19:8).

17:11~12 베뢰아의 유대인들은 데살로니가 사람들보다 더 너그러웠다. 그들은 바울의 메시지를 "간절한 마음으로 받고 그러한가 하여 날마다 성경을 상고"하였다. 이것은 일부만 믿고(4절) 대다수는 바울을 시기해서 소동을 일으켰던 데살로니가의 유대인들과 달랐다. 베뢰아인의 말씀에 대한 관심은 많은 유대인과 헬라인의 회심으로 이어졌다. 데살로니가에서도 베뢰아에서도 귀부인들은 그리스도를 영접했다(4, 12절).

17:13~14 다시 한 번 (데살로니가에서 온) 유대인 불신자들은 바울을 축출하라고 강요했다. '소동하게 하다'는 8절의 '소동하여'에서 사용된 것과 같은 헬라어에서 파생된 것이다. 바울이 남쪽으로 간 동안에 실라와 디모데는 베뢰아에 남아서 연약한 교회를 세우는 일을 도왔다.

17:15 바울이 아덴으로 갈 때 배로 갔는지 육지로 갔는지는 알지 못한다. 어떤 경우였든지 몇몇 형제들이 동행하여 바울이 안전하게 도착하도

록 도왔다. 바울은 그들에게 실라와 디모데를 속히 자기에게 보내라고 지
시했다. 실라와 디모데가 아덴에서 바울을 만났던 일은 데살로니가전서
3:1~2, 6에 분명히 나타난다. 또한 실라는 바울의 위임을 받고 아덴을 떠
났다가 고린도에서 그와 만났다(참조, 행 18:1~5).

3. 아가야에서의 증거(17:16~18:18)

a. 아덴에서(17:16~34)

17:16 BC 4~5세기의 그리스의 영광은 바울 시대에 사라져 가고 있었으
며, 헬레니즘의 자랑스러운 중심지인 '아덴'조차도 전성기의 막을 내렸다.
그렇다 하더라도 아덴은 여전히 세계적으로 유명한 대학이 있는 주요한
문화적 중심지였다. 아덴의 유명한 건물 중 많은 것들이 지도자 페리클레
스(Pericles, BC 461–429년) 때에 건축되었다. 그 건축물들과 예술상들이
아름답기는 했지만, 바울은 온 성에 우상이 가득한 것을 보고 마음이 분
하여 즐거워할 수 없었다. 아덴의 예술은 아덴의 종교성을 반영했다. 세계
의 지적(知的) 수도는 우상숭배를 낳고 있었다.

17:17 이 도시에서 바울은 '회당'과 '장터' 두 곳에서 영적 전쟁을 했다. 그
는 회당에서 구약성경이 예수님이 메시아라는 것을 증명한다는 일반적인
접근 방법을 사용했다(참조, 2~3절). 그 회당에는 '유대인들'과 '경건한' 이
방인들이 있었다(4절). 철학자들이 논쟁을 벌이고 자기 견해를 밝히는 장
터(아고라[ἀγορᾷ]: 시민 생활의 중심지)에서는 바울은 만나는 사람들과
변론했다.

17:18 아고라(장터)에서 바울의 주요 적대자들은 '에피쿠로스와 스토아 철학자들'이었다. 에피쿠로스(BC 341-270년)를 따르는 에피쿠로스 철학 자들은 인간의 주요 목표가 쾌락과 행복이라고 말했다. 그들은 극단과 죽음과 두려움을 피하고, 조용함과 고통으로부터의 자유를 추구하며, 인류를 사랑함으로 이 쾌락을 얻을 수 있다고 믿었다. 그들은 신들이 존재한다고 해도 전혀 인간사를 간섭하지 않는다고 믿었다.

다른 한편 스토아 학파 사람들은 제논(BC 약 320-250년)의 추종자들로서, 주랑 현관 혹은 아덴에서 제논이 가르쳤던 장소인 스토아에서 그들의 이름을 따왔다. 범신론적인 견해를 가진 그들은 가장 위대한 '목적'이 방향을 결정하는 역사라고 느꼈다. 인간의 의무는 비극과 승리를 통하여 자신을 이 목적에 맞추는 것이었다. 확실히 이 견해는 고상함을 낳은 반면에 또한 지나친 자존심과 자만심을 낳기도 하였다.

이 철학자들은 바울을 만나 "쟁론할새 어떤 사람은 … 이 말쟁이가 무슨 말을 하고자 하느냐"고 물었다. '쟁론하다'는 쉬네발론(συνέβαλλον: 문자적으로 '함께 던지다', 다시 말해 사상을 앞뒤로 던지다)이다. 이것은 바울이 회당에서 한 것과는 약간 다르다. 그는 회당에서는 변론하였다(디엘레게토[διελέγετο]: 의논하다, 대화하다. 17절; 참조, 2절; 18:4, 19; 19:8의 같은 단어). '말쟁이'로 번역된 단어는 스페르몰로고스(σπερμολόγος)인데, 문자적으로 '씨를 따는 사람'이라는 뜻이다. 그것은 씨를 쪼는 새와 같이, 여기저기서 지식을 얻어 자신의 것처럼 던져 내놓는 사람을 가리킨다. "어떤 사람은 … 이방 신들을 전하는 사람인가 보다"라고 말했다. 이런 반응은 그들이 바울의 그리스도와 '부활'의 교리를 파악할 능력이 없었기 때문이었다. 그것은 그들의 사고와 완전히 이질적이었다(참조, 17:31~32).

17:19~21 '아레오바고'는 문자적으로 '아레스 언덕'이라는 뜻으로, 아덴의 재판과 입법을 위한 최고 기관인 아레오바고 의회의 모임 장소였다. 사도 시대에는 아레오바고 의회의 권력은 종교와 교육에 대한 감독으로 축소되었다.

바울 시대에 이 의회가 어디서 열렸는지에 대해서는 몇 가지 의문이 있다. 혹자는 아고라의 뒤편과 아크로폴리스의 정서쪽에 있는 마르스 언덕(Mars Hill)에서 열렸다고 생각한다. 다른 사람들은 아고라 안에 있는 건물인 스토아 바실레이오스에서 열렸다고 말한다. 이 의회는 자기들의 귀에 이상하게 들리는 바울의 새로운 가르침에 대해 알기를 원했다. 고대 세계의 지적 중심지인 아덴 사람들과 외국인 거주자들은 최근의 사상을 논쟁하기를 즐겼다. 이 개방성은 바울에게 메시지를 전파할 기회가 되었다.

17:22 바울의 또 다른 '견본 설교'가 이 구절부터(그리고 31절까지 계속됨) 시작된다(참조, 13:16~41; 14:15~18; 20:18~35). 이것은 바울이 지적인 이교도들에게 어떻게 설교했는지를 보여 준다. 이 메시지의 초점은 분명했다. 피조물에 자신을 계시하신 창조주 하나님은 이제 모든 사람들에게 회개를 명령하셨다. 왜냐하면 모든 사람은 하나님이 죽은 자 가운데서 살리신 예수 그리스도에게 고백해야만 하기 때문이다.

바울의 연설은 세 부분으로 되어 있다. (1) 서론(17:22~23), (2) 알려지지 않은 하나님(24~29절), (3) 하나님에게서 오는 메시지(30~31절)이다.

바울은 그들이 종교심이 많은 것을 알고 지혜롭게 시작했다. '종교심이 많다'는 헬라어 데이도(δείδω: 두려워하거나 경외하다), 다이몬(δαίμων: 신들, 악령들), 스테레오스(στερεός: 딱딱한, 단단한)에서 파생한 데이시다이모네스테루스(δεισιδαιμονεστέρους)를 번역한 것이다. 이 말은 아덴 사람들이 그들의 신들에 대한 존경심에서 확고하고 단단했다는 것이다. 이것은 신중하게 선정된 말이다. 이 말을 듣고 아덴 사람들은 그들의 신들을 생각했다. 그러나 바울은 그들의 신들이 악한 영들 혹은 귀신들이지 신이 아님을 날카롭게 암시했다. 우상 뒤에는 귀신들이 있다(참조, 16:16의 주해).

17:23 아덴 사람들은 자신들이 알지 못하는 어떤 신에 대한 경배를 간과할까 봐 두려워했기 때문에 '알지 못하는 신에게'라는 제단을 드렸다. 바울이 이 일을 언급했을 때 그는 이 제단을 강조한 게 아니고 참 하나님을 알지 못하는 그들의 무지를 강조했다.

17:24 하나님은 모든 것을 만드셨기 때문에, 그분은 만유의 신이시고 "천지의 주재이시다"(참조, 14:15; 참조, 시 24:1). 아덴 사람들은 그들의 신들이 손으로 지은 전에 살고 있다고 추측하지만, 이렇게 위대하신 하나님은 인간이 건축한 전에 계시지 않는다(참조, 행 7:48~50의 스데반의 연설).

17:25 하나님은 인간의 신전들을 초월해 계시고 스스로 충분하시며 사람의 공급에 의존하지 않으신다. 이 진리는 하나님 혹은 신들이 인간사를 초월해 있다고 믿는 에피쿠로스 철학자들의 관심을 끌었다.

하나님이 사람에게 생명(참조, 28절)과 물질적 필요(참조, 14:17)를 공급하심을 다루는 이 구절의 끝부분은, 생명을 우주의 '목적'으로 연결시키는 스토아 철학과 들어맞았다. 그래서 바울은 청중의 수준과 그들의 잘

못된 진리의 개념을 파악하고서 그들을 이끌기 시작했다.

17:26 '한 혈통으로'라는 말은 아담으로 거슬러 올라간다. 이것이 아덴 사람들의 자존심을 강타했을 것이다. 그들도 다른 모든 사람과 마찬가지로 같은 창조에 근원을 두었다! 창조의 한 목적은 지구에 인류를 거주케 하는 것이었다(창 1:28).

전능하신 하나님은 민족들로 역사(연대)와 경계(알맞은 장소)를 공포하셨다(참조, 신 32:8). 그리스는 지구상 유일한 민족이 아니었다!

17:27 창조와 역사로 자신을 계시하신 하나님의 목적 가운데 하나는 사람들이 자기를 발견하게 하려 함이었다(참조, 롬 1:19~20). 주재이심에도 불구하고(행 17:24), 하나님은 또한 내재해 계시며 발견되지 않을 정도로 그렇게 멀리 떨어져 계시지 않는다.

17:28 이 요점을 지원하기 위해서 바울은 분명히 그레데 시인(바울이 후에 딛 1:12에서 다시 인용하는)인 에피메니데스(Epimenides)의 시를 인용했다. "우리가 그를 힘입어 살며(참조, 행 17:25), 기동하며 존재하느니라." 또한 바울은 자기의 고향 길리기아 출신의 시인 아라투스(Aratus)의 시를 인용했다. "우리가 그의 소생이라." 두 번째 인용은 아라투스의 작품 파이노메나(Phainomena)에서 따온 것이다. 모든 사람, 즉 다른 사람들과 함께 아덴 사람들은 하나님의 소생이다. 이것은 그들 모두가 구속받은 자녀이거나 모두가 신의 속성을 소유했다는 의미에서가 아니라, 그들이 하나님으로부터 창조되었고 하나님께로부터 생명과 호흡을 받았다는(25절) 의미에서다. 아덴 사람들이 창조되어 여태 살아온 것은 바로 그들이 알지

못한 하나님께 달려 있었다! 이것은 지금까지 헬라인들이 경배하는 어떤 거짓 신들을 근거로 하여 선포될 수 없었다.

17:29 결론은 불가피하다. 인간이 하나님으로 말미암아 창조된 이래로 신적인 존재인 그분은 인간이 고안하여 건축한 우상의 형태로 존재하실 수 없다(참조, 롬 1:22~23; '신적인 존재'는 데이온[θεῖον]을 번역한 것이다. 문자적으로, 고전 헬라어에서 자주 사용된 '신적인 본성'을 의미한다. 그러나 신약성경에서는 오직 여기와 벧후 1:3~4에서만 사용되었다). 이것은 '우상이 가득하고'(행 17:16) '예배의 대상들'(23절)로 가득 찬 도시 아덴의 사람들에게 가히 혁명적인 개념이었다.

17:30 하나님은 우상을 만든 인간의 무지를 간과하셨다. 즉 그분은 참으셨다. 사람들은 그분의 진노 아래 있으며(롬 1:18) 자연의 계시를 통하여 알게 하셨기 때문에 변명할 수 없음에도 불구하고(롬 1:19~20), 하나님은 "길이 참으시는 중에(아노케[ἀνοχή]: 미루다, 연기하다), 전에 지은 죄를 간과하셨다"(롬 3:25). 이것은 사도행전 14:16의 "하나님이 지나간 세대에는 모든 민족으로 자기들의 길들을 가게 방임하셨으나"와 일치한다(참조, 14:16의 주해). 모든 세대를 통하여 이방인은 자기들에게 주어진 일반계시에 대한 책임이 있었다. 이제는 복음이 세계로 전파되기에 이방인들도 특별계시에 대한 책임을 진다. 그것에 대한 응답은 자기의 죄를 회개하라는 하나님의 명령에 순종하는 것이다.

17:31 이 시점에서 바울은 분명하게 기독교의 견해를 소개했다. '정하신 사람'이라는 언급은 하나님의 아들을 얘기하는 다니엘 7:13~14로 거슬

러 올라간다. 하나님 아버지께서 정하신 이 사람이 천하를 공의로 심판 하실 것이다(참조, 요 5:22). 그리스도의 인격과 사역의 입증은 그의 부활 이었다. 여기서 다시 예수님의 부활이 선포되었다. 부활의 개념(참조, 행 17:18, 32)은 헬라 철학과는 양립할 수 없었다. 헬라인은 자신들의 몸을 버리고 다시 취하지 않기를 원했던! 개인적인 심판도 헬라인의 구미에 맞지 않았다. 복음 메시지는 아덴 사람들의 무지의 중심을 강타했다.

흥미롭게도 바울은(30~31절) 예수님이 말씀하신 성령이 죄인들을 책망하신다고 했던 똑같은 분야인(요 16:5~11) 죄('회개하여'), 의('정의')와 심판('그분이 심판하실 것이다')의 주제들을 논했다.

17:32~34 죽은 사람이 무덤에서 일어나 영원히 산다는 것을 믿는 것은 헬라인에게 어리석어 보였다. 그래서 어떤 사람들은 그를 조롱하였다. 좀 더 신중한 사람들은 이 일에 대해서 다시 듣기를 원한다고 말했다. 결과 적으로 아레오바고 관리(다시 말해, 의회원. 참조 19절의 설명) 디오누시 오와 다마리라는 여자를 포함한 몇 사람이 바울의 추종자가 되어 믿었다. 사도행전에 나오는 다른 여자 회심자들에는 루디아(16:14~15), 데살로니 가의 몇몇 귀부인들(17:4)과 베뢰아의 많은 헬라 귀부인들이 있다(12절).

아덴에서 바울의 사역은 실패했는가? 이것은 평하기가 어렵다. 아덴 에 교회가 세워졌다는 기록은 없다. 후에 바울은 고린도에 있는 스데바나 의 가족을(고전 16:15) 아가야의 '첫 회심자들'(문자적으로 '첫 열매들')이 라고 말했다(아덴은 아가야 지방에 있다). 사도행전 17:34이 주장하는 것 처럼, 아덴에서 여러 사람이 회심하였다면 어떻게 이렇게 말했겠는가? 아 마도 그 해결은 스데바나의 가족을 아가야 교회의 첫 열매들로 생각하는 데서 찾을 수 있다. 또한 '첫 열매들'이란 용어는 한 사람 이상에 사용될 수 있다.

아덴에서 교회가 시작되지 않았다면, 바울의 메시지나 방법에는 실패가 없었으나 아덴 사람들의 마음이 완고했기 때문에 실패했을 것이다.

b. 고린도에서(18:1~18)

18:1 상황 설명 없이 누가는 "그 후에 바울이 아덴을 떠나 고린도에 이르러"라고 간단하게 기록했다. 아덴과 고린도는 겨우 80km 정도 떨어져 있지만 판이하게 달랐다. 아덴은 문화와 지식으로 유명했으며, 고린도는 상업과 방탕으로 유명했다. 고린도는 북쪽의 아가야와 펠로폰네소스라 불리는 반도를 연결하는 좁은 지협의 정남쪽에 위치하였다. 해상 무역이 동서로 교류되고 육상 무역은 고린도를 통하여 남북으로 진행되었다. 고린도에는 두 개의 항구 도시가 있었다. 그것은 아드리아 해로 열렸던 고린도만에서 서쪽으로 약 3km 떨어진 레카에움(Lechaeum)과 에게 해에서 무역품을 가져오는 남동쪽으로 약 11km 떨어진 겐그레아(Cenchrea)이다. 펠로폰네소스 반도의 남단 끝은 대양 여행을 하는 데 위험했다. 그래서 선박들은 고린도의 두 항구 중 한 곳에 정박하여 화물을 운항하려는 지협의 다른 쪽으로 가로질러 옮겼다.

BC 146년에 로마인들이 고린도를 파괴하였다. 그러나 고린도의 전략상 위치는 이 도시를 쇠퇴하게 놔두지 않았다. 고린도는 한 세기 후인 BC 46년에 재건되었다.

상업과 여행자들로 유지되는 도시가 그러하듯이, 고린도는 방탕하고 음란한 생활로 특징지었다. 이 도시는 종교의 이름으로 부도덕을 촉진한 사랑의 여신 아프로디테를 예배하는 중심지였다.

정치적으로 고린도는 로마의 식민지였고 아가야 속주의 수도였다. 바울이 고린도에 갔을 때의 감정들이 고린도전서 2:1~5에 나타난다. 그가 인정한 약함, 두려움, 떨림은 여러 가지 요인에서 비롯되었을 것이다. (1) 그는 혼자 왔다. (2) 마게도냐로 온 이후로 그가 직면한 어려움은 고린도에서 일어날 일들에 대한 두려움으로 가득하게 했을 것이다(참조, 행 18:9~10). (3) 방탕에 무감각해진 세상에서조차도 고린도는 음탕하다는 평판을 얻고 있었다.

바울이 홀로 고린도에 왔다는 사실은 그가 보통은 다른 사람에게 세례를 위탁했으나(참조, 고전 1:14~17), 이 도시에서는 자기가 직접 몇 사람에게 세례를 준 것의 이유가 된다.

18:2 바울은 고린도에서 '아굴라와 그의 아내 브리스길라'를 만났다. 아굴라는 흑해 남쪽 소아시아의 북동쪽에 있는 속주 본도 출신의 유대인이었다. AD 49년이나 50년에 모든 유대인은 로마를 떠나라는 글라우디오의 칙령 때문에 로마를 떠난 아굴라와 브리스길라는 장사를 위하여 고린도로 와야 했다(글라우디오는 AD 41~54년까지 재임했다. 누가복음 주석 2:1의 '신약 시대의 로마 황제들' 표를 보라). 로마 황제들의 전기 작가 수에토니우스(Suetonius, AD 69?~140년)는 이런 법령과 같은 일이 일어났었다고 기록했다. 수에토니우스는 《글라우디오의 생애》(*Life of Claudius*)에서 크레스투스(Chrestus)의 선동으로 지속적으로 폭동을 일으킨 유대인들을 언급했다. 아마도 크레스투스라는 이름은 그리스도를 가리킬 것이다.

아굴라와 브리스길라가 바울을 만나기 전에도 그리스도인이었는지는 알려지지 않았다. 아굴라가 유대인이라고 해서 그가 그리스도를 알고 있었다고 할 수는 없다(참조, 유대인 아볼로, 행 18:24). 그들이 신자였기 때문에 바울이 그들과 함께 지냈다고 주장할 수도 없다. 바울은 그들이 장막을 만드는 자들이었기 때문에 함께 머물렀다(3절).

브리스길라의 이름이 여러 번 아굴라의 이름 앞에 나온다(18~19, 26절; 롬 16:3). 이것은 그녀가 지체 높은 가문 출신이기 때문일 수도 있다.

18:3 그들의 생업은 '장막을 만드는 것'이었다. 이것에 사용된 용어는 스케노포이오이(σκηνοποιοὶ)인데, 어떤 사람들은 이것이 가죽 만드는 일까지 포함한다고 말한다. 바울의 고향 속주 길리기아에서 잘 알려진 대로 염소 털이 장막을 만드는 데 사용되었던 것처럼 아마 가죽도 사용되었을 것이다.

지금도 중동에서 그렇듯이, 작업실은 아래층에 있고 숙소는 위층에 있었다.

18:4 다시 한 번 바울은 습관대로 회당에서 복음 전도 사역을 시작했다(참조, 9:20; 13:5, 14; 14:1; 17:2, 10, 17; 18:19; 19:8).

18:5 "실라와 디모데가 마게도냐로부터 내려오매"(참조, 17:14~15), 바울은 하나님의 말씀에 붙잡혔다. '붙잡혔다'로 번역된 동사는 쉬네이케토(συνείχετο: 쉬네코[συνέχω]에서 온 것)인데, 여기서는 수동태로 '강요되다'라는 뜻이다.

실라와 디모데의 도착은 여러 가지로 바울에게 위안이 되었다. (1) 두 사람은 분명히 마게도냐에서 경제적인 지원을 받아 왔다(참조, 고후 11:9; 빌 4:15). 이 금전적인 선물 때문에 바울은 더 이상 장사할 필요가 없게 되었고 복음 사역에 전념할 수 있었다. (2) 데살로니가 교회가 굳건하다는 소식이 바울을 기운 나게 했다(참조, 살전 3:6~8). (3) 그들의 동료 의식이 사도에게 위로가 되었을 것이다.

그의 메시지는 그가 다메섹 도상에서 배웠던 것과 같은 것이었다. "예수는 그리스도(메시아)라"(참조, 행 2:36; 3:18, 20; 17:3; 18:28).

18:6 다시 한 번 유대인은 복음을 배척한다. 이어 바울은 이방인에게 돌아선다(참조, 13:7~11, 46; 14:2~6; 17:5; 19:8~9; 28:23~28).

바울이 옷을 털었다는 것은 바울과 바나바가 발의 먼지를 떤 것(13:51)과 같다. "너희 피가 너희 머리로 돌아갈 것이요"라고 한 바울의 말은 그들이 멸망할 것이요, 그 책임은 그들에게 있다는 뜻이다(참조, 겔 33:1~6).

18:7~8 바울은 회당을 떠나서 회당 옆에 있는 디도 유스도의 집에서 성도들에게 복음을 전할 좋은 장소를 발견했다. 디도 유스도는 아마도 이방인이었을 것이다. 왜냐하면, 그는 하나님을 경외하는 자(참조, 16:14; 17:4)라고 불리기 때문이다. 그리고 회당장 그리스보와 온 집안이 믿었다. 그는 구약성경을 잘 아는 사람이었다. 그의 회심은 의심할 것 없이 더 많은 고린도인들이 회심하는 데 자극이 되었다.

18:9~11 어떤 위협적인 상황이 주님의 환상을 촉발했음이 분명하다. 아마 이것은 바울의 서원에 대한 하나님의 응답이었을 것이다(참조, 18절과 그곳의 주해). 주님은 바울에게 고린도에서 계속 전하라고 하시며 아무런 해도 받지 않을 것이라고 확신시켜 주셨다. 바울은 다른 도시에서(참조, 17:5, 13)와 고린도(18:6)에서 최근에 받은 공격 때문에 이 말씀을 반가워했다. 바울은 주님의 지시에 순종하여 따르고 1년 반 동안 머문 다음

(참조, 18절), 2~3년 동안 에베소에 머물렀다(19:10; 20:31).

흥미롭게도 18:10에 사용된 '백성'이란 낱말은 라오스(λαός)인데, 이것은 때때로 하나님의 백성 이스라엘을 의미했다. 분명히 세계를 향한 하나님의 계획은 일시적으로 교회가 그분이 택한 백성 유대인들의 자리를 대신하는 것이었다(참조, 롬 11:11~21).

18:12 12~17절은 누가의 변증론에서 임계점을 형성한다. 먼저 갈리오는 누구인가? 그는 로마의 지방 총독인 아가야 총독이었기 때문에 중요하다. 그가 내린 판결은 법적인 전례가 되었을 것이다. 더구나 갈리오는 로마에 큰 영향력을 끼친 철학자 세네카의 형제였다(BC ?–AD 65년).

믿지 않는 유대인들은 계속해서 바울을 배척하였다(참조, 6절). 그들은 단결하여 그를 법정으로 데려갔다.

18:13~15 유대인들은 바울이 로마법을 어기면서 하나님을 공경하라고 사람들을 권한다고 고소했다. 로마는 새로운 종교의 전파를 허용하지 않았다. 유대교는 용인되고 확실히 자리를 잡은 신앙이었다. 이 유대인들은 기독교가 유대교와 다른 새롭고 독특한 비술이라고 말했다.

그러나 갈리오는 이것을 달리 보았다. 그는 기독교가 유대교의 배경에서 나왔으므로 시민 법정에서 해결할 문제가 아니라고 결정했다. 이 결정은 로마법의 입장에서 기독교를 합법화하는 것이나 마찬가지였기 때문에 매우 중요했다.

18:16~17 '회당장 소스데네'에 대한 즉흥적인 폭력의 폭발은 고린도 사회에 깔려 있던 반유대주의 정신을 드러냈다. 고린도의 이방인들은 유대

인들과 어떤 언쟁도 원치 않았다. 소스데네는 분명히 그리스보 대신에 회당장이 되었으며, 유대인들이 바울을 반대하여 고소하는 일을 주도했었다. 그는 후에 기독교로 개종한 고린도전서 1:1에 나오는 소스데네와 동일한 인물일지도 모른다.

이런 사소한 사건은 갈리오의 관심 밖이었다.

18:18 바울이 고린도에 머무른 실제적인 기간으로 알려진 18개월(11절)은 바울의 환상(9~10절) 때부터 계산되었거나 바울이 고린도에 있던 전체 기간을(5절부터 계속) 말할 수도 있기 때문에 불분명하다.

그러고 나서 바울은 자기를 파송한 교회인 수리아의 오론테스 강에 있는 안디옥을 향하여 고린도를 떠났다. 그러나 그는 떠나기에 앞서 전에 서원한 일로 고린도의 남동 항구인 겐그레아에서 머리를 깎았다. 언제 바울이 이 서원을 하였는지는 나타나 있지 않다. 아마 그가 드로아를 떠나 마게도냐로 갈 때였거나 고린도에서 사역을 시작할 때였거나, 좀 더 그럴 듯한 것은, 주께서 그에게 환상을 주시기 전(9~10절)일 것이다. 서원 기간에는 머리를 자라게 두었으나 이제 나실인의 서원 기간이 끝났기에(약 1년 후에), 바울은 겐그레아에서 머리를 깎았다(참조, 민 6:1~21).

요세푸스는 재난 직후에 머리를 깎거나 30일 동안 제물 드리기를 거부하는 유대인들에 관해 썼다(*Jewish Wars* 2. 15. 1). 만약 이것이 그런 경우였다면 바울은 그의 서원을 시작했을 때 머리를 깎았을 것이다. 그러나 어떤 불행이나 고난에 대한 언급이 없으므로 이것은 그런 것 같지 않다(고후 12:7~9이 여기에 들어맞지 않는다면).

바울은 고린도에 있을 때 데살로니가전서와 후서를 기록하였다(행 13:38~39을 보라).

4. 2차 선교 여행을 마침(18:19~22)

18:19 브리스길라와 아굴라는 에베소까지 바울과 동행하였다. 실라와 디모데는 마게도냐와 아가야에 남아 그곳의 교회를 감독하였다. 왜 브리스길라와 아굴라가 에베소로 옮겨 왔는지 정확히 알 수는 없으나 아마도 복음을 위해서 왔을 것이다!

회당이 있는 다른 도시에서와같이 바울은 회당에 들어가서 유대인들과 변론했다(참조, 9:20; 13:5, 14; 14:1; 17:2, 10, 17; 18:4; 19:8).

18:20~21 믿기를 완강히 거부하는 다른 유대인의 회당에서와는 달리, 에베소 사람들은 바울과 좀 더 교제하기를 원했다. 그러나 그는 귀향에 마음이 더 있었다. 일부 헬라어 사본들은 바울이 서둘러 예루살렘으로 가려 했던 것은 절기를 지키기 위해서였다고 한다. 이것이 정확하다면, 바울은 아마 유월절을 지키기 원했을 것이다.

18:22 팔레스타인 연안에 있는 가이사랴에 상륙한 후에(에베소에서부터 약 800km에 이르는 항해) 바울은 (예루살렘으로) 올라가 교회의 안부를 물은 후에 안디옥으로 내려갔다. '올라가다'와 '내려가다'라는 말은 예루살렘으로 가는 것과 그곳을 떠나는 것을 말하는 기술적인 용어들이다.

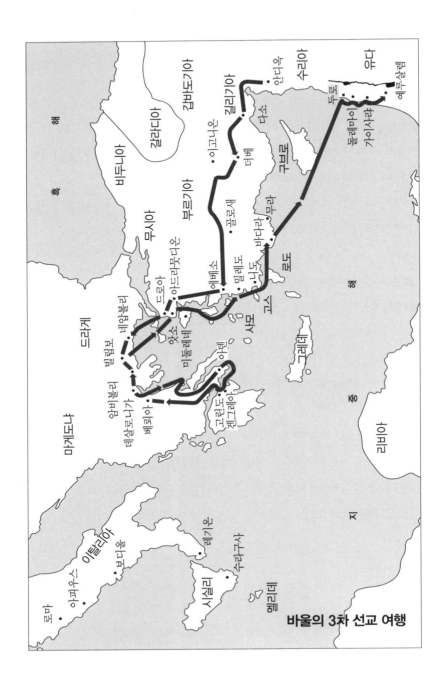

바울의 3차 선교 여행

5. 에베소를 얻음(18:23~19:20)

[3차 선교 여행, 18:23~21:16]

a. 바울의 3차 선교 여행의 시작(18:23)

18:23 누가는 바울의 3차 선교 여행의 첫 부분을 매우 간결하게 처리했다. 분명히 누가의 목적은 바울의 에베소 사역을 강조하려는 것이었다. 바울은 에베소로 가는 길에 갈라디아와 브루기아에서(참조, 16:6), '모든 제자를 굳게' 하였다. 의심할 것 없이, 그들 가운데 많은 사람이 2차 선교 여행 때 회심한 이들이었다. 이 때문에 18:24~28의 사건은 바울의 에베소 사역을 소개하는 데 사용된다.

b. 아볼로의 가르침(18:24~28)

이 에피소드(18:24~28)와 다음 에피소드(19:1~7)는 교회 역사상 이 국면의 과도기적 특성을 강조한다. 19:1~7에서 아볼로가 기독교의 세례를 받지 않았으며 성령을 받지 않았다고 가정할 수 있다.

사도행전의 이 부분은 또한 기독교가 구약성경과 세례 요한의 사역의 필연적인 결과물임을 지적한다. 사실, 바울의 메시지는 영적인 거인 세례 요한의 메시지보다 우월하다. 세례 요한의 메시지가 알렉산드리아와 에베소까지 멀리 전파되었다 할지라도 세례 요한의 사역은 오직 그리스도 안에서만 성취되었다.

18:24 24~28절에서 일어난 일은 바울이 에베소를 떠났다가(21절) 다시 돌아가기 전에(19:1) 발생했다. 이 기간에 아굴라와 브리스길라의 영향으로 한 교회가 시작되었다. 이 교회에 북아프리카 알렉산드리아 출신의 학식 있는 아볼로가 찾아왔다. 그는 유대인으로서 성경, 즉 구약성경을 잘 알았다.

18:25 예수님에 관한 그의 교리는 정확했으나 불완전했다. 아마도 이것은 아볼로가 성령세례를 알지 못했음을 의미할 것이다. 요한의 세례는 하나님을 향한 회개 때문에 하나님에 의해 깨끗해짐을 상징했다(참조, 19:4). 그러나 기독교의 세례는 성령세례로서 그리스도의 죽음, 장사 지냄과 부활로 그리스도와의 연합을 나타낸다(참조, 롬 6:3~10; 고전 12:13; 갈 3:27; 골 2:12).

18:26 브리스길라와 아굴라는 아볼로를 공개적으로 고치려 하지 않고 그를 자기 집으로 데려다가 하나님의 도를 좀 더 자세히 설명해 주었다(참조, 25절의 '주의 도').

18:27~28 이 새로운 교리로 무장한 아볼로는 에게 해를 건너 아가야(아마도 고린도)로 가서 거기서 능력을 발휘했다. 그는 성경 말씀으로(그는 성경에 능통했다, 24절) 예수님이 그 메시아라고 증언하여 유대인들을 설득했다. 이것은 바울의 접근 방식이기도 했다(5절). 아볼로의 사역이 매우 설득력 있어서 고린도의 당파적인 신자들이 아볼로 당을 만들 정도였다(고전 1:12). 그러나 아볼로가 이런 파당을 촉진했다는 지적은 없으며 바울도 그에게 이에 대한 책임을 묻지 않았다.

c. 복음의 영향력(19:1~20)

(1) 열두 사람과 함께(19:1~7)

19:1~2 에베소는 바울의 3차 선교 여행의 본거지였다. 에베소는 고대 세계의 일곱 가지 기적 중 하나인 아데미 신전이 있는 곳이었다. 이 신전은 폭이 약 73m이고 길이가 약 127m로 아덴에 있는 파르테논 신전의 4배나 된다! 에베소는 상업 중심지로서 아시아 속주의 첫째가는 도시였다. 현재 에베소에 남아 있는 광범위한 폐허의 흔적이 과거의 영광을 드러내고 있다. 그러나 자이스테르 강의 침적토들이 이 항구를 완전히 막아 버려 후에 그 유적지는 버려졌다. 바울 시대에 그 도시는 전성기에 이르고 있었다.

내륙 도로를 거쳐(아마 다른 도로들보다 더 짧은 도로) 이 대도시 지역에 도착한 바울은 '어떤 제자들'을 만났다. 누가가 쓴 '제자들'이란 용어가 무엇을 의미하는지는 불분명하다. 보통 누가는 이 용어를 그리스도인에게 사용하였다. 여기서는 '너희가 믿을 때에'(즉, 예수 그리스도를 믿는)라는 바울의 질문을 볼 때 그것은 그리스도인이라는 의미다.

제자들의 대답 또한 불가사의하다. 그들은 "아니라 우리는 성령이 계심도 듣지 못하였노라"고 대답하는데 아마도 그들은 성령이 주어졌는지 혹은 주어지고 있는지에 대해서 듣지 못하였다는 것을 의미한다. 비슷한 구조가 요한복음 7:39의 헬라어에 사용된다. 세례 요한은 성령의 미래 사역을 분명히 예언하였다(마 3:11; 막 1:8; 눅 3:16. 참조, 요 1:32~33).

19:3~4 아볼로와 같이(18:25) 에베소의 제자들은 하나님을 향한 회개의 표시인 요한의 세례만 알고 있었다(마 3:2, 6, 8, 11; 막 1:4~5; 눅

3:8). 바울은 그들에게 요한이 예수 그리스도를 그들이 믿어야 할 분으로 가리켰다고 말했다(마 3:11~12; 막 1:7~8; 눅 3:16~17).

19:5 이것은 신약성경에서 세례를 받는 사람들에 대해 유일하게 언급하는 부분이다. 확실히 요한의 사역은 예비적이었다. 그리스도는 만물의 완성이시다.

19:6 안수는 세례와 함께 행하거나 좀 더 나중에 행하는 것이다. 성령이 제자들에게 임한 결과, 그들은 '방언도 하고 예언도 하였다.' 사도행전에서 방언은 '믿지 아니하는 자들을 위하는 표적'이라는 바울의 말을 인증한다(참조, 고전 14:22의 주해). 방언의 목적은 불신앙을 극복하기 위한 것이다. '사도행전의 방언' 도표는 사도행전의 방언 사용을 비교하고 방언의 목적을 나타낸다.

그것은 또한 사도행전에서 성령 받음이 어떤 일정한 형태로 나타나지 않는다는 것을 알려 준다. 성령은 세례를 받기 전에(행 10:44), 세례를 받을 때 혹은 세례 후에(8:12~16; 19:6) 그리고 사도들의 안수로(8:17; 19:6) 신자들에게 임했다. 바울은 성령이 없는 사람은 그리스도인이 아니라고 선언하기까지 했다(롬 8:9). 분명히 이 과도기적인 책인 사도행전은 어떻게 성령을 받느냐는 원리적인 자료로 사용될 수는 없다(참조, 고전 13:8~14:25의 방언에 관한 주해).

사도행전의 방언

구절	방언한 사람	청중	구원 관계	목적
2:1~4	12사도와 그 외	구원받지 못한 유대인들	구원 후	(유대인들에게) 요엘서 2장의 성취를 확인시키기 위해
10:44~47	이방인들(고넬료와 그의 가족)	하나님의 계획을 의심하는 유대인들(베드로와 그 외)	구원과 동시에	(유대인에게) 하나님이 이방인을 받으심을 변호하기 위해
19:1~7	약 12명의 구약 신자들	메시지의 확신을 필요로 하는 유대인들	구원과 동시에	(유대인에게) 바울의 메시지를 변호하기 위해

19:7 여기서 열두 사람을 새 이스라엘(교회)을 의미하는 것으로 해석해서는 안 된다. 만약 숫자에 어떤 의미가 있다면 그것은 아직도 성령의 충만함을 이스라엘이 경험한다는 뜻이다(참조, 겔 36:26~27; 욜 2:28~32; 슥 12:10~14).

(2) 회당에서(19:8)

19:8 약속대로(18:21) 바울은 에베소 회당에 돌아와 3개월 동안 담대히 전도했다. 아무런 문제 없이 회당에서 3개월을 지낸 것은 바울에게 있어서 기록할 만한 일이었다. 아마도 에베소의 세계주의적인 성격이 그곳의 유대인들을 좀 더 관용하게 했을 것이다. 사도들의 담대함에 대해서는 4:13의 주해를 보라.

이 변론의 주제는 분명히 그리스도의 인격과 사역을 포함할 뿐 아니라 또한 그의 천년왕국 통치를 예상한(참조, 1:3, 6) '하나님의 나라'였다.

(3) 두란노 서원에서(19:9~12)

19:9 다시 유대인들의 배척이 시작되었다(참조, 18:6). 이번에는 유대인들이 '무리 앞에서 이 도를 비방했다'('도'에 대하여는 참조, 9:2; 19:23; 22:4; 24:14, 22). 그래서 바울은 그들을 떠났다.

그는 신자들을 회당에서 인도해 내서 두란노 서원에서 날마다 강론했다. 두란노에는 여행하는 교사들이 이용할 수 있는 사설 서원이 있었다. 한 헬라어 사본은 이 서원을 대부분의 사람이 점심을 먹고 오후 '낮잠'을 즐기는 오전 11시부터 오후 4시까지 사용할 수 있었다고 첨가한다. 이런 전통은 거의 맞는 말이다. 매일 휴식 시간에 바울은 자신의 손으로 일했다(20:34).

19:10 바울은 에베소에서 2년간 사역했다. 그러나 사도행전 20:31에 따르면, 그는 그곳에서 3년간 있었다. 전체로 보아 만기로 시간의 단위를 계수하는 것이 관습이기 때문에, 그의 사역은 실제로 2~3년간이었다.

이 사역은 매우 효과가 있어서 오늘날 터키의 서부 해안 아시아 속주에 복음이 두루 퍼졌다. 이 기간에 골로새, 라오디게아와 히에라볼리에 교회들이 세워졌다(골 4:13). 어떤 사람들은 요한계시록 2~3장에 나오는 일곱 교회가 이때부터 시작된다고 믿지만, 이것은 불변의 진리처럼 주장될 수 없다.

19:11~12 바울의 이 위업들은 5:15~16에 나오는 베드로의 기적들과 대등하다. 분명히 하나님의 축복과 보증의 손이 바울 위에 있었다. '손수

건'과 '앞치마'는 하나님의 능력이 사도를 통해 나타나는 확실한 표시였다. 그렇다고 이 물건들 자체가 기적의 능력을 가진 것은 아니다. 이것은 오늘날에 이런 기적을 되풀이하려는 사람들에게 근거가 되지 못한다. 사도행전에서 여러 번 나타나듯이 기적은 사도들의 사역을 확증했다(2:43; 4:30; 5:12; 6:8; 8:6, 13; 14:3; 15:12; 참조, 고후 12:12; 히 2:3~4).

'악귀'에 대한 언급은 이 부분과 다음 부분을 이어 주는 가교 역할을 한다(행 19:13~20).

(4) 귀신 축출과 마술(19:13~20)

사도행전의 주제 중 하나는 마술에 대한 그리스도의 승리다(참조, 8:9~24; 13:6~12; 16:16~18). 이 사건은 귀신을 이기는 그의 능력을 말하는 또 다른 예다.

19:13 분명히 여러 가지 노래와 이론들을 동원했을 몇몇 유대인 순회 마술사들이 예수님의 이름을 빙자하여 귀신 들린 사람을 제압하려 했다.

19:14 '스게와'는 유대의 제사장이라고 한다. 그러나 아마도 그는 단지 제사장이라고 주장했을 뿐이고, 누가는 단순히 그의 자랑을 기록하였다. 아니면 스게와는 실제로 제사장으로서 그의 일곱 아들이 귀신 축출의 오류를 범했을지도 모른다.

19:15 여기서 악귀가 말한 '알다'라는 동사의 변화는 몇 가지 의미가 있다. 그는 "내가 예수도 알고(기노스코[γινώσκω]: 상호 작용과 경험으로 알다) 바울도 안다(에피스타마이[ἐπίσταμαι]: ~에 대해 알다, 이해하다)"

고 말했다. 그러나 귀신은 스게와의 아들들은 알지 못했다.

19:16 악귀가 축출되기는커녕, 악귀에 사로잡힌 사람은 초자연적으로 힘이 세져서 일곱 아들들(암포테론[ἀμφοτέρων]은 보통 '양쪽에'를 의미하지만 '전부'를 의미하기도 한다)에게 뛰어올라 그들을 때렸다. 일곱 아들은 벗은 몸으로 피를 흘리며 집으로 도망하였다. 악귀는 자주 사람을 사로잡고 사람으로 하여금 특별한 물리적인 힘을 갖게 한다(참조, 막 5:3~4).

19:17~18 결과적으로 유대인과 이방인(참조, 5:5)에게 두려움(혹은 경외심, 포보스[φόβος])을 주어, 그들은 예수님의 이름을 높였다(귀신 축출을 위해 그의 이름을 사용하려 시도했던 것과는 대조적으로. 참조, 19:13). 많은 그리스도인도 마술과 심령술에 관계되었고, 그들은 공개적으로 "자복하여 행한 일을" 알렸다. '행한 일'로 번역된 명사는 프락세이스(πράξεις)인데, 이것은 마술적인 주문과 처방을 가리킨다. 이런 비밀들을 털어놓음으로 귀신들의 힘을 잃게 했다.

19:19 게다가 많은 사람이 자기들의 마술 책을 공개적으로 불살랐다. 사람들은 마술로써 귀신들의 도움을 받아 다른 사람들을 제압할 힘을 구했다. '은'으로 번역된 헬라어는 아르귀리우(ἀργυρίου)이며 단순히 '은'을 뜻한다. 이 동전의 값어치를 정확히 알 수는 없으나 '은 오만'은 상당한 액수였다.

19:20 정화된 교회는 강력하고 성장하는 교회가 되었다(하나님의 말씀 전파도 6:7; 12:24; 13:49에 언급되어 있다). 여섯 번째 '경과보고'로 누가

는 이 책의 한 부분을 결론짓는다(참조, 2:47; 6:7; 9:31; 12:24; 16:5; 28:30~31).

D. 로마까지 교회 확장(19:21~28:31)

1. 3차 선교 여행을 마침(19:21~21:16)

a. 에베소의 소동(19:21~41)

19:21 이 구절은 이 책의 나머지 부분의 분위기를 결정한다. 바울의 눈은 이제 최종 목적지인 스페인과 더불어 로마(예루살렘을 거처)를 간절히 바라보았다(롬 1:15; 15:22~24). 누가가 사도행전을 쓰는 목적 중 하나는 세계의 중심지인 로마에 바울이 거함으로써 복음이 그곳으로 전파됨을 추적하는 것이었기 때문에 스페인에 대해서는 언급하지 않았다. 일부 사람들은 누가복음이 얼마나 예루살렘에 초점을 맞추고 있는지를 관찰해 왔다. 한편, 사도행전은 복음이 예루살렘에서 로마로 나가는 것을 강조한다. 두 도시는 누가복음과 사도행전의 중심이 된다.

NIV 성경은 단순히 '바울은 결정했다'고 번역한 반면에 헬라어 성경은 '에테토 호 파울로스 엔 토 프뉴마티'(ἔθετο ὁ Παῦλος ἐν τῷ πνεύματι)로서 '바울은 영으로 결심하였다'고 말한다. 이것은 바울 자신의 영이나 성령을 의미할 수도 있다. 이 동사가 '이끌렸다'가 아니라 '결심했다, 의도했다'를 의미하기 때문에, 그것은 바울 자신의 영을 말한다고 볼 수 있다.

그러나 우선 그는 '마게도냐와 아가야'의 교회들을 방문하기 원했다. 이 순회의 목적은 (1) 교회를 굳게 하고 (2) 예루살렘의 성도들을 위한 헌금을 받으려는 것이었다.

19:22 디모데는 고린도에서 바울과 함께 마지막으로 나타났다가(18:5), 이 장면에서 다시 나타난다. 디모데와 에라스도는, 분명히 바울이 오는 것을 예비하기 위해 '마게도냐로 파송되었다.' 바울은 디모데후서 4:20에서도 에라스도를 말했다.

19:23~24 바울이 출발하기 전, 에베소에 있을 때 그곳에 소동이 있었다. '이 도'라는 말에 관해서는 9:2의 주해를 보라.

사도행전에 기록된 두 가지 사건에서만 이방인들이 바울을 배척한다. (1) 여기서와 (2) 빌립보의 점쟁이의 경우(16:16~24)이다. 이것은 모두 금전적인 이익 때문이었다.

실제로 소아시아에 있던 두 여신은 아데미(Artemis)라 불렸다. 하나는 헬라 문화에서 섬기던 여신으로 로마에서는 다이아나(Diana)라는 사냥의 처녀 신이었다. 다른 하나는 많은 유방을 가지고 있는 풍요의 여신인 에베소 사람들의 아데미였다. 아마도 본래의 '아데미 상'은 유방을 많이 가진 여인과 흡사한 운석이었다(참조, 19:35).

은장색들은 이 에베소의 여신상들(은 사당)을 만들었으나 복음의 권능 때문에 그들의 사업은 망했다.

19:25~27 은장색 데메드리오(24절)는 다른 직공들을 모아서 자기들의 사업("우리의 이 영업이 천하여질 위험")과 종교("큰 여신 아데미의 신전도

무시당하게 되고")에 근거하여 탄원하였다. 아데미 숭배에 기초한 이 탄원
은 분명히 위선적이었다. 그의 관심은 단지 금전적인 데 있었다. 아데미는
에베소 외에도 많은 도시에서 숭배를 받았다. 분명히 사람이 만든 우상은
신이 아니라는 바울의 견해가 그들의 번창한 우상 제작 사업을 망쳤다.

19:28~29 데메드리오의 연설을 듣고 바울에게 화가 난 은장색들은 소
동을 일으켜 에베소의 '연극장'으로 달려갔다. 이곳은 도시에서 가장 큰
모임 장소로 25,000명을 수용할 수 있었다. 사람들은 반대의 표시로 '가
이오와 아리스다고'를 붙잡았다(참조, 20:4). 가이오는 평범한 이름이었
다. 그래서 이 사람이 로마서 16:23과 고린도전서 1:14에 나오는 이와 동
일인물인지는 의문스럽다. 아리스다고는 사도행전 20:4과 27:2에도 나온
다. 분명히 이 둘은 짧은 감옥살이를 하였거나 투옥되지 않아 도피했다.

19:30~31 이 구절들은 그들이 직접적으로 말한 것뿐만 아니라 그들이
암시한 것 때문에 중요하다. 바울은 적들에게 잡힐 각오를 하고서 복음을
변호하려고 애썼다! 그러나 그리스도인들은 그를 내버려 두지 않았다. 몇
몇 관리들조차도 그가 소요로 잡히지 않게 했다. 그들은 공동체의 정치적
이고 종교적인 안녕을 책임지는 아시아르콘('Ασιαρχῶν 문자적으로, '아시
아의 관리들')이었다. 그들은 로마와 사이가 좋아서 로마 정부에 기독교를
호의적으로 증언하였을 것이다.

19:32~34 누가의 유머 감각이 이 구절에서 나타난다. 아이러니하게도
"무리가 분란하여 태반이나 어찌하여 모였는지 알지 못하더라." 유대인은
유일신론자들이었고 우상을 강력히 배격했기 때문에, 그들은 알렉산더

를 떠밀어 (바울과의 관계를) 부인하는 성명을 내도록 했다. 아데미 우상 사업 감축은 유대인의 잘못이 아니었다! 그러나 반유대주의가 일어나 폭도들은 유대인의 말을 듣기를 거절하고, 두 시간 동안 "크다 에베소 사람의 아데미여"라고 미친 듯이 외쳤다.

19:35~39 '서기장'(그람마튜스[γραμματεύς]: 서기관)이란 말은 이 사람의 지위에 어울리지 않는다. 실제로 그는 시에서 행정을 관리하는 장이었다. 그가 나타나자 사람들은 그에게 귀를 기울였다.

그는 먼저 에베소가 아데미 '우상의 신전지기'의 위치에 있음과 하늘에서 내려온 우상 아데미에 대해 호소했다. 후자는 이 진술의 미묘한 반박이 될 수 있다(26절의 "사람의 손으로 만든 것들은 신이 아니라"). 아데미는 사람의 손으로 만든 것이 아니라고 그는 주장했다. 그렇다면 왜 그들은 바울의 전도에 그렇게 우려를 나타냈는가? 둘째, 서기장은 가이오와 아리스다고의 무죄를 주장하였는데, 그것에 의하여 바울도 무죄가 된다(37절). 셋째, 그는 재판과 총독과 민회(38~39절)를 통한 합법적인 공청회를 지적했다. 이 민회도 합법적이지는 않았다.

19:40~41 마지막으로, 이름이 밝혀지지 않은 이 관리는 이 도시에서 일어난 소요 사건의 정치적인 영향에 대해 경고했다. 그들은 소요에 대해 로마 정부에 정당한 이유를 보고해야 하는 중압감을 느꼈고, 그렇게 되면 이 도시가 일부 자유를 박탈당할 수도 있었다. 그래서 바울은 종교적, 정치적인 범죄 혐의를 벗게 되었다.

바울은 에베소에 머무는 동안 정경에 포함되지 않는 고린도인들에게 보낸 초기 편지(참조, 고전 5:9)와 고린도전서를 썼다. 아울러 그는 사도행전에 기록되지 않은 세 번째 고린도 방문을 했다(참조, 고후 12:14; 13:1; 고린도후서의 서론에 나오는 '바울과 고린도 교회의 만남 및 바울서신'을 보라).

b. 마게도냐와 아가야를 떠남(20:1~6)

20:1~2 누가는 3차 선교 여행을 간략하게 처리한다. 고린도후서 2:12~13과 7:5~7은 바울이 복음 전도를 위해서, 그리고 디도를 만나 고린도 교회에 대한 보고를 받으려고 드로아에 머물렀다는 정보를 많이 제공한다. 계속해서 바울은 마게도냐로 가서(참조, 행 19:21) 디도를 만났고 고린도후서를 썼다.

이때 바울은 오늘날 유고슬라비아에 해당하는 일루리곤까지 가서 사역했을 가능성이 크다(롬 15:19; 참조, 고후 10:13).

20:3 이 사도는 아가야에서 '석 달' 동안 머물면서 로마서를 썼다(참조, 롬 15:23~16:2).

분명 유대인들은 바울을 선상에서 암살하여 바다에 던지려고 공모했다. 이 음흉한 계획이 바울에게 알려졌기 때문에 그는 동부 지중해로 직접 가지 않고 마게도냐를 거쳐 돌아가기로 작정했다. 그는 아마도 유월절을 지키기 위해 예루살렘에 가기를 원했던 것 같다. 그는 오순절을 그곳에서 보내기를 고대했다(행 20:16).

20:4~6 여기에 소개된 이 일곱 사람은 각 곳에서 지명된 자들인 것 같다. 바울은 예루살렘의 성도들을 위한 모금에 관심을 두었다. 여러 교회

의 대표자들인 그들은 헌금을 운반했다. 세 사람은 마게도냐에서 왔고(소바더, 아리스다고, 세군도), 넷은 소아시아에서 왔다(가이오, 디모데, 두기고[참조, 엡 6:21; 골 4:7; 딤후 4:12; 딛 3:12], 드로비모[참조, 행 21:29; 딤후 4:20]). 그들의 약속 장소는 드로아였다. 사도행전 19:29은 가이오를 '마게도냐 사람'이라고 하며, 20:4은 더베 사람이라고 한다. 아마도 이들은 서로 다른 사람인 것 같다(참조, 고린도 출신의 세 번째 가이오, 고전 1:14).

사도행전 20:5~6에서 누가는 또 하나의 '우리' 부분을 지속한다. 누가는 16장에서 빌립보에 남겨져 분명히 이때까지 그곳에 머물렀다. 그런 다음 그는 예루살렘까지 바울을 수행하는 일행과 재합류했다. 무교절은 봄이었다. 그들은 빌립보에서 드로아까지 240km를 5일 동안 여행했다.

c. 드로아에서의 설교(20:7~12)

20:7 이것은 신약성경에서 일요일이 사도 교회의 정규적인 모임 시간이었음을 가리키는 가장 명확한 구절이다. 바울은 드로아에서 7일간 머물고(6절) 교회는 한 주의 첫날에 모였다. 여기서 누가가 날짜 세는 방법은 해 질 때부터 다음 날 해 질 때까지로 계산하는 유대식이 아니라 자정부터 다음 날 자정까지로 계산하는 로마식이었다. 이것은 독단적으로 진술될 수 있다. 왜냐하면 '날이 새기까지'(11절)는 이튿날(7절)이었기 때문이다.

아마도 대부분의 사람이 낮 동안 일해야 했기 때문에 교회는 밤에 모였을 것이다. 바울은 곧 그들을 떠날 것이기 때문에 마지막으로 한밤중까지 설교를 계속했다.

20:8~10 산소를 소모하는 등불이 많아서 졸리게 만들었다. 빽빽하게 앉은 상태가 이런 상황을 악화시켰을 것이다.

'유두고(문자적으로, '행운')라 하는 청년'은 그의 이름의 의미가 사실임을 입증했다. 외과 의사인 누가는 그가 3층 창가에서 떨어져 죽었다고 확인했다. 큰 방은 건물의 위층에 있는 것이 보통이었다(1:13의 주해를 보라). 엘리야와 엘리사가 이 방법을 사용한 이래(왕상 17:21; 왕하 4:34~35), 바울이 유두고 위에 엎드려 그 몸을 안았더니 청년이 살아났다.

20:11~12 그들은 주의 만찬에 참여하였고("떡을 떼어 먹고", 참조, 7절), 모임은 새벽까지 계속되었다. 사람들은 살아난 유두고, 이 행운의 청년(참조, 9~10절)을 집으로 데리고 갔다.

d. 밀레도에서의 설교(20:13~38)

20:13~15 분명히 바울은 원래 계획보다 드로아에 오래 머물렀다(7절). 그는 지연된 것을 만회하기 위해 나머지 일행을 먼저 보냈다. 드로아에서 앗소까지의 육로 여행은 바다로 여행하는 것보다 훨씬 짧은 거리였다. 이렇게 해서 바울은 드로아에서 좀 더 머물 수 있었다. 그들은 앗소에서 배를 타고 미둘레네, 기오, 사모를 거쳐 밀레도로 갔다. 마지막 세 곳을 들르는 항해는 각각 하루씩 걸렸다.

20:16~17 바울은 가능하면 오순절까지는 예루살렘에 도착하려고 서둘렀기 때문에 에베소를 거치지 않았다. 에베소에 있는 많은 친구를 문안

하려면 너무 오래 걸렸기 때문이다. 밀레도는 에베소 남쪽까지 육로로 약 48km 떨어져 있었기 때문에, 그는 사람을 보내어 에베소 교회 장로들을 그곳으로 오게 했다. 분명히 그가 탄 배는 밀레도 항구에서 여러 날 동안 체류했다.

20:18 여기서 또 하나의 바울의 '견본 설교'가 시작되는데(참조, 13:16~41; 14:15~17; 17:22~31), 이것은 그가 깊이 사랑하는 교회 지도자들을 향한 것이다. 이 설교는 세 부분으로 나뉜다. (1) 바울의 지난 3년간의 에베소 사역 회고(20:18~21). (2) 현재 상황을 설명(22~27절), (3) 에베소 장로들이 앞으로 감당해야 할 책임(28~35절) 등이다.

20:19 사도행전 19장에 기록된 소동은 이방인들의 배척을 강조하지만, 여기서는 다른 곳에서와 마찬가지로 에베소의 유대인들이 바울을 공모했다. 누가는 유대인들의 공모를 말하지만, 자세히 밝히지는 않았다(참조, 고전 15:30~32; 16:9; 고후 1:8~10에서의 바울의 연설).

20:20 바울의 '각 집' 방문 사역(참조, 2:46)은 그의 공적인 사역과 대조를 이루는데, 아마도 이것은 가정 교회들을 가리킬 것이다. 그렇다면 장로들은 각각 가정 교회의 감독자들일 것이다. 바울은 설교도 하고 가르치기도 했다.

20:21 헬라어 본문에서는 '회개'와 '믿음'의 낱말들이 하나의 관사로 연결되어 있다. 이것은 두 단어가 그리스도를 믿는 두 가지 측면을 강조하는 것일 수도 있다(참조, 2:38). 어떤 사람이 그리스도를 믿는다면, 그는 예전

의 불신앙에서 돌아선(회개한) 것이다. 이것은 유대인에게나 헬라인에게나(즉, 이방인들. 참조, 19:10; 갈 3:28) 동일한 메시지다.

20:22 여기서 바울은 현재 상황을 설명하기 시작했다(22~27절). NIV 성경의 '성령에 강요되어'(compelled by the Spirit)라는 말은 문자적으로 '심령에 묶여'(데데메노스…투 푸뉴마티[δεδεμένος…τῷ πνεύματι])이다. 이것은 성령이 바울의 삶을 인도하셨음을 말한다(참조, 눅 2:27; 4:1; 행 8:29; 10:19; 11:12; 16:6~7). 바울이 예루살렘에 가는 이유가 밝혀지지는 않았지만, 분명히 교회들의 헌금을 예루살렘의 가난한 성도들에게 가져다주려는 것이었다(24:17; 참조, 21:12~14의 주해).

20:23 이미 바울은 성령의 경고, 즉 분명히 성령의 예언의 은사를 받은 사람의 경고를 받았다. 예루살렘에서 감옥과 고난이 그를 기다린다는 경고였다. 그는 바울이 로마서 15:30~31에 말했던 예루살렘에서의 고난을 예고했다. 그러나 바울은 그곳에 가기로 결정했다(참조, 행 19:21; 20:16).

20:24~25 이 두 구절을 함께 읽으면 천국의 전파와 하나님의 은혜의 복음이 연관되어 있음이 분명해진다. 하나님의 은혜의 사역은 이방인들이 구원과 천년왕국 통치에 들어가는 특권을 가졌음을 믿게 해준다.

바울에게 주신 경고 때문에(23절) 그는 에베소 장로들이 자신을 다시 보지 못할 것이라고 결론지었다. NIV 성경의 '너희 중 아무도'(none of you)라는 번역은 좀 강한 표현이다. 헬라어로는 그들 '모두'(한 그룹으로서)가 바울을 다시 볼 수 없음을 나타낸다(문자적으로, '너희 모두[한 그룹으로서]는 결코 나를 다시 보지 못할 것이다'). 그는 그들 중 아무도 자기를 다시 보지 못할 것이라고 말하지는 않았다(참조, 38절의 복수 동사). 그의 포부는 '달려갈 길'을 마치는 것이다. 나중에 그는 그렇게 했다고 말했다(딤후 4:7).

20:26~27 바울은 에스겔 33:1~6에 따라서 자신이 에베소에 있는 '모든 사람의 피에 대하여 깨끗하다'고 선언했다(참조, 행 18:6의 주해). 그는 '모든 사람'에게(참조, '아시아에 사는 자는 유대인이나 헬라인이나', 19:10) 복음을 전했다. 그가 전한 내용은 하나님의 '뜻'(불렌[βουλὴν]: 의도, 계획. 참조, 2:23; 4:28; 13:36; 엡 1:11; 히 6:17) 전부였다. 흥미롭게도 바울은 복음을 전하는 자신의 역할을 설명하면서 몇 가지 단어들을 사용했다. (1) '전하다'(행 20:20)와 '선포하다'(27절, [역자 주, 개역개정은 27절을 '전하다'라고 번역했다]). 둘 다 아낭겔로(ἀναγγέλλω: 선포하다, 알리다)에서 유래한다. (2) '가르치다'(디다스코[διδάσκω]에서 유래, 20절). (3) '발표하다'(21절, [역자 주, 개역개정은 '증언하다'라고 번역했다])와 '증언하다'(24절). 둘 다 디아마르튀로마이(διαμαρτύρομαι: 종교적으로 증언하다)에서 유래한다. (4) '단언하다'(마르튀로마이[μαρτύρομαι]: 증명하다, 26절, [역자 주, 개역개정은 '증언하다'라고 번역했다]).

20:28 28~35절에서 바울은 에베소 장로들이 앞으로 짊어져야 할 책임에 관한 이야기로 넘어간다. 우선, 그들은 자신들과 모든 양 떼를 지켜야 했다(프로세케테[προσέχετε]: 돌본다는 의미에서 '시중들다'). 그들은 양 떼에게 제공하기 전에 자신의 영적인 풍요를 돌보아야만 했다.

여기서 장로들은 '감독자'(에피스코푸스[ἐπισκόπους]. 동사 에피스코페

[ἐπισκοπή]에서 유래했다. '돌보다, 시중들다')로 묘사된다. '장로들'이란 용어는 원래 유대적인 유래를 가지며 직분의 품위를 강조하는 반면에, '감독자'는 주로 헬라에서 기원하며, 다른 사람들을 '돌보는' 직분의 책임을 강조한다.

장로들이 '보살피게 했던'(포이마이네인[ποιμαίνειν]: 현재 시제 부정사. 참조, 벧전 5:2) 양 떼들의 가치는 바울이 양 떼를 '하나님의 교회'(다시 말해, 하나님이 소유한 교회)라고 부르고 '자기 피로 사셨다'(참조, 시 74:2)라고 말함으로써 강조된다.

성경의 어떤 부분에서도 성부 하나님의 피를 말하지는 않는다. 여기서 이 헬라어 본문은 '자기 자신의 피로써', 즉 '자기의 아들로'라고 읽을 수 있다. '사다'에 해당하는 헬라어는 '획득하다, 얻다'라는 의미다.

20:29~31 이 구절들은 장로들에게 자신과 양 떼들을 지키라(28절)는 명령의 필요성을 설명한다. '사나운 이리'라 불린 거짓 교사들이 양 떼에 들어오고, 혹은 그들 중에 어떤 사람들은 진리를 왜곡시킬 것이다. 이 경고는 계속되는 에베소 교회에 대한 언급에서 증명된다(딤전 1:6~7, 19~20; 4:1~7; 딤후 1:15; 2:17~18; 3:1~9; 계 2:1~7). 다시 바울은 그 지도자들에게 강조한다. '깨어 있으라!'(역자 주, 개역개정은 '여러분이 일깨어'로 번역되어 있다). 그는 되풀이하여 교리적인 오류의 위험에 대해 경고했다. 실제로 그는 눈물로 훈계했었다(참조, 행 20:19).

20:32 그리고 나서 바울은 먼저 하나님께, 그다음에는 '그 은혜의 말씀에' 그들을 부탁했다. 하나님은 믿음이 기본이지만, 반드시 거기에는 주의 말씀에 대한 순종이 따라야 한다. 이것이 교화('여러분을 능히 든든히

세우사')와 '거룩하게 하심을 입은 모든 자' 가운데 기업이 있는 자로(참조, 26:18; 엡 1:18; 골 1:12; 벧전 1:4) 이끌 것이다.

20:33~34 바울은 일을 해서 자기와 다른 사람들에게 필요한 것들을 스스로 마련했다(참조, 18:3; 엡 4:28).

20:35 바울의 수고로 또한 약한 자들을 도울 수 있었다(참조, 살전 5:14). "주는 것이 받는 것보다 복이 있다"는 주의 말씀은 사복음서에는 나오지 않는다. 이 말은 초대교회에 구전으로 내려오는 말이었다.

20:36~38 바울에 대한 장로들의 깊은 사랑이 여기에 나타난다. 예루살렘을 향한 남은 여행들도(21:1-25) 바울에 대한 이런 사랑의 묘사들로 가득 차 있다. 왜 이 부분에서 지체했는가? 누가가 바울을 향한 이방인들의 반응과 예루살렘 유대인들의 응답을 대조시키려 했기 때문이다.

e. 예루살렘행을 만류하는 신자들(21:1-16)

21:1 고스에서 로도와 바다라로 이어지는 이 기착지들은 분명히 바다로 하룻길이었다(참조, 20:13~15).

21:2 바울은 매일 저녁 항구에 닿는 배보다는 더 크며 멈추지 않고 베니게로 가는 배를 탔다.

21:3~4 그들은 구브로 남쪽으로 가다가 배의 짐을 푸는(일주일 걸리

는 작업[4절]) 곳인 두로에서 내렸다. 초대 예루살렘 교회의 핍박으로 신자들은 베니게로 흩어졌기 때문에(11:19), 바울은 그곳에서 신자들을 만났다.

성령의 감동을 받은 두로의 신자들은 바울더러 예루살렘에 들어가지 말라고 만류했다. '성령의 감동으로'라는 구절의 견지에서 볼 때 바울이 예루살렘으로 가려는 것은 잘못되었는가? 아마 그는 여러 가지 이유로 하나님의 뜻을 거스르지 않았다. (1) 사도행전 20:22과 21:14은 바울이 예루살렘으로 계속 가는 것이 하나님의 뜻임을 암시한다(참조, 19:21). (2) 하나님께 받은 위안(23:11)은 바울이 주의 뜻을 완강하게 거절하지 않았음을 암시한다. (3) 바울은 23:1에서 그날까지 범사에 선한 양심에 따라 살았음을 주장한다.

아마도 '성령의 감동으로'(21:4)라는 말은 그들이 성령을 통하여 바울이 예루살렘에서 고난받을 것을 알았다는 의미일 것이다(참조, 20:23). 그러므로 그들은 그의 안전을 염려해서 그를 만류하려 했다.

21:5~6 이것이 바울과 두로 교회의 첫 만남인데, 겨우 일주일 만에 단단한 사랑의 결속이 이루어진다. 이별의 장면은 밀레도에서와 같이 (20:37) 사무치지는 않지만 의미가 깊었다.

21:7 그런 다음 배는 남쪽으로 약 32km를 가서 오늘날의 아크레(Acre) 혹은 악코(Akko)인 돌레마이에 이르러 하루 동안 머물렀다. 두로 교회가 그랬듯이, 그곳의 교회는 11:19에 설명된 박해로 인하여 시작되었다.

21:8~9 가이사랴로 가는 약 65km의 여행은 육상이나 해상으로 이루어

졌다. 아마 후자일 가능성이 높은데, 그것은 육로가 더 힘들고 가이사랴 항구는 널찍했기 때문이다.

바울의 숙소는 전도자 빌립의 집이었다. 그는 예루살렘 과부들을 돕는 일곱 집사 중 하나였다(참조, 6:1~5). 그의 전도 사역은 8장에 기록되었다. 분명히 그는 가이사랴가 이스라엘에서 가장 로마적인 도시였음에도 불구하고 그곳에 정착하여(참조, 8:40) 바울이 도착할 때까지 거의 20년 동안 살고 있었다.

그에게는 예언의 은사를 받은 결혼하지 않은(파르테노이[παρθένοι]: 문자적으로, '처녀들') 딸 넷이 있었다. 초대교회에서 확실하게 나타났던 이 영적 은사는 남자에게만 국한된 것은 아니었다(참조, 고전 11:5). 바울이 예루살렘에서 고난당할 것을 말하는 다른 예언들에 비하면 빌립의 딸들의 침묵은 놀랍다.

21:10~11 11:28에 소개된 '선지자 아가보'는 유대, 분명히 예루살렘에서 내려왔다. 왜냐하면 예루살렘은 그의 고향이며, 가이사랴는 유대 지방에 있었기 때문이다. 그는 바울이 예루살렘에서 어떻게 묶일 것인지를 극적으로 설명했다. 선지자들은 가끔 자기들의 예언을 상징화했다(참조, 왕상 11:29~31; 사 20:2~4; 렘 13:1~7; 겔 4장). 바울 자신을 비롯한 여러 사람은 바울이 투옥되리라는 것을 알았다(행 20:23).

21:12~14 그 예언을 들은 사람들은 바울에게 예루살렘에 올라가지 말라고 간청했다(참조, 4절). 여기서 '우리'라는 표현이 가리키듯이, 누가조차도 이 간청하는 무리에 끼어 있었다. 그러나 바울은 주저하지 않았다.

누가가 그렇게 말하지 않았지만, 분명히 예루살렘으로의 여행이 바울에 중요한 한 가지 이유는 바울이 예루살렘 성도들에게 헌금을 가져다주고 있었다는 것이다(참조, 24:17; 롬 15:25~27; 고전 16:1~4; 고후 8:13~14; 9:12~13; 갈 2:10). 바울은 그의 기본 교리 중 하나인, 그리스도 안에서 유대인과 이방인의 연합(엡 2:11~22; 3:6)을 굳게 하기 위하여 그 돈을 전달하기 원했다.

21:15~16 가이사랴에서 예루살렘까지 거리는 약 105km이고, 말을 타면 이틀이 걸린다. 일부는 나손의 집이 도중에 있었기 때문에 바울과 그의 일행이 그곳에서 밤을 지냈을 것으로 생각한다. 그러나 나손은 예루살렘에 살았다. 흥미롭게도 나손은 바나바가 태어난 구브로 섬 출신이었다.

2. 예루살렘에서 붙잡힘(21:17~23:32)

a. 바울이 구류됨(21:17~36)

(1) 바울의 서원(21:17~26)

21:17~19 바울과 그의 일행은 곧바로 예루살렘 교회의 지도자인 '야고보'(참조, 15:13~21)와 교회의 장로들을 만났다. 누가만이 '하나님이 자기의 사역으로 말미암아 이방 가운데서 하신 일'에 대한 바울의 보고를 언급했다(참조, 14:27).

　이때 바울은 예루살렘 성도들에게 보내는 많은 헌금을(24:17) 장로들이 보는 가운데 야고보에게 전해 주었음이 틀림없다. 누가는 복음이 유대인에게서 이방인에게로 간 것에 강조점을 두었기 때문에, 그는 돈에 관한 이야기를 빠뜨렸다.

21:20~21 예루살렘 교회 지도자들은 바울의 이방인 사역을 듣고서, 하나님께 영광을 돌렸다. 의심할 것 없이 이때 예루살렘의 믿는 유대인들에게 헌금을 보내 준 이방인들에게 감사했다(12~14절의 주해를 보라).

바울의 보고를 듣고 기뻐하는 무리가 있는 반면, 율법에 열성 있는 유대인들은 바울의 평판에 대해 불안해했다. 분명히 바울에 관한 잘못된 소문도 나돌고 있었다. 바울이 이방인들에게 그들이 아들들에게 할례를 행하든지 그렇지 않든지 그것은 종교적으로 중요하지 않다고 가르쳤으며 그들에게 유대의 관습도 가르치지 않았다는 것은 사실이다. 그러나 그가 결코 유대인들에게 아들들에게 할례를 행하지 말라거나 유대의 관습을 무시하라고 가르친 적은 없다.

21:22~24 야고보와 장로들은 바울더러 서원한 '네 사람의 결례'에 참여하여 그들의 비용을 지불하라고 제의했다. 이것은 유대인 신자들을 달래기 위해서였다. 바울이 이를 행함으로써 소기의 목적을 달성했는지는 언급되지 않는다. 그것은 누가의 관심 밖이었다.

이 서원이 무엇이었는지 상세한 내용은 알려지지 않았다. 바울이 행하려고 했던 것이라고만 추측된다. 네 사람은 확실히 나실인 서원을 했다. 결과적으로 그들의 서원에는 각자 상당한 비용이 요구됐다(참조, 민 6:13~17). 이들은 분명히 너무 가난해서 비용을 지불할 수 없었다. 바울은 그들의 희생 제사 비용을 지불하여 그가 율법에 열성 있는 자들에게 동조한다는 것을 보여 주라는 요청을 받았다.

바울이 분명히 율법의 특정 부분이었던 이 타협에 참여한 것이 잘못인가? 여러 가지 이유로 볼 때 그것은 잘못이 아니었다. (1) 바울 자신도 이전에 나실인 서원을 했다(행 18:18). (2) 후에 그는 이 일을 벨릭스 앞에서 부끄러움 없이 말했다(24:17~18). (3) 바울 일행의 이 행동은 유대인을 얻으려면 유대인같이 되어야 하며, 율법 아래 있는 자들을 얻으려면 율법 아래 있는 자같이 되어야 한다는 그의 사역 원리를 확증한 것일 뿐이었다(고전 9:20). (4) 구제금을 가지고 간 예루살렘 여행에서 바울은 유대인과 이방인을 하나되게 하려는 목적도 가지고 있었다. (5) 바울은 동물 희생 제사를 드림으로써 그리스도의 완성된 사역을 부인하고 있지 않다. 사도 바울은 이미 이런 부인이 이해의 부족임을 분명하게 밝혔다(갈, 살전후, 고전후, 롬). 이런 제사를 기념물로 보았음이 분명하다. 무엇보다도, 이것은 천년왕국의 희생 제사의 의미가 될 것이다(겔 43:18~46:24; 말 1:11; 3:3~4). (6) 바울은 후에 그가 자신의 양심을 거스르지 않았다고 주장했다(행 23:1).

21:25~26 예루살렘 회의의 결정이 다시 한 번 되풀이되었다(참조, 15:20, 29). 장로들은 자기들의 계획(21:23~24에 언급된)이 예루살렘 회의의 결정에 위배되지 않음을 바울에게 확신시켰다. 그래서 바울은 장로들의 제안을 따라 네 사람과 함께 자신도 결례를 행했다(23~24절). 이것은 구원을 위해 유대인과 이방인을 율법 아래로 데려올 수 없다는 바울의 가르침과도 상반되지 않았다. 이것은 유대 관습의 문제였지, 구원이나 성별의 문제가 아니었다.

(2) 백성의 폭동(21:27~36)

21:27 바울에 대한 반대는 신자들에게서 온 것이 아니라 믿지 않는 유대인들에게서 왔다. 복음이 크게 성공을 거둔 아시아로부터 온 유대인들이 일으킨 폭동이었다. 오순절을 지키기 위해 예루살렘에 온 이들은 성

전에서 자기들의 오랜 원수를 알아보고 온 무리를 충동하여 그를 붙잡았다. 이것이 바울의 사역 때문에 무리가 선동된 여섯 번째 사건이다(14:19; 16:19~22; 17:5~8, 13; 19:25~34).

21:28~29 바울에 대한 그들의 거짓 고소는 스데반에게 한 것과 유사했다(6:11, 13~14). 그들은 바울이 헬라인들을 성전에 데리고 들어왔다고 허위 진술을 했다. 헬라인을 성전에 들이는 것은 유대인이 볼 때 거룩한 곳을 더럽히는 행위였다. 이방인들은 '이방인의 뜰'에 들어가는 것만 허용되었지 더 이상은 들어갈 수 없었다. 두 개의 비문이 성전의 나머지 구역과 이방인의 뜰을 구별하는 난간에서 발견되었다. 이 비문에는 이방인들이 이 경계를 넘어가면 반드시 죽음으로 벌을 받으리라는 경고가 쓰여 있었다(참조, 엡 2:14).

이것이 얼마나 철저했던지, 그 침입자가 로마 시민이라 할지라도, 로마인들은 유대인들에게 사형 선고를 내릴 수 있도록 허락했다.

21:30 '온 성'은 자극을 받아 행동을 개시했다. 그들은 바울을 잡아 성전 밖으로 끌어냈다. 여기의 '성전'은 분명히 '남자의 뜰'(이스라엘의 뜰)을 말한다. 그들은 바울을 데리고 나갔고, 누구도 이방인의 뜰을 넘어 들어와 성전을 더럽히지 못하도록 즉시 성전 문들을 닫았다.

21:31~32 성전 바깥뜰로 나가는 두 개의 층계를 지나면 성전 북쪽 뜰에 인접한 안토니아 요새가 있다('성전 구역과 요새' 그림을 보라). 군대가 그곳에 주둔해 있었으며, 유대 명절에는 군인들을 더 보강했다. 그들은 로마의 제10군단의 일부였다. 그 요새의 지휘관인 글라우디오 루시아(참

성전 구역과 요새

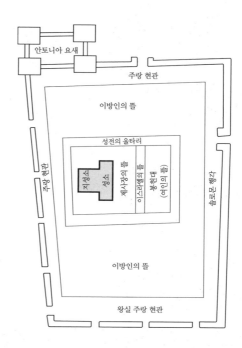

안토니아 요새

주랑 현관

이방인의 뜰

성전의 울타리

주랑 현관

지성소 / 성소

제사장의 뜰

이스라엘의 뜰

봉헌대 (여인의 뜰)

솔로몬 행각

이방인의 뜰

왕실 주랑 현관

조, 23:26)는 급히 군인들과 백부장들을 거느리고 무리에게 달려 내려갔다. '천부장'은 킬리아르코스(χιλίαρχος)로서 군인 1,000명의 지도자이다 (25:23). '백부장들'(헤카톤타르카스[ἑκατοντάρχας]: 문자적으로, '100명의 지도자들')이라는 명사가 복수인 것으로 보아 적어도 200명의 군사를 일컫는다.

21:33~36 천부장은 바울을 두 쇠사슬로 결박하라고 명령하고 그를 재빨리 '잡아'(에펠라베토[ἐπελάβετο]: 잡아 두다) 그를 구했다. 그 혼란과 소동이 얼마나 컸던지 군인들은 바울을 데려가야 했다. 무리는 계속해서 '그를 없이하자'고 외쳤다! 이 도시의 무리는 예수님에 대해서도 비슷한 말들을 외쳤었다(눅 23:18; 요 19:15).

b. 바울의 변호(21:37~23:10)

(1) 폭도 앞에서(21:37~22:29)

21:37~38 천부장은 바울이 헬라어를 유창하게 구사함을 보고 놀라서 이 사도더러 아직 로마인들에게 체포되지 않던 애굽인 반란자냐고 물었다. 그러나 이 애굽인 반란자는 분명히 헬라어를 말할 수 없었거나 헬라어로 말하기를 거부했음에 틀림없다.

요세푸스는 선지자라고 주장하는 한 애굽인 사기꾼에 관해 썼다. 요세푸스에 따르면 이 애굽인이 3만 명의 추종자를 모았고(누가는 정확히 4,000명이라고 말한다. 요세푸스는 숫자를 과장하는 경향이 있었다), AD 54년에 감람산에 올라가서 자신의 명령으로 예루살렘 성벽들이 붕괴할 것이라고 말했다. 로마 군대는 일부를 죽이고 일부는 사로잡았지만, 나머지는 흩어졌다. 그 애굽인은 도망쳤다.

이스라엘 백성은 자기들에게 많은 문제를 일으켜 온 이 인물을 넘겨준 것을 좋게 여겼을 것이다. 루시아는 성전에서 일어난 소동을 보고서, 유대인들의 관심이 이 애굽인에 있으며 그들이 그에게 분노를 터뜨리고 있다고 추측했다.

21:39~40 바울은 천부장에게 자기는 (성전에 들어갈 권리가 있는) 유대인이며 또한 다소의 시민으로서 그곳에서 헬라어를 배웠다고 말했다. 다소는 평판이 좋은 도시이며, 특히 교육의 중심지로 유명했다. 아직까지 바울은 자기가 로마 시민권자임을 밝히지 않았다(참조, 22:23~29).

바울은 폭도 앞에서 말하도록 허락을 받아 팔레스타인 유대인들의 일반적인 언어이며, 당시 중동 전역에서 쓰이던 아람어로 그들에게 연설하였다. 바울은 요새의 '층대' 위에서 무리를 아래로 내려다보며 서 있었다.

　바울의 변호는 세 부분으로 되어 있다. (1) 그의 회심 전 행위(22:1~5), (2) 그의 회심(22:6~16), (3) 사역을 위임받음(22:17~21)이다.

22:1 바울이 연설을 시작할 때 말한 호칭 '부형들아'는 스데반이 사용한 말이다(7:2). 스데반의 설교와 순교는 바울에게 계속해서 영향을 끼쳐 왔다(참조, 8:1)!

22:2 그들은 바울의 아람어 연설을 듣고 조용해졌다. 그 땅의 유대인들은, 바울처럼 흩어진 유대인이 헬라어뿐만 아니라 아람어를 잘할 수 있는 것에 놀라지는 않았다 할지라도, 아람어로 말하는 것을 듣고 기뻐했다. 그래서 그들은 조용히 하고 바울의 말을 들었다.

22:3~9 바울이 예루살렘에서 얼마나 오랫동안 자랐는지는(참조, 26:4) 알 수 없다. '자라'로 번역된 동사는 아나트레포(ἀνατρέφω)에서 유래했으며, 이 말은 '교육하다'라는 의미도 된다. 그의 멘토 중 하나는 사랑받고 존경받는 '가말리엘'이었다(참조, 5:34).

　여기에서 바울의 요점은 분명하다. 그는 철저하게 율법에 헌신했으며 기독교 박멸에 힘썼다. '이 도(道)'에 관해서는 9:2의 주해를 보라(참조, 19:9, 23; 22:4; 24:14). 그의 결의는 매우 견고해서 오직 초자연적인 변화만이 그의 생각을 바꿀 수 있었다. 그는 자신의 회심 사건을 자세히 이야기했다(22:6~9; 참조, 9:1~6).

22:10~11 "네가 해야 할 모든 것을 거기서 누가 이르리라"는 진술은(참

조, 9:6) 바울의 미래 사역을 내다보며, 22:14~15에 나오는 그의 연설을 예견한다.

22:12~13 이 연설의 유대적 관점은 바울이 아나니아를 언급한 데서 나타난다. 아나니아는 율법을 잘 지키는 경건한 사람으로, 거기 사는 모든 유대인에게 칭찬을 들었다. 그에 대한 이런 사실은 사도행전 9장에서는 나오지 않는다. '형제'란 말은 다메섹의 유대인들이 예루살렘의 유대인들을 '형제들'로 부르는 22:5에 나타난 것과 똑같은 관점을 보여 준다.

22:14~15 그리스도, 즉 '의인'을 보게 하셨다는 말은 중요하다. 왜냐하면, 그것은 바울에게 사도의 자격을 주는 것이기 때문이다(참조, 고전 9:1; 15:8). '의인'이란 용어는 스데반도 사용하였다(행 7:52). 바울이 복음을 증언할 '모든 사람'에는 열방의 왕들과 유대인들도 포함된다(9:15).

22:16 두 가지 질문이 이 구절에 집중된다. 첫째, 바울이 구원받은 장소는 어디인가? 다메섹 도상인가, 유다의 집인가?
　여러 가지 요소들은 바울이 다메섹 도상에서 구원받았음을 암시한다. (1) 복음은 후에 아나니아에 의해서가 아니라 그리스도를 통하여 직접 전해졌다(갈 1:11~12). (2) 이미(행 22:10) 바울은 자기가 그리스도께 믿음으로 복종했다고 말했다. (3) 바울은 물세례를 받기 전에 성령이 충만했다(9:17~18). (4) 헬라어 과거 분사 에피칼레사메노스($\epsilon\pi\iota\kappa\alpha\lambda\epsilon\sigma\acute{\alpha}\mu\epsilon\nu o\varsigma$)는 '그(주)의 이름을 불러'라고 번역되는데 주동사와 동시에, 혹은 주동사에 앞서 일어나는 행동을 나타낸다. 여기서 바울이 그리스도의 이름을 부른

(구원을 위한) 것은 그의 물세례보다 앞섰다. 이 분사는 '그의 이름을 부른 후에'라고 번역될 수도 있다.

둘째, '너의 죄를 씻으라'는 말은 무엇을 뜻하는가? 그들은 구원이 물세례로 온다고 가르치는가? 바울은 이미 영적으로 씻겼기 때문에, 이 말은 세례의 상징을 나타낸다고 보아야 한다. 세례는 죄를 씻는 하나님의 내적인 사역의 표상이다(참조, 고전 6:11; 벧전 3:21).

22:17~18 9:29~30에 따르면 바울이 예루살렘을 떠난 것은 그리스도인 형제들의 조언 때문이었다. 실제로 하나님의 계시(22:17~18)와 인간의 지도는 바울을 다소로 가게 했다.

22:19~20 주님의 말씀에 대한 바울의 응답은 그가 자기의 급격한 삶의 변화로 유대인들이 충격을 받을 것이라고 생각했음을 보여 준다. 무엇보다도 바울은 신자들을 박해하는 데 가장 열정적이었으며(8:3; 9:2; 22:4~5; 26:11), 스데반의 순교에도 참여했었다(7:58; 8:1).

22:21~22 바울이 자신은 '이방인'에게 복음을 전하도록 위임받았다고 말하자, 폭도는 즉시 분노와 난폭함을 드러냈다. 이방인에게 복음을 전하는 것이 이런 반응을 일으킬 수 없었다. 왜냐하면, 이스라엘의 종교 당국자들도 이방인에게 전도했기 때문이다(참조, 마 23:15). 폭도를 격노하게 만든 바울의 메시지는 유대인과 이방인이 모세의 율법 없이 동등하다는 것이었다(참조, 엡 2:11~22; 3:2~6; 갈 3:28).

이 반응은 사도행전의 논쟁에서 중요하다. 그것은 예루살렘의 유대인이 예수 그리스도의 복음을 최종적으로 거부하였으며 그들의 운명을 결정지었음을 나타낸다. 20년이 못 되어 AD 70년에 예루살렘 도시는 파괴되었다(참조, 마 24:1~2; 21:41; 22:7). 그러나 이것은 이스라엘이 미래에도 회복될 수 없을 것이라는 의미는 아니다(참조, 롬 11:26).

22:23~24 폭도는 극도의 분노의 표현으로 자기들의 '옷을 벗어 던지고 티끌을 공중에 날렸다.' 아람어를 알지 못하는 그 천부장은 돌아가는 모든 일을 보고서 당황했다. 그는 이 일의 진상을 밝혀내기로 결심했다. 심지어 바울에게 채찍질을 해서라도 말이다.

이 채찍질은 바울이 빌립보에서와 다른 두 경우에 몽둥이로 맞았던 것과는 다르다(고후 11:25; 행 16:22~23). 그것은 유대인에게 39대를 다섯 번 맞은 처벌과도 성격상 다르다(고후 11:24). 로마의 채찍은 금속이나 뼛조각을 끼워 넣어 튼튼한 나무 손잡이에 연결한 좀 짧은 채찍으로 매우 심한 고통을 주었다. 그것은 사람을 죽이기도 하고 영원한 절름발이로 만들기도 했다. 그리스도께서도 이 채찍에 맞아(마 27:26), 자신의 십자가를 옮길 수 없을 정도로 상처를 입으셨다.

22:25~27 로마 시민을 채찍질하는 것은 법으로 금지되어 있었다. 바울은 이 사실을 질문함으로써 백부장의 주의를 끌었다. 이것이 천부장에게 보고되자, 천부장은 이렇게 유대인의 증오 대상이 된 바울이 로마 시민일는지 의아해하였다.

22:28 글라우디오 황제의 재위 기간에는(AD 41~54년, 누가복음 주석 2:1의 '신약시대의 로마 황제들' 연표를 보라) 로마 '시민권'의 매입이 가능했다. 정부 관리들은 이 특권을 팔아서 받은 뇌물로 부를 축재할 수 있

었다. 그 천부장과는 달리 바울은 부모가 로마 시민이었기 때문에 나면서부터 시민이었다.

22:29 천부장은 바울이 사슬에 묶인 것을 보고 자기가 로마법을 위반했음을 깨닫고 두려워했다. 그 사슬은 바울을 채찍질하기 위해 묶은 것이었다. 바울은 로마 시민으로서 후에도 결박을 당했었다(26:29).

누구인들 로마 시민이라고 주장하여 채찍질을 피할 수 없었겠는가? 그러나 시민이라고 거짓 주장한 사람은 사형에 처했다.

(2) 산헤드린 앞에서(22:30~23:10)

22:30 이때 천부장은 바울에 대한 고소가 유대인의 문제이며(참조, 23~29절), 이 문제를 알아내는 가장 좋은 방법은 산헤드린 앞에서 심문하는 것임을 알았다. 그 죄인이 무죄하다고 밝혀지면 풀려나겠지만, 혐의가 인정되면 이 사건은 로마 총독에게 이송될 수 있었다(참조, 23:26~30).

23:1~2 간단한 심문의 형태가 여기에 나온다. 바울이 '범사에 양심을 따라' 행했다고 주장하자(참조, 24:16; 고전 4:4) 대제사장 아나니아가 바울 곁에 서 있는 사람들에게 그 입을 치라고 명령했다. 아나니아의 반응은 요세푸스가 표현한 대로 오만하고, 혈기 방자하고, 속되며, 탐욕스러웠다. 아이러니하게도 바울이 사역을 시작할 때 다른 아나니아가 그의 시력을 회복시켜 주었다는 것이다.

23:3~5 바울은 대제사장의 불법적인 명령에 분노가 폭발했다. 설사 율

법을 범한 사람을 재판하는 재판관으로서 앉아 있을지라도 어떻게 제사장이 율법을 어길 수 있단 말인가? 유대의 율법은 피고가 유죄로 판명되기까지는 무죄로 가정했다. '회칠한 담'같이, 아나니아는 겉으로는 모두 옳게 보였으나 내적으로는 약했고 타락했다. 예수께서도 심문받으실 때 입을 맞으시고 이에 대한 합법성에 이의를 제기하셨다(요 18:20~23).

"형제들아 나는 그가 대제사장인 줄 알지 못하였노라"는 바울의 말은 한 가지 문제를 드러낸다. 이것은 바울의 시력이 좋지 않았기 때문일 수 없다. 왜냐하면, 바울이 '공회'(산헤드린)를 '주목하였기'(아테니사스 [ἀτένισας]: 문자적으로 '주의 깊게 쳐다봤다') 때문이다(행 23:1). 그가 이 불법자를 제사장으로 인식하지 못했다는 말에는 모순이 있을 수 있다. 그러나 '형제들'(5절)이라는 말은 이런 해석이 부적합함을 설명한다. 대제사장을 구별하는 데는 이런 혼동이 있을 수 있었다. 분명히 그는 제사장복을 입고 있지 않았다. 또한 바울이 여러 해 동안 산헤드린과 접촉하지 않았기 때문에 아나니아를 개인적으로 알지 못했을 가능성도 있다. 대제사장은 자주 바뀌었다(4:5~6에 나오는 '안나스의 계보'를 보라).

아무튼, 바울은 그 제사장을 인격적으로는 존경하지 않았다 하더라도 그의 대제사장 직분은 인정했다.

23:6~9 이런 상황에서 정의는 불가능했다. 이를 깨달은 바울은 전략을 완전히 바꾸어 바리새인들이 따르는 '죽은 자의 소망 곧 부활'에 대해 말했다(이 소망에 대해서는 참조, 24:15; 26:6~7; 28:20). 이로써 '바리새인들과 사두개인들' 사이에 논쟁이 일어나기 시작했기 때문에, 심문은 즉시 중단되었다(참조, 4:1~2). 이 영특한 전략을 사용하여 바울은 적들을 분열시켰다. 놀랍게도 바리새인들은 동료 바리새인인 바울을 변호하기 시

작했다.

23:10 바울은 로마 감옥에 있을 때보다 유대인들 사이에 끼게 되어 더욱 큰 위험에 처했다. 그래서 그는 다시 안토니아 요새의 영내로 옮겨졌다(참조, 21:35).

c. 바울에게 닥친 위험(23:11~32)

23:11 이 환상은 위로와 권면뿐 아니라(참조, 18:9~10) 로마로 가려는 바울의 계획에 확증을 주었기 때문에 중요하다. 그리스도의 복음은 문자 그대로 사도 바울에 의해 예루살렘에서 로마로 갔다. 이것은 주께서 바울에게 주신 네 번째 환상이었다(참조, 9:4~6; 16:9; 18:9~10).

23:12~13 바울에 대한 증오는 너무 커서, 그다음 날 아침 광적인 유대인 40명은 당을 지어 맹세하되 바울을 죽이기 전에는 먹지도 아니하고 마시지도 아니하겠다고 했다(참조, 바울을 죽이려는 무리의 노력, 21:31). '맹세하다'에 해당하는 동사는 아나테마티조($\dot{\alpha}\nu\alpha\theta\epsilon\mu\alpha\tau\acute{\iota}\zeta\omega$; 영어에서는, '아나테마[anathema]')이며, 이는 어떤 사람이 자신의 맹세를 이루지 못하면 자신을 저주 아래 묶는다는 의미다. 추측건대 이 사람들은 바울의 상황이 극적인 사건들로 인하여 바뀌었기 때문에 율법 교사들의 도움을 받아 이 맹세를 풀었을 것이다.

23:14~15 이 줄거리에서 대제사장들과 장로들의 공모는 바울에 대한 그들의 합법적인 입장 결여와 그들의 근본적인 특성을 드러낸다. 또한 광

적인 열정을 가진 40명은 숫자상으로 바울을 지키는 자들에게 죽임을 당할 것이기 때문에, 그들의 계획은 비밀리에 이행되어야만 했다.

23:16~22 이름이 밝혀지지 않은 바울의 생질은 40명의 음모를 듣고 영내에 들어가 바울에게 말하고 나서 천부장에게 말했다. 풀리지 않는 많은 문제가 있다. 바울의 생질은 그리스도인이었는가? 그는 이 정보를 어떻게 입수했는가? 바울의 누이가 예루살렘에 살았는가? 예루살렘에 친척이 있었다면 바울은 왜 그들과 함께 거하지 않았는가?

그 생질은 청년이었다(17~19, 22절). 17절에서 '청년'으로 번역된 헬라어 네아니아스($\nu \epsilon \alpha \nu \acute{\iota} \alpha \varsigma$)는 일찍이 바울(7:58)과 유두고(20:9)에게 사용되었다. 이 낱말은 20대 혹은 30대의 남자에게 사용되었다(네아니스코스[$\nu \epsilon \alpha \nu \acute{\iota} \sigma \kappa o \varsigma$], 네아니오스[$\nu \epsilon \alpha \nu \acute{\iota} o \varsigma$]의 동의어로, 23:18, 22에서 사용된다. 19절에서 NIV 성경은 '젊은이'[youngman]라고 하지만 헬라어로는 그렇지 않다). 요새의 천부장은 이 음모를 듣고, 바울의 생질에게 이 일을 자기에게 고했다고 아무에게도 말하지 말라고 경계했다.

23:23~24 천부장은 바울을 이 위험한 곳에서 멀리 보내기로 작정했다. 그래서 그는 바울의 호송에 안전을 기하기 위해 가능한 모든 지원을 했다. 첫째, 그는 바울에게 470여 명의 수행원을 딸려 보냈다. "백부장 둘 … 보병 이백 명(백부장 하나에 군사 백여 명)과 기병 칠십 명과 창병 이백 명"이다. 둘째, 그들은 밤 9시의 어둠을 이용하여 장도(壯途)에 올랐다. 아울러, 가이사랴는 예루살렘처럼 소동이 일어나지 않는 훨씬 안전한 곳이었다. 셋째, 바울은 밤에 은밀히 도시를 떠났다(참조, 9:25의 다메섹, 17:10의 데살로니가).

23:25~30 죄수를 상관에게 보낼 때 하급 관리는 그 사건에 대한 진술서를 올려야만 했다.

'글라우디오 루시아'의 이 '편지'는 사건의 핵심 사항을 보여 준다. 천부장은 바울이 로마 시민임을 하급 관리에게서 듣고(22:26) 그를 구했다고 말하여 사실을 왜곡시켰다(27절). 그는 또한 자기가 바울을 채찍질하려 했다는 이야기는 조심스럽게 생략하였다(참조, 22:25, 29).

이 문서의 중요성은 바울이 무죄하다고 천부장이 주장한 23:29에 나타난다. 갈리오(18:14~15), 에베소의 시 행정관(19:40), 바리새인들(23:9), 베스도(25:25), 헤롯 아그립바 2세(26:31~32)의 유사한 의견들을 비교해 보라.

23:31~32 예루살렘에서 안디바드리까지의 거리는 약 56km가 넘었다. 이것은 강행군이었다. 왜냐하면 그들은 이튿날에 도착했기 때문이다. 예루살렘에서 룻다 혹은 욥바(오늘날의 로드. 참조, 9:32~43, 안디바드리에 11~13km 못 미쳐 있다)의 지세는 험해서 그 비밀 군사들을 숨기기에 적합하였다. 안디바드리에 닿자 군사들은 더 이상 필요하지 않게 되었다. 가이사랴로 가는 나머지 43km는 덜 위험한 상태였으므로 쉽게 횡단할 수 있었다.

3. 가이사랴에 감금됨(23:33~26:32)

a. 벨릭스 앞에서 바울의 변호(23:33~24:27)

23:33~35 기병과 바울이 도착하자, 벨릭스는 간단한 예비 구두 심문

을 했다. 벨릭스는 대략 AD 52~58년경의 유대 총독(통치자)이었다. 그는 신약성경에 나오는 세 명의 로마 총독 중 하나다. 다른 사람들은 빌라도 (AD 26~36년)와 베스도(AD 58~62년)다. 벨릭스는 25:13~26:32에 나오는 헤롯 아그립바 2세의 누이 드루실라(24:24)와 결혼했다.

벨릭스는 바울이 길리기아 출신임을 알고 이 사건 내용을 듣기로 결정했다. 분명히 소송 사건은 피고의 고향이나 죄를 범한 지역에서 처리될 수 있었다. 실제로 심문은 바울이 '어느(포이아스[ποίας]) 속주(지방)' 출신인지와 연관되었다. 이때 당시 길리기아는 완전한 속주가 아니라 벨릭스가 대표자였던 수리아의 지방 장관 통치를 받고 있었다. 그 지방 장관은 이와 같은 작은 소송 사건을 취급하기를 귀찮아했다. 벨릭스는 그렇게 멀리 떨어져 있는 바울의 고향 다소로 이 소송 사건을 떠맡겨 유대인의 분노를 자초하기를 원치 않았다. 벨릭스에게는 오직 한 가지 해결책만이 있었다. 그것은 이 사건 내용을 듣는 일이었다. 그러나 바울에 대한 증거들이 나타나야 했다(참조, 행 23:30).

24:1 대제사장이 산헤드린의 몇몇 장로들과 함께 가이사랴로 내려왔다. 그들은 변호사(레토로스[ῥήτορος]: 공적인 연설자, 웅변가. 신약성경에서는 여기서만 사용된다) 더둘로를 고용하여, 벨릭스 앞에서 이 사건을 고소했다.

24:2~4 이 변호사는 서론으로 바울에 대한 자세한 고소 내용을 말하는 데 사용한 시간만큼이나 소비하였다. 벨릭스에 대한 그의 묘사는 분명히 아첨이었다. 왜냐하면 벨릭스는 억압을 사용하여 자기 권력을 강화하는 데 열중하는 부도덕한 사람으로 알려져 있었기 때문이다. 벨릭스

는 노예였다가 자유를 얻어 왕궁의 환심을 샀다. 로마의 역사가 타키투스 (Tacitus)는 벨릭스의 성품을 "그는 노예 근성으로 왕권을 행사했다"는 간결한 문장으로 신랄하게 요약하고 있다.

24:5~8 고소는 세 부분으로 나뉜다. (1) 바울은 곳곳에서 소요를 일으키는 천하의 말썽꾼이다. (2) 그는 나사렛 이단의 괴수다. (3) 그는 성전을 더럽히려 했다.

첫 번째 혐의는 로마가 자기들의 왕국에 질서가 유지되기를 바랐기 때문에 정책적으로 과장한 것이다.

두 번째 혐의 역시, 더둘로는 기독교가 유대교에서 파생되었음을 밝혔으므로 로마 정부와 관계된다. 로마는 유대교를 합법적인 종교로 허락하고 다른 모든 새로운 종교들은 용인하지 않았다. 기독교를 나사렛 '이단' (하이레세오스[αἱρέσεως]: 파벌, 당, 파)이라고 말함으로써, 이 변호사는 바울의 신앙을 일시적인 유행이며 이상한 것으로 보이게 했다.

세 번째 혐의인 성전을 더럽힘도 정치적인 분위기를 띠고 있다. 왜냐하면 로마인은 유대인에게 성전 경내로 들어간 이방인을 사형시킬 권한을 허용했기 때문이다(참조, 21:28). 이때 더둘로는 21:28에 나오는 원래의 고소 내용을 수정했다. 그곳에서는 바울이 이방인을(에베소 사람 드로비모) 성전으로 데리고 들어왔다고 고소했는데, 여기서는 그가 성전을 더럽히려 했다고 고소했다. 진실은 그들이 바울을 잡아서 체포했다는 것을 암시하는 "(그래서) 우리가 잡았사오니"라는 구절에서 심하게 손상되었다(NIV 성경 여백은 신빙성이 덜한 몇 개의 헬라어 사본에 나오는 6~8절의 내용을 제시한다).

24:9~10 유대인이 자기들의 변호사의 송사가 옳다고 동의한 후에, 바울은 답변할 기회를 얻었다. 그의 서론은 간단하고 진실한 것이었다. 그는 벨릭스가 정확한 판단을 내릴 만큼 유대의 상황을 잘 알고 있을 것이라고 이야기했다.

24:11 바울은 몇 가지 요점으로 자신을 변호했다. 첫째, 그는 소요를 일으킬 만큼 예루살렘에 오래 머물지 못했다. 사실 예루살렘에 머무른 목적 중 하나는 오순절을 지켜 예배를 드리기 위함이었다(20:16). 다른 이유는 24:17~18에서 밝혔다.

24:12~13 둘째, 바울을 비난하는 자들조차도 그가 그 도시에서 소요를 일으켰음을 예증하지 못했다.

24:14~16 셋째, 그는 '율법과 선지자들의 글'과 완전히 일치하는 이스라엘의 '하나님'을 섬겼다(참조, 26:22; 28:23, '율법과 선지자들'이란 용어에 관하여는 마 5:17을 보라). 더구나 그의 신앙은 파당이 아니라, '도'(참조, 행 9:2; 19:9, 23; 22:4; 24:22)로 알려진 기독교를 믿는 것이었다. 그의 부활 소망(참조, 23:6; 26:6~7)은 그를 고소하는 자들의 소망과 같았다 (바울은 그들 가운데 상당수가 바리새인이라고 추측했다). 이렇게 말함으로써 바울은 기독교가 구약성경에서 나왔음을 밝혔다. 나아가 바울은 항상 '양심에 거리낌이 없기를' 힘썼다(참조, 23:1). '거리낌이 없기를'은 아프로스코폰(ἀπρόσκοπον: 문자적으로, '비틀거리지 않게, 범법하지 않게')의 번역이며, 바울은 신약성경의 다른 곳에서 두 번 사용하였다(고전 10:32; 빌 1:10).

24:17 이 구절은 사도행전에서 바울이 이방 교회들에서 예루살렘으로 구제금을 가져온 목적이 나타난 유일한 곳이다. 누가는 이것이 그의 논지의 주요 요소가 아니었기 때문에 이를 강조하지는 않았다. 그러나 그것은 바울 서신에 자주 언급될 만큼 바울에게는 중요했다(롬 15:25~28; 고전 16:1~4; 고후 8:13~14; 9:12~13; 갈 2:10).

바울이 '제물'을 드리기 위해 예루살렘에 갔다고 말하는데, 이것은 무엇을 뜻하는가? '제물을 드리려고 성전에 들어갔다'는 뜻으로 해석할 수도 있다(참조, 행 24:18). 그러나 자기의 사역에 대해 하나님께 감사의 제물을 드렸다는 해석이 더 타당하다.

24:18 다시 바울은 자기는 소요를 일으킨 자가 아니라고 주장했다(참조, 12절). 그를 고소한 자들도 거기에 있었다!

24:19~21 마지막으로, 바울은 원래의 거짓 진술을 말하고 성전에서 소요를 일으킨 아시아에서 온 유대인 고소자들은 여기에 오지 않았다고 말했다(참조, 21:27). 산헤드린이 그의 죄를 찾지 못했기 때문에(23:1~9), 더둘로의 변호는 실제로 어떤 합법적인 송사도 담고 있지 않았다.

24:22 벨릭스가 어떻게 기독교에 대해서 알았는지 추측할 수는 있다. 아마도 그는 헤롯 아그립바 1세의 딸이며 헤롯 아그립바 2세의 누이인 자기 아내 드루실라에게서 기독교에 대해 들었을 것이다. 그녀는 유대인 여자였기 때문에(24절) 그 도에 대해 들었을 것이다. 이외에도, 벨릭스는 몇 해 동안 유대를 다스리면서 초대교회의 신앙에 대해 듣지 않았을 리가 없다.

그는 종교 지도자들이 좋아하지 않을 만한 어떤 판결을 내리기보다는 이 소송을 연기하기로 했다. 그는 "천부장 루시아가 내려오거든 너희 일을 처결하리라"고 했다. 글라우디오 루시아(참조, 23:25~30)가 가이사랴로 내려왔는지 혹은 내려오지 않았는지는 중요치 않다. 이 소송은 무한정으로 연기되었다.

24:23 벨릭스는 분명히 바울의 무죄를 알았기 때문에, 그에게 백부장의 감시하에 죄수로서 한정된 자유를 누리도록 허가했다. 후에 다른 백부장이 시돈에서 바울에게 비슷한 자유를 주었다(27:3).

24:24~26 벨릭스는 아내 드루실라와 함께 짧은 여행을 했음이 틀림없다. 벨릭스는 돌아와서 바울을 불러 그리스도 예수를 믿는 신앙에 대해 들었다. 벨릭스는 바울이 '의와 절제와 장차 오는 심판'을 강론하므로 곤란한 상태에 놓이게 되었다. 드루실라와는 세 번째 결혼이고 그녀를 안심시키려면 다른 결혼을 깨뜨려야만 했기 때문에 그는 편치 않았다. 그의 상태는 하나님의 의에 위배되는 불의였다. 그리고 그는 자제력이 많이 부족한 사람이었다.

자기기만과 탐욕에 빠진 벨릭스는 바울에게서 뇌물 받기를 바랐던 것 같다.

24:27 유대인의 환심을 사려고 벨릭스는 바울이 무죄함을 알면서도 감옥에 가두어 두었다. 벨릭스는 가이사랴에서 충돌을 일으키는 유대인과 이방인을 너무 심하게 억압하여서 종국에는 그 지위를 잃었다.

b. 베스도 앞에서 바울의 변호(25:1~12)

25:1 이 부분은 매우 중요하다. 왜냐하면 바울이 가이사에게 상소하였기 때문이다(1~12절). 그것은 이 책의 나머지 부분의 방향을 설정하며 이 사도가 어떻게 로마에 닿는지를 보여 준다.

유대의 로마 총독 베스도(AD 58~62년)에 대해서는 별로 알려진 바 없지만, 역사의 내용은 호의적이다. 잘 통치하고 싶어 하는 그의 마음은 이 속주에 '부임한 지 삼 일 후에' 예루살렘에 올라감으로써 증명된다. 그가 이 도시의 호전성에 대해서 들었음은 의심할 나위가 없다!

25:2~3 종교 당국자의 마음에 중요한 사항은 바울에 대한 고소였다. 그들은 자신들의 사건이 매우 취약해서 가이사랴에서 예루살렘으로 바울을 옮기는 동안 매복하였다가 바울을 제거하는 것이 유일한 방법임을 알았다.

25:4~5 분명히 베스도는 그들의 요청이 불합리하다고 느꼈기 때문에 이 소송을 가이사랴에서 재개하기로 약속했다. 바울은 이미 가이사랴에 와 있었고 베스도는 그곳으로 돌아가려 하고 있었다.

25:6~7 앞선 심문 장면이 재현되었다. 그러나 누가는 고소 내용이 많았고 심각했다고 덧붙였다.

25:8~9 바울이 자기에 대한 혐의들을 간략하고 명백하게 부인하자 베스도는 이 죄수에게 예루살렘에 올라가서 다시 심문을 받지 않겠냐고 물

었다. 베스도는 이것이 유대인들을 달래기에 적합한 절충안이라고 느껴 소송에 대한(참조, 4~5절) 자기 마음을 바꾸었다. 또한 그는 자기가 이런 종류의 종교적인 사건을 처리하는 방법을 모르고 있음을 깨닫고 있었다 (20절).

25:10 바울은 여러 가지 이유로 이 변경에 따를 수 없었다. (1) 가이사랴 에서 예루살렘까지의 여행은 너무 위험했다. 2년 전(참조, 24:27) 바울을 살해하기로 맹세한(23:13~14) 유대인 40명이 이제는 자기들의 맹세를 깨 뜨렸지만, 아직도 바울을 죽이기 원했다. (2) 예루살렘에서 공정한 재판 을 받을 가능성은 희박했다. (3) 그는 이미 가이사랴에서 2년여 동안 죄수 로 있으면서 쇠약해져 있었다.

바울에 대한 고소는 민사였다(그들은 그가 '유대인들에게' 불의를 행 했다고 말했다). 그러므로 베스도가 가이사를 대리했던 현재의 법정은 적 합한 처사였다.

25:11 이 혐의들은 사형을 요구할 만큼 심각한 것이었다. 만약 이 고소 가 사실이라면, 바울은 기꺼이 죽겠다고 했다. 바울은 예루살렘에 가겠느 냐는 베스도의 제안은(9절), 비록 그 재판을 베스도가 주관할지라도, 자 기를 유대인에게 넘겨주는 것과 다름 없다고 해석했다.

25:12 베스도는 이 사건을 합법적으로 '가이사'(네로, AD 54~68년까지 재위했다)에게 돌려보낼 의무가 있는 것인지 혹은 스스로 처리할 수 있을 지 간단히 상의했다. 베스도가 이 사건 내용을 듣기로 결정하였다 하더라 도, 바울은 아직도 가이사에게 상소할 수 있었다. 그래서 베스도는 이 사

건을 로마로 넘기는 것 외에는 다른 방도가 없었다. 그래서 그는 배석자 (의회)와 상의한 후에, 바울의 탄원대로 그를 가이사에게 보내겠다고 발표했다.

c. 아그립바 2세 앞에서 바울의 변호(25:13~26:32)

25:13 여기에 나온 아그립바 왕은 아그립바 2세로, 헤롯 아그립바 1세 (12:1)의 아들이며 헤롯 대왕(마 2:1)의 증손자다(누가복음 주석 1:5의 '헤롯 왕의 가계도'를 보라). 당시 그는 약 30세의 나이로 왕이라는 칭호를 가지고 팔레스타인 북동부를 다스렸다. 그는 로마 왕가의 친구였기 때문에 유대교의 대제사장 선출권을 받았으며 또한 성전고의 관리자가 되었다. 그의 배경은 바울을 심문할 특별한 자격을 갖추고 있었다. 그는 유대교에 대해 익히 잘 알고 있었다(참조, 행 25:26~27).

아그립바 2세와 그의 누이 '버니게'는 베스도에게 문안하러 가이사랴에 왔다. 버니게는 유대인을 지지하는 경향이 있었으나 자신은 방탕한 생활을 하였다. 그녀는 자기 형제 아그립바와 근친상간 관계에 있었다.

25:14~21 베스도는 벨릭스가 남기고 간 바울 사건을 처리하기 위해 검토했다. 베스도는 이런 사건을 다룰 능력이 없다고 솔직하게 고백했다(20절). 특히 그는 그리스도의 부활에 관한 바울의 주장을 이해하지 못했다 (19절).

25:22 이런 상황 전개는 아그립바가 바라던 대로 되었다. 헤롯 가문은 유대의 문제를 잘 알고 있었으므로 로마에 유용하였으며 아그립바의 식

견은 베스도에게 도움이 되었다.

25:23~24 옹졸한 아그립바 왕과 그의 누이 버니게는 이 사건을 이용하여 자기들의 지위와 의복과 의식을 보여 주었다. 누가는 아그립바와 버니게와 '천부장들과 시중의 높은 사람들'과 접견 장소에 있는 비천한 죄수 바울을 대조시키고 있음이 분명하다. 다섯 보병대(각 보병대는 1,000명의 군사가 있었다)가 가이사랴에 주둔하였기 때문에, 다섯 보병대의 천부장들(킬리아르코이스[χιλιάρχοις]. 참조, 21:31)도 그곳에 있었다. 베스도는 아그립바에게 유대인들이 바울을 죽여야 한다고 주장했다고 말했다.

25:26~27 25절의 진술은 중요하다. 왜냐하면, 그것은 전에 있던 벨릭스와 같이 베스도도 바울이 죽을죄를 범한 일이 없음을 발견했다는 사실을 보여 주기 때문이다(참조, 23:9, 29; 26:31).

바울을 고소할 만한 확실한 내용이 없이 가이사에게 보내는 일이 베스도에게는 좋지 않았던 것 같다. 그래서 베스도는 유대의 관습과 율법을 알고 있는 아그립바가 네로 황제가 충분히 납득할 만한 고소문을 작성하는 데 도움을 주리라고 믿었다.

두 가지 흥미로운 로마 왕정 용어들이 이 장에서 발견된다. 첫째는 '존경하는, 위엄 있는'을 의미하는 세바스토스(σεβαστός)인데 신약성경에서는 25:21, 25; 27:1에서만 사용되었다. 25장에서는 이 용어가 '황제'로, 27:1에서는 '아구스도'로 번역되었다.

둘째는 '주'를 의미하는 퀴리오스(κύριος)이다. 25:26에서는 이 용어가 '황제'로 번역된다. 아구스도와 디벨료는 이 칭호가 자기들을 너무 고양시킨다고 느꼈기 때문에 스스로 이 칭호를 거절했다. 그러나 바울이 가이사에게 탄원할 당시까지는, 네로가 왕위에 있었으며 '주'는 가이사에게 많이 사용되었다. 네로는 '주'라는 칭호를 받아들이지 않았지만, 아직까지 그의 재임 후기의 특징을 나타내는 무절제에 빠지지는 않았다. 당시 네로는 공정성을 갖춘 통치자라는 평판을 받았다.

26:1 바울은 이미 베스도에게 자신을 변호했고(25:6~12), 그래서 이제는 아그립바에게 직접 연설했다. 이 연설의 목적은 아그립바가 이 일에 대해 알도록 하기 위함이었다.

손을 드는 행위는 확실히 당시 연설자의 예의에 따른 몸짓이었다. 이 연설은 여러 부분으로 나뉜다. (1) 경의를 표함(26:2~3), (2) 유대교에 따른 바울의 초기 생활(4~8절), (3) 기독교 박해에 대한 그의 열정(9~11절), (4) 그의 회심과 위임(12~18절), (5) 그의 사역(19~23절), (6) 베스도와 아그립바와 바울의 언쟁(24~29절) 등이다.

26:2~3 바울은 아그립바가 유대인의 모든 관습과 논쟁에 익숙하였으며, 게다가 실제로 유대인임을 알았기 때문에 그의 인사말은 정직한 것이었다.

벨릭스에게 간략하게 말하겠다고 약속한 더둘로와는 대조적으로 (24:4), 바울은 자기의 변호가 약간 길어지겠음을 암시했다. 이것은 사도행전에 기록된 바울의 모든 변호 중 절정을 이룬다(참조, 22:1~21; 23:1~8; 24:10~21; 25:6~11).

26:4~8 요약하면, 바울은 젊은 시절부터 이스라엘의 소망에 따라 그리고 이스라엘의 소망을 위해 살았다고 주장했다(6~7절; 참조, 23:6;

24:15; 28:20. 예루살렘에서의 그의 삶에 대해서는 22:3을 보라). 그는 이 소망에는 죽은 자의 부활도 포함된다고 진술했다. 이것은 그리스도께서 부활의 교리를 변호하려고(마 22:32) 모세오경(출 3:6)을 인용하신 것과 같은 이유다. 여호와께서는 아브라함과 이삭과 야곱의 하나님이시므로, 사람들은 하나님이 그들에게 주신 약속을 받기 위해 부활하여야만 한다. 마찬가지로 유대인에게 주어진 약속들도 도래하는 메시아 시대에 그들이 부활할 것을 약속한다.

이스라엘 열두 지파에 대한 바울의 언급은 '이스라엘의 잃어버린 열 지파'의 브리티쉬–이스라엘리즘(British–Israelism, 역자 주, 서부 유럽과 북부 유럽 혈통 사람들이 고대 이스라엘 백성의 잃어버린 열 지파의 직계 자손이라는 주장이다)의 오류를 보여 준다(참조, 마 19:28; 눅 22:30; 약 1:1; 계 7:4~8; 21:12).

26:9~11 유대교에 헌신한 것 이외에 바울은 기독교 박해에도 열정적이었다(참조, 8:3; 9:2; 22:4~5, 19). 바울이 옥에 갇힌 그리스도인들을 죽일 때 투표했다는 말은 그가 반드시 산헤드린 회원이었다는 뜻은 아니다. 아마 그가 산헤드린의 조치에 동의했다는 의미일 수 있다(참조, 8:1; 22:20).

바울은 그리스도인들을 체포하면 그리스도인들에게 신성 모독을 하도록 강요했다. 즉 예수님을 믿는 신앙을 철회하도록 강요했다.

26:12~18 바울은 자기의 회심을 자세히 설명하면서(참조, 9:1~19; 22:1~21) 정오의 해보다 더 밝은 빛에 대해 말했다(22:6). 9:4과 22:7에 나오는 사울의 이름의 철자가 아람어였기 때문에 짐작은 했겠지만, 독자

는 이제 여기서 처음으로 하늘에서 난 소리가 아람어였음을 알게 된다.

일부는 "가시채를 뒷발질하기가 네게 고생이니라"는 진술이 바울이 그리스도를 믿는 신자들을 핍박하면서 죄의식과 양심의 가책을 받고 있었음을 뜻한다고 믿는다. 그러나 신성 모독, 폭력, 교회 핍박에도 불구하고 바울은 무지와 불신으로 행했기 때문에 긍휼을 입었다고 나중에 기록하고 있다(딤전 1:13). 가시채를 뒷발질함은 분명히 그의 교회 핍박이 무익함을 나타낸다.

바울의 위임(행 26:18)은 이사야 35:5; 42:7, 16; 16:1에 예언된 메시아의 사역과 거의 흡사했다. 바울은 주 예수 그리스도의 대리인으로서 주 예수께서 문자 그대로 언젠가 이 땅 위에 오실 것을 상징적으로 말했다. 영적으로 바울은 많은 사람을 죄의 '어두움'에서(요 3:19; 고후 4:4; 엡 4:18; 5:8; 골 1:13) 그리스도 안에 있는 빛으로(요 12:36; 고후 4:6; 엡 5:8; 골 1:12; 살전 5:5) 이끌어 냈다. 이 구원은 사탄의 '권세'에서 놓임(요 8:44; 히 2:14)과 '죄 사함'을 주며(행 2:38; 5:31; 10:43; 13:38; 엡 1:7; 골 1:14) '거룩하게 된 무리', 즉 하나님의 구속 사역을 통해 하나님께 특별히 구별된 자들 가운데서(참조, 고전 1:30; 히 10:10; 13:12) 기업을 얻게 한다(롬 8:17; 골 1:12).

26:19~23 20절의 바울의 말은 약간 문제가 있다. 그는 다메섹 사람들에게 전도한 다음 예루살렘과 온 유대에 있는 사람들에게 전도했다고 말했다. 그러나 바울은 자기가 유대 교회들에는 알려지지 않았다고 갈라디아서에서 말했다(갈 1:22). 많은 사람은 초기에 본문의 망실이 있었으며 헬라어 본문을 "다메섹에 있는 사람들에게, 그 후 예루살렘에 있는 사람들과 유대와 이방의 모든 나라의 유대인들과 이방인들 둘 다에게"라고 읽

어야 한다고 생각했다. 현존하는 헬라어 본문이 조잡하다는 점은 인정하지만(여격에서 대격으로 바뀐다), 이 본문의 수정은 지극히 추측에 불과하며 그럴 필요도 없다.

아마도 바울은 먼저 유대인 사역을 요약한 다음 이방인 사역을 언급했을 것이다. 그는 사도행전 26:17~18의 내용을 좀 더 확증했다. 다시 말해 여기서 바울의 진술은 정확한 연대기적인 연속이 아니라 자기의 사역에 대한 대체적인 평가로 이루어졌다. 우선, 1:8과 일치되게 바울은 유대인들에게 전한 다음 이방인들에게 전했다. 유대인도 이방인도 모두 회개하고 하나님께 돌아올 필요가 있었다. 사도행전에서 바울은 자주 회개를 거론했다(2:38; 3:19; 5:31; 8:22; 11:18; 13:24; 17:30; 19:4; 20:21). 게다가 바울은 자기의 메시지가 메시아의 죽음과 부활에 관한 구약성경의 예언의 성취라고 주장했다(26:22; 참조, 24:14; 28:23). 사도행전에서 이 사도는 그리스도의 부활도 자주 언급했다.

26:24~29 베스도는 자신의 헬라적 관점을 가지고 부활의 교리가 있을 수 없다고 생각하고(참조, 17:32; 23:6~7), 바울이 이미 요점을 설명했음에도 불구하고 그의 발언을 저지했다. 베스도는 바울이 미쳤다고, 그의 학문이 그를 미치게 했다고 말했다.

그러나 바울은 자기가 제정신임을 분명히 밝힌 다음, 다시 한 번 아그립바를 향했다. 이것 중 어느 것도, 즉 그리스도의 죽음과 부활과 교회의 시작은 아그립바의 관심 밖일 수 없었다. 그는 유대교를 잘 배웠고, 기독교는 전혀 비밀 집단이 아니었다.

마지막으로 바울은 "아그립바 왕이여 선지자를 믿으시나이까(참조, 26:22) 믿으시는 줄 아나이다(참조, 벨릭스 앞에서 바울의 증언, 24:24)"

라는 단도직입적인 질문으로 논점을 압축시켰다.

이제 아그립바가 궁지에 몰렸다. 만약 그가 그 예언들을 받아들인다면 그는 그리스도 예수가 그 예언들을 성취하였음을 수긍하지 않을 수 없다. 그가 피할 유일한 방법은 다른 질문으로써 이 질문을 받아넘기는 것이었다.

NIV 성경은 26:28에서 아그립바의 질문의 의미를 잘 파악하고 있다. 그것은 바울의 말에 대한 농담조의 반박이었다.

바울은 그리스도를 위하여 모든 사람을 사랑하기 때문에 아그립바의 반응을 진지하게 받았다. 비록 아그립바를 그리스도께로 인도하기에는 오랜 시간이 걸릴지라도, 바울은 기꺼이 그 기회를 붙잡으려 했다. 그는 아그립바와 자기의 말을 듣는 모든 사람이 결박된 것 외에는(22:29 이후로 바울이 결박된 일에 대한 첫 번째 언급이다) 자기와 같이 되기를 기도한다고 대답했다. 바울의 변호는 이렇게 끝을 맺었다.

26:30~32 이미 다른 사람들, 곧 바리새인들(23:9), 예루살렘의 천부장 글라우디오 루시아(23:29), 총독 베스도(25:25)는 바울이 무죄하다고 말했다. 이제 유대교에서 잘 훈련을 받고 유대인들을 동조하는 권력자 '아그립바'는 "이 사람이 만일 가이사에게 상소하지 아니하였더라면 석방될 수 있을 뻔하였다"고 말했다.

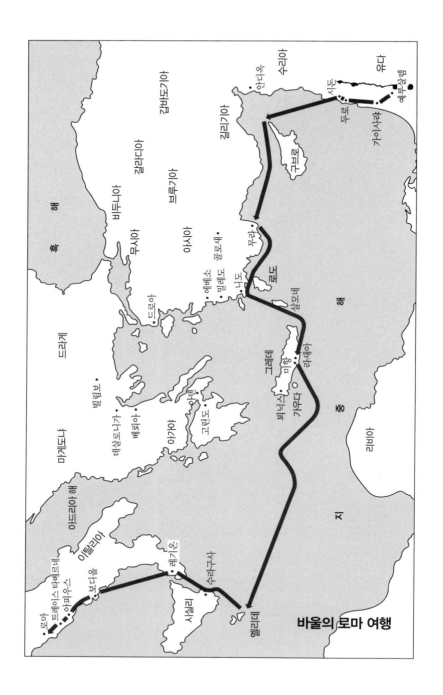

바울의 로마 여행

4. 로마에 감금됨(27:1~28:31)

a. 항해(27:1~44)

누가는 왜 가이사랴에서 로마로 가는 항해를 이렇게 길게 묘사했을까? 쉽게 답하기는 어렵다. (1) 단순히 바울의 로마 여행과 도착을 강조하려는 의도였을지도 모른다. 누가복음에서는 주의 죽으심과 부활의 효과를 높이기 위하여 주의 마지막 예루살렘 접근과 주의 날을 강조했듯이, 누가는 로마의 수도에 있는 이방인들에게 하나님 나라의 복음 선포로 누가복음-사도행전의 절정을 이루었다.

(2) 누가는 흔히 폭풍과 파선의 주제를 채용했던 누가 시대의 위대한 고대 서사시의 사례를 사용했을 수도 있다. 이것은 오늘날 영화나 텔레비전 드라마가 추적 장면을 이용하는 것과 같다. 그러나 이 견해를 따르자면 한 가지 문제가 있다. 이것은 누가의 집필 의도에 어떤 공헌을 하는가? 단순히 고대 서사시의 사례를 따른다는 것은 사실상 이 책에 도움이 되지 않는다.

(3) 아마도 저자는 요나와 그가 만난 폭풍과의 유사성을 보여 주고 싶어 했을 것이다(욘 1:4~15). 요나는 기적적인 방법으로 폭풍 속에서 살아난 후 큰 이방의 수도에서 하나님의 말씀을 전파했다. 바울과의 비교는 분명하다.

(4) 이 기사의 목적은 하나님의 주권적인 보호와 바울의 사역을 인도하심을 보이려는 것이다. 이 사도가 로마에서 복음을 전하는 일은 하나님의 뜻이었다.

(5) 누가의 의도는 바울의 지도력을 보임으로써 하나님의 계획이 우선

적으로 이방인을 향한 것이고, 그래서 바울이 하나님의 사람임을 보이려는 것이었다. 이 기사에서 바울은 대양을 건너다 파선한 상황에서도 지시하는 사람으로 분명하게 드러난다.

(6) 일부는 이 이야기가 일종의 알레고리라고 생각한다. 구약성경에서 바다는 적으로 묘사되었다. 그래서 여기서 바다를 복음 전파에 방해물로 그렸다. 모든 반대에도 불구하고 하나님 나라의 복음은 살아남을 것이고 결국 예정된 목적지까지 도달할 것이다. 그러나 이 견해는 너무 우화적이라서 거의 신빙성이 없는 견해라고 본다.

왜 누가가 로마 여행을 특별히 강조했느냐에 대한 해답을 확정 짓기는 어렵지만, 대답 (1), (3), (4), (5)를 결합한 것이 적합한 해답이 될 것이다.

27:1 바울이 로마로 갈 때 같이 간 다른 죄수들은 누구였으며 몇 명이었는지 해답이 없다. 그 사람들은 어떤 이유로 로마로 후송되고 있었는지조차도 알 수 없다.

'백부장 율리오'는 이 사건의 중심인물로서 특정 군대에게 부여되는 명예 칭호인 '아구스도대'에 속한 자였다. '아구스도'는 '존경받는'을 의미하는 세바스테스(Σεβαστῆς)의 번역이다(참조, 25:25의 주해). '백부장'은 100명의 군사를 거느렸다(참조, 10:1; 21:32; NIV성경에서는 '관원들'로 번역됨. 22:25~26; 23:17, 23; 24:23).

'우리'라는 대명사의 사용은 누가가 이 여행에 바울과 동행하였음을 가리킨다.

27:2~3 이 배의 취항지인 아드라뭇데노는 소아시아 북동부에 있는 드로아의 동남동에 위치했다. 이 배는 폭풍이 부는 겨울철 항해가 시작되

기 전에 이 취항지를 향하여 항해를 계속하고 있었다. 백부장은 그 뱃길을 따라 혹은 에그나티아 가도를 따라 로마로 죄수들을 호송할 길을 찾았다.

아리스다고는 바울의 조력자로서 동행했다. 그는 바울이 로마에 감금된 기간에도 바울과 함께 머물렀다(골 4:10; 몬 1:24).

흥미롭게도 바울은, 가이사랴를 떠나 첫 기항지인 '시돈'에 친구들이 있었다. 이 백부장의 친절은 또 다른 백부장의 친절을 유념하게 한다(행 24:23).

27:4~8 이 구절들에 나오는 내용은 지중해 동부에서 서부로 항해하는 어려움을 지적한다. 가장 흔히 부는 바람은 서부에서 불기 때문에 구브로 동부로 항해하기에는 알맞으나, 소아시아 남서부 해안을 따라 그레데 동부로 진행하기는 어려웠다. 바울을 태운 배는 바람을 거스르는 방향으로 직선 코스를 택했다(21:1~3).

소아시아의 남부 해안에 위치한 항구 도시 무라에서 백부장은 이탈리아로 가는 알렉산드리아 배를 만났다. 276명을 태울 만큼 큰(37절) 곡물 운반선이었다(27:38). 애굽은 로마의 곡물 공급지였다. 곡물 운반선은 보통 애굽의 북부에서 소아시아로 항해한 다음, 만나는 섬들을 방어물로 이용하여 지중해를 지나 서진했다.

바울이 탄 이 두 번째 배의 항로는 무라에서 출발하여 니도에 이른 다음 그레데의 남서 해안을 지나 미항이라는 곳에 이르렀다. 그레데인들은 게으르고 탐욕스럽다고 알려졌다(딛 1:12). 후에 바울은 디도에게 그곳 교회에 장로를 세우라고 적어 보냈다(딛 1:5).

27:9~12 여기서 언급되는 '금식하는 절기'는 9월부터 10월 초에 있는 대속죄일을 말한다. 해마다 이때가 지나면 지중해의 일기는 불안정해져서 항해 중 조난 사고가 잦았다. 그래서 운항이 11월 초까지 지연되었다.

바울은 여행 경험(참조, 고후 11:25의 '세 번 파선하고')과 천부적인 지도력을 가졌기 때문에 선상 회의에 참여할 수 있었다. 바울의 조언과 달리 대다수(행 27:11)는 더 넓은 항구까지 가서 거기서 겨울을 나는 것이 상책이라고 결정했다. 곡물 운반선은 정부의 사업으로 여겨졌기 때문에, 결정권은 결국 백부장의 손에 달려 있었다. 그래서 그들은 그레데 남부 연안을 따라 항해했다. 그들은 뵈닉스 항구에 도달하기를 원했다.

27:13~17 일종의 태풍 같은 급작스러운 북동풍을 만나, 그들은 그레데의 방어에 더 이상 의존할 수 없게 되어 아무 도움도 없는 망망한 바다로 밀려났다. 그레데 남부에서 약 40km 떨어진 작은 섬 가우다는 그들에게 바람의 위험으로부터 잠시 휴식처를 제공해 주었다. 그들은 그 섬의 남부 해안에 있는 동안 거루(구명정)를 끌어올렸으나 그때는 한겨울이었다.

'줄을 가지고 선체를 둘러 감았다'는 말이 무엇을 의미하는지는 분명하지 않다. 선원들이 배를 밧줄로 감아 바닷물과 폭풍의 압력으로 인해 가로 들보들이 떨어지지 않고 물이 더 잘 빠져나가도록 하였다는 의미일 것이다.

'스르디스'라는 모래톱은 북아프리카의 리비아 연안에 있었다. '연장'으로 번역된 헬라어는 스큐오스(σκεῦος)인데 문자 그대로 '배' 혹은 '장비'를 의미하며, 어떤 특수 기계 장치를 말할 수도 있다. 그러나 사실 그것은 닻이었을 것이다.

27:18~26 풍랑은 계속 사나웠다. 그래서 다음 날 그들은 짐을 바다에 던지고 그다음 날에는 배의 기구를 내버렸다. 풍랑이 매우 심했기 때문에 수일 후에는 살 가망이 사라졌다. 승객은 물론 승무원까지도 여러 날 동안 먹지 못하였다. 풍랑이 운반하던 곡물들을 거의 다 쓸어 갔다. 어떤 이들은 뱃멀미를 앓았다. 그리고 먹을 것이 있다 하더라도 많은 사람은 낙심한 나머지 먹을 수 없었을 것이다(참조, 33절).

바울은 그레데에서 한 조언을 상기시킨 다음(참조, 10절), 하나님이 주신 메시지로 그들을 위로했다. 이것이 바울에게 임한 첫 번째 환상은 아니었다(참조, 18:9~10; 23:11). 사실, 예루살렘 환상 가운데서(23:11) 하나님은 바울에게 평탄하지는 않겠으나 결국은 평안히 로마에 갈 것을 약속하셨다. 여기서도 역시 하나님은 (천사를 통하여) 바울이 가이사 앞에 서게 된다고 약속하셨다. 바울은 동료들(모두 275명. 참조, 27:37)에게 거듭 안심하라고 했다(22, 25절). 동사 '안심하다'(유튀메오[εὐθυμέω])는 신약성경에서 오직 세 번 사용된다. 여기서 두 번, 야고보서 5:13('즐거워하다')에서 한 번이다. 이 동사는 '좋은 기분을 갖다, 선한 영에 거하다'라는 뜻이다.

죄수임에도 불구하고 바울은 하나님을 믿는 그의 믿음을 알리는 데 주저하지 않았다.

27:27~32 신약성경에서 '아드리아 바다'라는 이름은 이탈리아와 그리스 사이에 있으며 또한 이탈리아와 시실리 남부에서 멜리데 사이에 있는 바다를 가리키는 데 여러 번 사용된 이름이다. 풍랑으로 두 주일을 고생한 사공들은 결국 자기들이 어느 육지에 가까워진 것을 알았다. 수심이 점점 얕아졌다(약 37m에서 약 27m로). 그들은 측연을 붙인 줄자를 던져

물의 깊이를 '재어 봤다'(볼리산테스[βολίσαντες]: 측심을 재다, 문자적으로, '수심을 재다'). 평평하고 얕은 곳에 다다르자 그들은 네 개의 닻을 내렸다. 바울은 백부장에게 사공들이 도망하려 하니 그들을 배에 머물게 하라고 경고했다(참조, 24절). 사공들이 거루를 끊었다는 말은 배에 탄 모든 사람이 오직 주 하나님의 구원에만 의지하게 되었음을 의미한다.

27:33~35 바울은 주께서 그들 모두를 안전하게 지키실 것이라는 확신으로(24절), 그들에게 먹으라고 권했다(33~34절). 그런 다음 그는 빵을 조금 떼어 주저하지 않고 하나님께 축사하고 떼어 먹기 시작하였다. 이것은 주의 식탁과 유사하게 들리지만, 그렇지만은 않았다. 276명 중 대부분은 그리스도인이 아니었다. 오히려 그것은 앞으로 닥칠 시련에 대비하여 힘을 얻는 방편의 식사인 만큼 하나님 아버지와 주 예수님을 믿는 바울의 믿음의 공증이었다.

27:36 33절에는 두 가지 문제가 나온다. 사람들은 두 주 동안 '굶으면서' '계속 불안에 싸여 있었다.' 그러나 이제 모두 위안을 얻고(문자적으로, '그들은 선한 영들이 되었다.' 참조, 22, 25절) 음식을 먹었다. 이 구절은 33절에 나오는 두 가지 문제를 해결한다.

27:37~38 곡물 운반선은 짐뿐 아니라 276명의 승객과 선원들도 태웠다. 죄수들의 숫자는(42절) 알 수 없다. 이것은 가장 큰 배가 아니었다. 왜냐하면 요세푸스는 자신이 이탈리아로 타고 간 배는 승객 600명을 태웠다고 기록하였기 때문이다.

27:39~40 경사진 해안으로 된 항만이 보이자 그들은 배를 그곳에 대기로 했다. 닻을 끊어 바다에 버리는 동시에 키의 줄을 늦추고 돛을 달고 바람을 맞추어 해안을 향해 들어갔다. '키'(페달리온[πηδαλίων]: 키들)는 문자 그대로 노의 날들을 묘사하며 배의 양옆으로 나온 노를 말한다. 이것들은 배가 정박해 있을 동안에는 묶어 둔다.

27:41 배는 사공들이 미처 발견하지 못한 모래톱에 부딪혔다. 배의 이물은 모래에 부딪혀 움직일 수 없게 되었고 고물은 큰 물결에 깨져 갔다.

27:42~44 군사들은 죄수가 도망가면 자기들의 목숨이 위태롭기 때문에(참조, 12:19; 16:27) 죄수들이 헤엄쳐 도망가지 못하도록 그들을 죽이려 했다. 군사들의 입장에서는 단순히 자기방어책이었다. 그러나 백부장은 바울의 생명을 건지기 원했다. 그는 이 죄수의 가치와 신실성을 보았기 때문에 군사의 계획을 미리 막았다. 분명히 하나님은 로마 사역을 위하여 바울을 남겨 두시고 예언의 성취를 보증하시려고 주권적으로 일하셨다(24절). 추운 빗속에서(28:2) 헤엄칠 줄 아는 승객들(군인들과 죄수들)과 선원들은 헤엄쳐 육지까지 가게 하고, 그동안 나머지는 배의 파편들을 타고 나가게 했다.

바울이 예언한 대로, 배는 파선되고(27:22), 사람들은 섬에 상륙하였으며(26절), 아무도 죽지 않았다(22절).

b. 멜리데에 체류함(28:1~10)

28:1~2 그들은 시칠리아 남부에서 97km 떨어진 조그만 섬 멜리데에서

파선을 당했다. 멜리데에는 좋은 항구들이 상업상 이상적인 위치에 많이 있었다. 두 주일이 지나는 동안 폭풍은 그들을 그레데의 미항에서 서쪽으로 약 966km나 몰고 왔다. '원주민들'은 호이 바르바로이(οἱ βάρβαβοι: 문자적으로, '미개인들')로서 헬라어를 말하지 않는 사람들을 가리키는 헬라어이다. 이 말은 그 사람들이 야만적이거나 미개하다는 뜻이 아니라 그들의 문화가 헬라 계통이 아니라는 의미다. 이들은 파선 당한 희생자들에게 특별한 동정을 하여 불을 피워 영접하였다.

28:3 날이 추웠기 때문에(2절) 뱀은 경직되고 무기력해졌을 것이다. 물론 불의 열기 때문에 뱀은 불 속에서 도망쳐 나오고 더 활동적이 되었다.

28:4~6 바울이 뱀에 물리는 것을 본 원주민들은 그가 살인자이며 이제 심판을 받는다고 확신했다. 그러나 그가 뱀에 물렸어도 조금도 상하지 않자(손이 붓지도 않았다), 원주민들은 미신에 사로잡혀 바울더러 신이라고 말했다. 의심할 바 없이, 기록되지는 않았지만 바울의 반응은 루스드라에서의 반응과 흡사했을 것이다(14:8~18).

28:7~10 보블리오는 바울과 다른 사람들(누가를 포함한 우리)을 여러 날 동안 자기 집에 머물게 했다. 바울의 사역상 이익은 보블리오의 부친(열병과 이질에 걸렸었다)과 그 섬의 다른 병자들을 치료하는 것이었다. 흥미롭게도 바울은 뱀에게 해를 당하지 않은 것 외에도 다른 사람을 치료하는 일에 쓰임을 받았다. 그들이 파선 당한 사람들에게 석 달 후 항해를 떠나기까지 쓸 것을 주었고(11절) 여러 가지 방법으로 대접한 것도 놀라울 것이 없다. 쓸 것들은 물론 바울의 봉사에 대한 감사로 주어진

것이었다.

c. 로마 사역의 요약(28:11~31)

28:11 선원들과 승객들이 10월이나 11월에 그레데를 떠나('금식하는 절기가 지난 후', 27:9) 폭풍의 두 주간 이후에 멜리데에서 3개월 동안 머물러 온겨울을 나니 2월이나 3월이 되었다 그때 그들은 그 섬에 정박한 다른 배를 만났다. 그 배도 알렉산드리아 배였음을 보아, 항해하기 위험한 겨울 석 달 동안을 멜리데 항구에서 보낸 애굽에서 온 곡물선이었음이 틀림없다(참조, 27:6, 38). 그 배가 머물렀던 항구는 발레타 항구(the Valleta harbor)였을 것이다.

배의 기호로 새겨진 쌍둥이 신 카스토르(Castor)와 폴룩스(Pollux)는 그리스 신화에 따르면 천상의 신 제우스와 레다의 쌍둥이 아들이었다. 그들은 사공들의 수호신으로 알려져 있었다. 그 별자리인 쌍둥이자리가 폭풍 기간에 보이면 행운의 전조였다. 아마 누가는 멜리데, 로마, 그리스와 애굽 사람들의 미신과 기독교를 대조하려고 이 세부 사항을 포함시켰던 것 같다.

28:12~14 누가는 이 여행을 주의 깊게 추적했다. 멜리데에서 수라구사, 시칠리아까지였다. 이탈리아 지도의 '발가락' 부분에 해당하는 레기온(오늘날 레기오)까지, 로마에서 남으로 245km 떨어진 보디올(오늘날 포츠올리)까지, 그리고 마지막으로 로마까지 말이다.

보디올은 레기온과 로마의 중간에 있는 중요한 무역항이었다. 보디올에서 바울과 그의 동료들은 형제들을 만났다. 이 사실은 복음이 이미 로마에서 이탈리아 항구까지 퍼졌음을 보이기 때문에 중요하다. 오순절을 지키러 예루살렘에 왔다가 바울의 설교를 듣고 구원받아 고향인 이곳 로마로 돌아온 유대인들(2:10)이 교회를 세웠음은 의심할 것도 없다. 바울은 믿는 자들의 초청을 받아 그들과 함께 한 주간을 지냈다. 아마도 그 백부장은 배의 하역을 감독하였든지 다른 공무로 보디올에서 한 주간 머물렀을 것이다.

28:15 로마의 그리스도인들은 바울이 왔다는 소식을 듣고, 압비오 광장(로마에서 약 70km 떨어진 시장 도시)과 트레이스 타베르네(로마에서 약 53km 떨어짐)까지 그와 동료들을 맞으러 왔다. '만나다'라는 부정사로 번역된 명사 아판테신(ἀπάντησιν)은 도시로 가는 관리를 만나기 위해서 도시 밖에 나오는 수행원에 대한 헬라 문학에서 사용되었다. 이 말은 데살로니가전서 4:17에도 사용되는데, "구름 속으로 끌어 올려 공중에서 주를 영접(아판테신[ἀπάντησιν])하게" 하시는 성도들에게 사용된다. 수행원들과 같이 신자들은 그들을 취하러 하늘로부터 오시는 구주 예수님을 영접하러 구름 속으로 끌려 올라갈 것이다. 바울은 그들과 만나기를 고대했다.

  "바울이 그들을 보고 하나님께 감사하고 담대한 마음을 얻으니라(타르소스[θάρσος]: 문자적으로, '용기를 받았다.' 동사 타르세오[θάρσεω]는 칠십인역에서 역경에 처해 있던 사람이 위로를 받을 때 사용되었다. 참조, 막 6:50의 주해를 보라)." 결국 하나님은 바울을 로마로 인도하셨다. 그리고 그가 한 번도 만나 보지 못했던 믿음의 동료들의 환영은 그의 사기를 북돋워 주었다. 그들은 로마로 가는 아피아 가도를 따라 들어갔다.

28:16 바울은 신임받는 죄수였기 때문에, 그를 지키는 한 군사와 함께 따로 지내도록 허락되었다. 바울의 거주지는 셋집이었다(30절).

28:17~20 이 책의 절정은 복음에 대한 또 다른 배척과 바울이 이방인에게 메시지 전함(28절)을 기록한 이 마무리 짓는 구절들(17, 24절)에서 드러난다.

규례대로, 바울은 먼저 유대인들과 이야기를 나누었다(참조, 9:20; 13:5, 14; 14:1; 17:2, 10, 17; 18:4, 19; 19:8). 이 경우에 그는 유대인의 회당에 갈 수 없었기 때문에 지도자들을 청했다.

바울은 이야기를 나누면서 여러 개의 요점을 말했다. (1) 그는 유대인이나 유대의 관습에 해를 입히지 않았다(17절). (2) 유대에 있는 로마 권력자들은 바울이 죄가 없다고 생각했다(18절; 참조, 23:29; 25:25; 26:31~32). (3) 바울은 유대인들이 자기를 공정하게 판단하려 하지 않기 때문에 마지못해 가이사에게 상소하였다(19절; 참조, 25:11). (4) 네 번째 요점은 중요하다. 그는 자기 민족 이스라엘을 고소하려 하지 않았다. 다만 무죄 방면 되기를 원했다(19절). (5) 그가 지도자들을 부른 주요 목적은 '이스라엘의 소망'에 관해 함께 이야기하고자 함이었다. 바울은 이 '소망'이라는 용어와 개념을 사도행전의 마지막 부분에서 여러 번 사용하였다(참조, 23:6; 24:15; 26:6~7). 이스라엘의 소망은 부활 이상이었다. 그것은 이스라엘에게 주신 구약성경의 약속들의 성취였다(참조, 26:6~7). 바울은 예수님이 언젠가 다시 오셔서 이스라엘의 왕과 열방의 주로 서실 이스라엘의 메시아임을 굳게 믿었다(참조, 1:6).

28:21~22 지도자들의 반응은 양분됐다. 그들은 바울에 대해서는 아무

말도 들은 것이 없고 다만 기독교('이 파')가 반대를 받는다고 들었다고 말했다. 그들의 말이 사실이라면 이상하다. 어째서 이 유대교 지도자들은 그리스도인이 된 로마의 유대인들을 알지 못했으며 예루살렘 교회와 유대교 간의 갈등을 알지 못했단 말인가? 그들이 바울에 대해서는 아무것도 듣지 못했을 가능성은 얼마든지 있지만, 기독교에 대해서는 그들이 안다고 말한 이상으로 알고 있었을 것이다. 그들은 사람들이 바울의 메시지 듣기를 거부한 줄 알았기 때문에 그의 사상을 듣고자 했다.

28:23~24 바울과 유대교 지도자들의 두 번째 만남에서, 그들은 복음에 대해 좀 더 확실한 반응을 나타낸다. 이번에는 많은 사람이 왔다. 이 토론은 길었다. 바울은 하루 종일 하나님 나라를 증언하고 모세의 율법과 선지자의 말을 가지고 예수에 대하여 권하였다(참조, 24:14; 26:22).

'하나님 나라'는 기저에 그리스도의 죽음과 부활을 포함할 뿐 아니라 그리스도의 지상 통치를 고대한다. 그것은 중대한 종말론적인 나라이다(참조, 1:3~6; 8:12; 14:22; 19:8; 20:25; 눅 1:33; 4:43; 6:20; 7:28; 8:1, 10; 9:2, 11, 27, 60, 62; 10:9, 11; 11:2, 20; 12:31~32; 13:18, 20, 28~29; 14:15; 16:16; 17:20~21; 18:16~17, 24~25, 29~30; 19:11; 21:31; 22:16, 18, 29~30; 23:42, 51). 죗값으로서 메시아의 죽음의 개념과 하나님 나라에 들어가는 길로서 믿음으로 의롭다 함을 얻는다는 가르침은 유대인들에게 이상하게 들렸다.

유대인들의 반응은 나뉘었다. 믿는 사람도 있고 믿지 않는 사람도 있었다(행 28:24). 헬라어 동사 '믿는'은 미완료 시제로 '믿어지기 시작했다', 즉 그들이 완전히 믿지는 않았다는 의미다. 이 동사는 23절에서 사용되는데, '권하더라'로 번역되었다.

28:25~27 로마에 있는 유대인 지도자들 가운데 생긴 바울의 메시지에 대한 견해차는 그들이 복음에 순종하지 않았음을 드러낸다. 바울은 선견자적인 영감을 가지고 그 시대 사람들에게 이사야의 말(6:9~10)을 적용했다. 믿음에 대한 완고한 거절은 결과적으로 마음을 완악하게 하고, 귀를 둔하게 하고, 영의 눈을 멀게 했다. 이 일은 이사야 당시와 바울 당시의 이스라엘에게 일어났다(참조, 롬 11:7~10). 흥미롭게도 바울은 이사야의 말을 성령의 영감으로 돌렸다(참조, 행 4:25).

28:28 이 책의 절정과 결론적인 복음의 초점은 이방인에게로 돌려졌다. 예루살렘에서 로마까지 유대인 대부분은 복음을 거절했고, 각 도시에서 이 메시지는 비유대인들에게로 향했다. 이제 로마 세계의 수도에서 같은 현상이 발생했다. 이것은 이방인들의 충만함이 이를 때까지 계속될 것이다(롬 11:19~26).

28:29 어떤 헬라어 사본에는 "그가 이렇게 말하자, 유대인들은 서로 격렬한 논쟁을 하며 떠났다"(NIV 성경)고 첨가되어 있다. 이 구절이 틀림없는 그들의 응답이라 할지라도, 원본에는 이 구절이 없었을 것이다(참조, 25절).

28:30~31 이 구절들은 누가의 마지막 '경과보고'이다(참조, 2:47; 6:7; 9:31; 12:24; 16:5; 19:20). 바울은 자기 셋집에서 자유롭게 하나님 나라를 전파했다. 이 종말론적인 표현은 유대인과 이방인이 똑같이 믿음으로 의롭게 되며 이방인은 유대인과 함께 천년왕국에 참여할 것을 가리킨다(참조, 28:23의 주해).

2년의 감금 생활 후 바울의 활동에 관해서는 한 가지 의문이 있다. 무슨 일이 일어났을까? 아마 바울은 로마에 갇혀 있을 죄목이 없어서 풀려났던 것 같다. 유대인은 유대 밖에서 바울을 고소할 수 없음을 알았고, 그래서 로마에서 이유에 대해 논의하기를 꺼렸을 것이다.

아마도 바울은 마게도냐, 아가야와 아시아 속주로 돌아가서 자기의 원래 계획에 따라 서쪽으로 방향을 돌려 스페인으로 향했을 것이다(롬 15:22~28). 그런 다음 그는 다시 한 번 에게 해 지역에서 사역하다가 그곳에서 붙잡혀 로마로 옮겨진 후에 처형당했다.

2년 동안 바울은 흔히 그의 '옥중서신'이라고 일컫는 에베소서, 골로새서, 빌레몬서와 빌립보서를 썼다(행 13:16~25의 '바울이 여행 중에 그리고 감옥에서 쓴 서신들' 참조).

바울이 로마에 감금되었을지라도 복음은 묶여 있지 않았다. 그는 담대히 전파했다(참조, 행 4:13의 주해). 사도행전 헬라어 본문의 맨 마지막에 나오는 낱말은 '거침없이'를 뜻하는 부사 아콜뤼토스(ἀκωλύτως)이다. 사람들은 설교자들을 묶어 둘 수는 있지만, 복음은 사슬에 매일 수 없다!

그리고 이렇게 하나님 나라의 메시지는 하나님의 주권적인 간섭 아래 유대인에게서 이방인에게로, 예루살렘에서 로마로 갔다.

참고 문헌

- Alexander, Joseph Addison. *Commentary on the Acts of the Apostles*. New York: Charles Scribner, 1875. Reprint (2 vols. in 1). Grand Rapids: Zondervan Publishing House, n.d.
- Barclay, William. *The Acts of the Apostles*. Philadelphia: Westminster Press, 1953.
- Bruce, F. F. *Commentary on the Book of the Acts*. The New International Commentary on the New Testament. Grand Rapids: Wm. B. Eerdmans Publishing Co., 1954.
- Dunnett, Walter M. *The Book of Acts*. Grand Rapids: Baker Book House, 1981.
- Harrison, Everett F. *Acts: The Expanding Church*. Chicago: Moody Press, 1975.
- Hiebert, D. Edmond. *Personalities around Paul*. Chicago: Moody Press, 1973.
- Jensen, Irving L. *Acts: An Inductive Study*. Chicago: Moody Press, 1968.
- Kent, Homer A., Jr. *Jerusalem to Rome: Studies in the Book of Acts*. Grand Rapids: Baker Book House, 1972.
- Longenecker, Richard N. "The Acts of the Apostles." In *The Expositor's Bible Commentary*, vol. 9. Grand Rapids: Zondervan Publishing House, 1981.
- Lumby, J. Rawson. *The Acts of the Apostles*. Cambridge: At the University Press, 1882.
- Marshall, I. Howard. *The Acts of the Apostles: An Introduction and Commentary*. The Tyndale New Testament Commentaries. Grand Rapids :Wm. B. Eerdmans Publishing Co., 1980.
- Morgan, G. Campbell, *The Acts of the Apostles*. New York: Fleming H. Revell Co., 1924.
- Neil, William. *Acts*. New Century Bible Commentary Series. Rev. ed. Grand Rapids: Wm. B. Eerdmans Publishing Co., 1981.

- Rackham, Richard Belward. *The Acts of the Apostles: An Exposition*. London: Methuen & Co., 1901. Reprint. Grand Rapids: Baker Book House, 1978.
- Ryrie, Charles Caldwell. *The Acts of the Apostles*. Everyman's Bible Commentary. Chicago: Moody Press, 1967.
- Thomas, W. H. Griffith. *Outline Studies in the Acts of the Apostles*. Grand Rapids: Wm. B. Eerdmans Publishing Co., 1956.